rowohlts
monographien
herausgegeben
von
Kurt Kusenberg

Ludwig van Beethoven

in Selbstzeugnissen
und Bilddokumenten
dargestellt von
Fritz Zobeley

Rowohlt

Dieser Band wurde eigens für «rowohlts monographien» geschrieben
Den Anhang besorgte der Autor
Umschlagentwurf Werner Rebhuhn
Vorderseite: Miniatur von Christian Hornemann, 1802
(Beethovenhaus, Bonn)
Rückseite: Beethovens Arbeitszimmer im Schwarzspanierhaus
Sepiazeichnung von Johann Nepomuk Hoechle
(Historisches Museum der Stadt Wien)

Veröffentlicht im Rowohlt Taschenbuch Verlag GmbH,
Reinbek bei Hamburg, März 1965
Copyright © 1965 by Rowohlt Taschenbuch Verlag GmbH,
Reinbek bei Hamburg
Alle Rechte an dieser Ausgabe vorbehalten
Gesetzt aus der Linotype-Aldus-Buchschrift
und der Palatino (D. Stempel AG)
Gesamtherstellung Clausen & Bosse, Leck
Printed in Germany
680-ISBN 3 499 50103 1

1.– 20. Tausend	März 1965
21.– 28. Tausend	Februar 1967
29.– 35. Tausend	Juli 1968
36.– 40. Tausend	Juni 1970
41.– 48. Tausend	März 1971
49.– 55. Tausend	Oktober 1972
56.– 60. Tausend	Januar 1974
61.– 65. Tausend	Oktober 1974
66.– 70. Tausend	August 1975
71.– 75. Tausend	März 1976
76.– 85. Tausend	Dezember 1976
86.– 95. Tausend	März 1978
96.–103. Tausend	Juli 1979
104.–110. Tausend	Januar 1981

Inhalt

Der Platz in der Kunstgeschichte 7

Der junge Beethoven
    Musik, die erste meiner jugendlichen Beschäftigungen 7
    Ein vielversprechendes Talent (1784–1792)
    (Vom *Klavierkonzert in Es-dur* bis zum Oktett op. 103) 21
    Zum Allgemeinen der Tonkunst (1792–1795)
    (Vom Streichtrio op. 3 bis zur *Adelaide* op. 46) 31

Der freie Mann
    ... soll doch mein Geist herrschen ... (1795–1800)
    (Von den Klaviertrios op. 1 bis zur Hornsonate op. 17) 36
    Ich lebe nur in meinen Noten (1800–1804)
    (Von der *Ersten Symphonie* op. 21 bis zum *Tripelkonzert* op. 56) 50
    ... ohne mich als ein Muster vorstellen zu wollen ... (1804–1809)
    (Von *Fidelio* bis *Egmont*) 63

Der Wunsch, daß er die größten Erwartungen übertreffe
    Nichts als Menschenleid ... Nichts als Wunden (1809–1815)
    (vom sog. *Yorck*'schen Marsch bis zur *Namensfeier* op. 115) 86
    Noten müssen aus Nöten helfen (1816–1823)
    (Von der *Sehnsucht* bis zu den *Diabelli*-Variationen) 115
    Ich hoffe noch einige große Werke zur Welt zu bringen (1823–1827)
    (Von der *Neunten Symphonie* bis zum unvollendeten Quintett) 134

So hat das Vergangene doch das Gegenwärtige hervorgebracht 155

Zeittafel 160

Zeugnisse 163

Werkverzeichnis 166

Bibliographie 170

Namenregister 179

Quellennachweis der Abbildungen 185

Ludwig van Beethoven. Zeitgenössisches Gemälde, um 1800

DER PLATZ IN DER KUNSTGESCHICHTE

Für selbstkritische Äußerungen künstlerisch Schaffender gibt es keine Norm: Aus der Absicht, sich Rechenschaft zu geben und das Verhältnis zu großen ‹Vorgängern› und Zeitgenossen zu kennzeichnen, geben sie nicht selten zugleich den «Geheimschlüssel» preis, der den Zugang zum Werk vermittelt. Überliefert in Briefen, Notizen und Berichten, oft im ungesicherten Gewand der Anekdote, kreisen sie letztlich um den eigenen Rang. Beethoven war zufrieden, in einer mit Händel beginnenden Reihe nach Haydn angefügt zu werden – *den Platz in der Kunstgeschichte können sie mir nicht nehmen.* Gewachsen und geformt in einer Ära, die mit der geistigen Situation von heute nahezu nichts mehr gemein hat, gilt zwar das Interesse vieler Kunstliebhaber unverändert den prickelnden Details – der familiären und «nationalen» Herkunft, den «Wunderkind»-Anfängen, seinen Beziehungen zur hohen Gesellschaft, zu Frauen zumal, auch den Geheimnissen seiner Inspiration. Aber angesichts der ungezählten, die seitdem *auf Duldung* Anspruch machen dürfen, wird sich die Frage nach seiner Geltung solange immer wieder erheben, als man auf die Missa solemnis, Fidelio und die Neunte, auf seine Symphonien, Streichquartette und Klaviersonaten nicht verzichten kann.

Sie als ‹Werke an sich› verstehen zu wollen, zwingt zur Einkehr in seine Ideenwelt, wie er sie eigenhändig mit Formulierungen ‹Wahlverwandter› in seinen Aufzeichnungen markierte: «... die eigentlichen Vorzüge trefflicher Männer ... deren Vollkommenheit man erst recht empfindet, wenn sie dahingegangen sind, wenn ihre Eigenheiten uns nicht mehr stören und das Eingreifende ihrer Wirkungen uns noch täglich und stündlich vor Augen tritt ...» (aus Goethes «Buch des Dichters»). Ins Verhältnis gesetzt zu Begriffen, die er Schriften Kants entnahm, wird es immer wieder zu ergründen gelten: die K r ä f t e, die zur «Vollkommenheit» führen – die G e s e t z e, die seine «Eigenheiten» bedingten – die «Wirkungen», die auf O r d n u n g und S c h ö n h e i t beruhen.

DER JUNGE BEETHOVEN

Musik, die erste meiner jugendlichen Beschäftigungen

Ein einziges Mal in ihrem Leben waren, von der Welt unbeachtet, die drei «Musiker» des Hauses van Beethoven zu feierlicher Aktion vereinigt: anläßlich der Taufe des jüngsten Ludovicus am 17. Dezember 1770, zu der die wohlsituierte Nachbarin aus dem Hause «Zum Mohren» als Patin den Neugeborenen von der Wehkammer im Dachgeschoß über die Bonngasse nach St. Remigius getragen hatte. Man kennt nicht Tag noch Stunde seiner Geburt, und der Vierzigjährige noch, bereits ein Künstler von europäischem Ruhm, hielt sich selbst für zwei Jahre jünger und wich der Frage nach seinem Geburtstag hartnäckig aus. Wie es denn nachgehends nicht leicht war, die Stätte seiner Geburt einwandfrei auszumachen, als die man die Zülpicher Musikantenherberge passender gefunden hätte, wenn er nicht gar ein natürlicher Sohn Friedrichs des Großen sei, wie in den Lexika seiner Zeit zu lesen war.

Das Schicksal hatte fraglos weder ihn noch einen seiner Sippe weich gebettet. Vorab ist seiner Mutter zu gedenken: Knapp sechzehnjährig war Maria Magdalena Keverich aus Ehrenbreitstein an einen Kurtrierer Kammerdiener verheiratet worden, dem sie im Jahre darauf einen Sohn schenkte, der bald wieder starb; mit 18 Jahren schon war sie Witwe. Zwei Jahre darauf schloß sie mit dem Bonner Hoftenoristen Johann van Beethoven ihre zweite Ehe, aus der in den zwei Jahrzehnten, die ihr noch vergönnt blieben, mindestens sieben Kinder hervorgingen, trotz schleichender Auszehrung, an der sie ein Jahr nach der Geburt eines Töchterchens dahinsiechte. «Was ist heiraten?» soll sie einmal geäußert haben: «Ein wenig Freud, aber nachher eine Kette von Leiden...»

Aber auch auf den Spuren nach der großväterlichen, der Beethovenschen Ahnenschaft, die ins Brabantische, nach Mecheln, Löwen, Antwerpen und vielleicht Maastricht führen, begegnen in kleinen Intervallen Schatten wirtschaftlicher Miseren, und ein letzter Ruin verursachte die Abwanderung nach Bonn. Gewisse Irrungen nehmen schon hier ihren Ursprung, indem meist übersehen wird, daß dieser Landesteil mit seiner flämischen Bevölkerung seit urdenklichen Zeiten zum burgundischen Kreis des alten deutschen Reiches gehörte, sogar noch, als Ludwig van Beethoven längst nach Wien übersiedelt war; belgisch gar wurde das Land erst nach seinem Tode. Stammesmäßig zu den Batavern gehörig, die schon Tacitus erwähnt, findet sich die Bezeichnung «Betouwe» auch heute noch als Name für deren Ursitz, eine Rhein-Insel zwischen Waal und Nieder Rijn, im Raume von Arnheim und Nymwegen. Die Wortbedeutung ergibt sich aus bet (der Wurzel von better) und ouwe, Aue, womit die alberne Verdeutschung in «Rübengärtner» endgültig abgetan ist. Variiert die Schreibweise des Namens früh von Betue über Betho, Betuwe, Bethove bis Beethoven, könnte sich die Herkunftsbezeichnung möglicherweise auch auf die Herrschaft Betho bei Tongern beziehen. Wenn sich die endgültige Schreibform auch bereits in der Zeit Egmonts vorfindet, so ist es doch bezeichnend, daß selbst die drei Musiker der Familie noch großzügig mit den Buchstaben verfuhren. Zu alldem ist wahrscheinlich, daß dies van Beethove ursprünglich nur Zusatz zu einem später abgestreiften Familiennamen war, wie man von einem scoelmeester Jan van Bethoven (um 1600) weiß, der Smeets hieß und diesen Namen fallenließ, als er andernorts amtierte. Der katholische Teil der Familie ist wohl erst im Verlauf der Reformation in die habsburgischen Niederlande abgewandert, wo er um 1700 florierte, sogar mit Malern und Bildhauern in seinen Reihen. Aber nicht von solchen, sondern aus Bauern- und Handwerkergeschlecht schrei-

*Der Großvater Ludwig van Beethoven.
Gemälde von Leopold A. Radoux, 1773*

ben sich die unmittelbaren Vorfahren des Musikerzweigs her. Als Stammvater gilt Johann van Beethoven um 1500. Ein Kornelius, der zu Ende des Dreißigjährigen Krieges in der Nähe von Löwen geboren ist und das Schreinerhandwerk wählte, machte den Umzug seiner Eltern nach Mecheln mit, in das Haus «Het Windmoleken». Dessen Sohn Michael, im Jahr vor Bach geboren, wurde Bäckermeister, heiratete früh die Tochter eines Zunftgenossen und gliederte seinem Gebäckladen im Haus «Den Bonten Os» (Zum scheckigen Ochsen), später in der Peperstraat, einen Kunst- und Spitzenhandel an – es ist die Welt von Timmermans' «Pallieter»! Dieses Michael jüngster von drei Söhnen endlich ist Ludwig van Beethovens Großvater Lodewyk, 1712 geboren. Als Knabe schon sang er im Chor der heimatlichen Kathedralkirche mit, wurde offenbar zum Sänger herangebildet und fand mit 19 Jahren ein erstes Unterkommen als Tenorist und zweiter Chorleiter in Löwen. Ein Jahr später gelang ihm der Sprung in die angesehene Kapelle zu Lüttich. Daß er schon im Frühjahr danach, mit einundzwanzig Jahren also, bei einer Besoldung von 300, bald sogar 400 Gulden Bonner Hofmusikus sein konnte, geht wohl auf die zwischen den beiden Gebieten bestehenden Zusammenhänge zurück: das Lütticher Fürstbistum zählte samt Osnabrück, Münster, Minden und Utrecht zur «Suffraganei» des Erzbischofs von Köln, der in Bonn residierte. Als Lodewyk zwölf Jahre alt war, starb der letzte Wittelsbacher, der beide Throne innehatte. Während in Köln der erst dreiundzwanzigjährige lebenslustige Clemens August von Bayern auf Grund seiner Privilegien zum Zuge kam, kürten die Lütticher aus irgendeiner Verärgerung einen alten einheimischen Domherrn aus dem Hause Brabant. Da sich Lodewyk in Lüttich überwiegend dem Choralgesang zu widmen hatte, läßt sich wohl vorstellen, daß ihn ein Angebot, in der Kapelle des illustren Hofes zu Bonn seine Talente zu zeigen, leicht verlocken konnte, und Clemens August, als Lütticher Domherr, mußte wohl seine Fähigkeiten erkannt haben. Ein von Lodewyk erbetenes Dienstzeugnis verweigerte ihm das Lütticher Kapitel, offensichtlich um seine Abwanderung zu hintertreiben. In Bonn aber war bereits sein ältester Bruder ansässig, wohl als Kaufmann, der dann dem Hof die Kerzen lieferte und schon gleich im September 1733 als Trauzeuge bei der Hochzeit des Bruders mit der neunzehnjährigen Maria Josepha Poll aus Kölner Land fungierte. Es konnte den beiden Brüdern, die sich hier als «Genter» Bürger ausgaben, nicht unbekannt sein, daß die Wirtschaft ihres Vaters in Mecheln dem Ruin zusteuerte. Eine Schuldenlast von zwölftausend Gulden zwang schließlich die Eltern zu fliehen, zu Freunden nach Celle. Einer Aufforderung an die beiden Söhne durch die Mechelner Schöffen, vor dem heimatlichen Gericht zu erscheinen, leisteten sie keine Folge, und man weiß nicht, wie die Verbindlichkeiten dort geregelt worden sind. – Damit aber riß die Beziehung dieser Beethovens zur alten Heimat vorerst ab. Vor wenigen Jahren erst fiel auch ihr Mechelner Vaterhaus der Spitzhacke zum Opfer.

Verlautet auf Jahre hinaus nichts über die Leistungen des so hoch dotierten Sängers, so läßt sich zunächst seine Genugtuung über den vollzogenen Ortswechsel nachfühlen: dort das spätmittelalterliche Mecheln, von der Dyle und ihren vielen Nebenarmen durchflossen, eine Stadt der Brücken, Paläste und Kirchen, mit Hochaltarbildern von Rubens – hier in Bonn eine elegante Residenz französischer Bauweise, samt den Lustschlössern Poppelsdorf und Brühl auf das üppigste ausgestattet nach Plänen von Cuvilliés und Balthasar Neumann, inmitten weiträumiger Gärten, den Schauplätzen von Hoffestlichkeiten, für die der sinnenfrohe Herrscher jährlich 50 000 Gulden verausgabte! Zwar hat er keinen Johann Stamitz, keinen Hasse, Quantz oder Telemann in seinen Diensten, und was aus der Reihe der französischen oder von München hierhergeholten Hofmusikanten herausragt, sind allenfalls Virtuosen auf der Viola d'amour oder auf dem Violoncello. So des berühmten dall' Abaco Sohn, der es hier zum Kammermusikdirektor bringen konnte. Einige Jahre später, um 1740, nachdem Lodewyk bereits zwei Kinder geboren, aber wieder verstor-

Das Geburtshaus, vom Garten gesehen

ben waren und seine Eltern hier eine letzte Zuflucht fanden, kam wieder ein Sohn zur Welt, der auf den Namen Johann getauft wurde. Von dieser Zeit an mehren sich auch die Nachrichten über die Hofkapelle. Bald taucht Touchemoulin auf, ein Geiger aus Châlons, der auf Kosten des Hofes bei Tartini ausgebildet worden war; Salomon, Ries, van den Eeden werden als Hofmusiker genannt, die dann im Leben des jungen Beethoven ihre Rollen spielen. Noch stehen alle Teile des Repertoires in ursächlichem Zusammenhang mit den «Bedürfnissen» des Hofes: Karnevalsopern und Fastenoratorien, Namenstag-Kantaten und Kirchenmusikdienst, Tafelmusik, Hofkonzert und Serenade samt etwas Kammermusik in der Retirata des Fürsten.

Das Fischersche Haus in der Rheingasse

Klare Kontrakte regeln die Dienstpflichten; Gehorsam und immerwährende Bereitschaft, auch zu Reisen in des Kurfürsten übrige halbdutzend Residenzen, sind unabdingbar. Unterschied man sehr wohl zwischen dem «geschickten» und dem «gelehrten» Musikus, so zählte Lodewyk zur größeren Zahl der ersteren, da er nicht zu komponieren gelernt hatte; als Solosänger fielen ihm große Partien zu, wie der Adamo in einem Oratorium «La morte d'Abel». Obendrein war er verpflichtet, ihm zugewiesene «Jungen zu lehrnen», und sicher wußte er Cembalo zu spielen, vielleicht auch das eine oder andere Instrument zu handhaben. Mehr konnte er auch seinem eigenen Knaben nicht beibringen, als dieser neben dem Besuch der Trivialschule, später der Lateinschule, in die Fußtapfen des Vaters trat. Als Zehnjähriger wirkte er bereits in Jesuitenspielen mit, zwei Jahre später wurde er Anwärter in der Hofkapelle, mit 16 Jahren sogar zum Hofmusikus ernannt, also mit Aussicht auf eine Besoldung, wenn sich etwa eine Vakanz durch den Tod oder die Abwanderung eines andern Kapellmitglieds ergeben würde. Erst als Sopranist und Altist in der Kapelle tätig, nach der Mutation Tenorist, war er nebenbei noch als Geiger brauchbar, abermals ein zwar «geschickter», nicht aber «gelehrter» Musiker. Auf eine Verbesserung der Lage war erst im Falle eines Thronwechsels zu rechnen, und dieser ergab sich, als der Fürst anläßlich eines Balles, den ihm der Kurfürst von Trier 1761 gab, infolge Überanstrengung buchstäblich «ins Jenseits hinübertanzte». Da das Haus Wittelsbach keinen Prätendenten zu stellen wußte, einigte sich das Domkapitel merkwürdig rasch auf den bereits in den sechziger Jahren stehenden Grafen Maximilian Friedrich von Königsegg: unter den 25 stimmberechtigten Kapitularen befanden sich nicht weniger als zehn nahe Verwandte. Niemand mochte voraussehen, daß er das Pallium fast ein Vierteljahrhundert tragen würde. Die Regierungsgeschäfte übertrug er einem in vielen Chargen bewährten Manne, dem Freiherrn von Belderbusch, den er zum Hofminister machte. Um sich dem Kapitel gegenüber als sparsam zu erweisen, wurden zunächst die Künstlerhonorare gekürzt, und als Touchemoulin statt der bisherigen 1000 Gulden nur noch 400 erhalten sollte, fand er beim Bruder des verstorbenen Kurfürsten rasch ein Unterkommen in Regensburg. In Ermanglung eines Besseren, protegiert durch Belderbusch, gelangte nun Ludwig van Beethoven (der Großvater) auf diesen Posten, sicher mit der Auflage, fernerhin als Sänger aufzuwarten, ausgestattet mit den nötigen Machtmitteln, um dem prätentiösen Ensemble seiner Sängerinnen und Musici vorstehen zu können. An Stelle eines inzwischen längst unmodern gewordenen Repertoires aus Werken von Pez, Bernabei, R. J. Mayr, Sinzig, Caldára und Fux hatten hier inzwischen die Symphonien der Mannheimer, Pariser und Wiener Zeitgenossen Eingang gefunden. Dem geforderten «plaisir» diente die neue Opernproduktion von Piccini, Galuppi, Guglielmi, Grétry, auch Rosetti, Haydn, Pergolesi und Albrechtsberger. Dabei läßt sich des Kapellmeisters persönlicher Anteil nur ausnahmsweise erkennen. So beispielsweise wirkte er in Grétrys

«Silvain» mit, einem 1769 erstmals in Paris aufgeführten Einakter, der schon zwei Jahre später in Bonn erklang, wobei ihm und seinem Sohn genau wie im Leben die Rollen des Vaters Silvain und seines Sohnes zufielen.

In den allerdings erst zwischen 1838 und 1857 aufgezeichneten Erinnerungen von Gottfried Fischer, dem Sohn von Beethovens langjährigem Hauswirt, liest man, daß Johann die gelegentliche Abwesenheit seines Vaters zu eigenen Abstechern nach Köln, Deutz, Andernach, Koblenz und Ehrenbreitstein benutzt hatte und hier, in einem Ehrenbreitsteiner Gasthaus, die junge Witwe Laym geb. Keverich, kennenlernte, die er im November 1767 heiratete. Ob es zutrifft, daß diese Verbindung von beiden Familien mißbilligt wurde – vom Vater, weil die Erwählte als Kammerzofe gedient habe, von deren Mutter wegen der zu geringen Einkünfte des Schwiegersohns –, bleibe ebenso dahingestellt wie die Behauptung, die Hochzeit sei in Bonn gefeiert worden, weil sonst «der Herr Kapellmeister» nicht daran teilgenommen hätte. Jedenfalls bemühte sich der junge Hoftenorist nicht ungeschickt um eine rasche Erhöhung seiner Bezüge, indem er einen Brief in die Hände Belderbuschs spielen ließ, der ein günstigeres Angebot aus Lüttich enthielt; wirklich gewährte man ihm rasch eine Zulage von 25 Gulden und zwei Jahre später eine weitere von 50, was immerhin dafür spricht, daß seine Dienste geschätzt wurden. Einem Söhnlein, das die Namen Ludwig Maria erhielt, waren nur sechs Lebenstage beschieden; als zweites folgte jener Ludovicus, der in der Woche vor Weihnachten 1770 getauft wurde und vermutlich am 16. Dezember geboren war, Ludwig van Beethoven; vier Jahre darauf, in der neuen Wohnung «Am Dreieck» ein Kaspar Karl, zwei Jahre später im «Fischerschen» Hause Nikolaus Johann; drei weitere Geschwister starben früh. Ludwig, sagt die Fischersche Chronik, sei in seiner Jugend lange mit einem «Fehler» behaftet gewesen, den die Mutter mit Hausmitteln kuriert habe – es ist nicht ausgeschlossen, daß es sich dabei bereits um jene Infektionskrankheit gehan-

Am 17. Dezember 1770 wurde Beethoven in der St. Remigius-Kirche getauft

delt hat, auf der die später zum Ausbruch kommende «Neuritis nervi acustici» beruhte, als wahrscheinliche Ursache seiner sich allmählich entwickelnden Schwerhörigkeit.

Vorerst, solange der brabantische Großvater am Leben war, wuchs Ludwig als einziger Enkel in der Nachbarschaft der großelterlichen Wohnung auf, und wenn auch die vorgeblichen Erinnerungen an den geachteten Kapellmeister wohl mehr auf der Vertrautheit und geheimer Zwiesprache mit dem schönen Porträt von Radoux beruhen, so konnte gut sein frühes Ideal gewesen sein, ihm nachzueifern; in einigen Zügen macht es die von Beethoven selbst hervorgehobene Ähnlichkeit glaubhaft. Hatte der Kapellmeister zuletzt noch im Mai 1773 in einer Geburtstagskantate von Lucchesi zu Ehren des Fürsten als Sänger mitgewirkt, so muß sein Tod am Tage vor Weihnachten im gleichen Jahre plötzlich erfolgt sein. Ein kleiner Weinhandel, den er durch viele Jahre hindurch nebenbei betrieben hatte, indem er bei Rebbauern Rheinweine einkaufte und mit Gewinn namentlich in der alten Heimat abzusetzen verstand, soll zur Trunksucht sowohl seiner Frau als auch – in späteren Jahren – seines Sohnes verleitet haben; nach des Großvaters Tod wurde die Witwe jedenfalls aus diesem Grunde in ein Kloster nach Köln gebracht, wo sie zwei Jahre später ihr Leben beschloß. Hatte sich Johann van Beethoven, vielleicht im Vertrauen auf das Wohlwollen Belderbuschs, geschmeichelt, die «capacitet» zur Übernahme des Kapellmeisteramtes zu besitzen, so gelangte statt seiner auf diesen Posten jener Lucchesi, der mit einer italienischen Truppe nach Bonn gekommen und schon ein halbes Jahr nach des Vorgängers Tod im Besitze des Dekrets war. Die Personalveränderungen stehen allerdings nicht lückenlos fest, wie sich denn ein Joseph Alois Schmittbauer im Titelblatt seiner drei Symphonien op. 2 «Maestro di Capella della gran Metropoli di Colonia» nennt, aber nur Lucchesi während eines Urlaubs von 1775 bis 1777 vertrat; vermitteln seine Symphonien einen in Themen und Satzkunst ansprechenden Eindruck, so bemerkt man unter den Titel seiner zahlreichen Werke mit Vergnügen eine Kantate auf «Die Ur-Eltern im ersten Gewitter (Schreckliche Pracht, wenn der Donner seinen Gebieter verherrlicht)».

Galt Johann van Beethoven als beliebter Musikinstruktor, so mochte sein Sohn schon früh der Verlockung ausgesetzt gewesen sein, selbst in die Tastatur zu greifen, und nachdem sich offenbar bald schon sein Interesse für Ton und Klang bestätigte, durfte dem Vater das Wunderkind-Beispiel des jungen Mozart vorschweben. Es ist durchaus glaubhaft, daß der Junge zuerst dem Vater auf dem Schoß saß und ihm bald ein Bänkchen besorgt wurde, damit er die Klaviatur erreiche. Bescheinigt es doch sein eigenes Wort: *Seit meinem vierten Jahr begann die Musik die erste meiner jugendlichen Beschäftigungen zu werden*, ohne Zweifel vom Vater genährt und gelenkt. Ein Verwandter der Mutter, der Hofmusikus Rovantini, unterwies ihn auf der Geige. Dann hört man von häufigem Aufenthalt auf den Orgeltribünen und frühzeitigem Bratschenspiel. Und erst nach sei-

nem Tode baut die Anekdote die Szene aus, wie der «trunksüchtige Vater das schlafende Büblein aus dem Bett ans Klavier zerrte, um es bis in die frühen Morgenstunden mit Übungen zu foltern». Inzwischen besuchte Louis die Elementarschule, aus der ihm lange der verballhornisierte Singsang «Herr Pastorum gens bigatum» im Gedächtnis bleibt, dann die Münsterschule, die er vorzeitig verließ, um sich desto intensiver *der holden Muse* hinzugeben. Können Jungenstreiche, die von Eierdiebstahl im nahen Hühnerhof und von «Hahnenfang» faseln, ebenso wahr wie erdichtet sein, so auch das dem Vater in den Mund gelegte Wort: «Mein Ludwig, mein Ludwig, ich sehe es ein, er wird mit der Zeit ein großer Mann in der Welt sein.» Ein erstes Auftreten «mit verschiedenen Clavier-Concerten und Trios», zusammen mit einer Gesangschülerin des Vaters, fand am 26. März 1778 «im musikalischen Akademiesaal» in Köln statt, nachdem beide zuvor «zum größten Vergnügen des ganzen Hofes sich hören zu lassen die Gnade gehabt haben», auch wenn das «Söhngen» nicht sechs, sondern inzwischen sieben Jahre alt war. Man darf Fischers Angaben durchaus vertrauen, die von vielfachen Ein-

*Sechs Szenen aus Beethovens Knabenjahren.
Lithographie, um 1845*

ladungen des Vaters mit dem talentierten Sohn bei den Musikliebhabern der engeren und weiteren Umgebung erzählen. Nachdem eine Reise mit der Mutter nach Rotterdam nur dem Besuch einer Verwandten gegolten hatte, spricht vieles dafür, daß er dann auf Wunsch oder zumindest mit der Genehmigung des Fürsten in den Genuß einer Ausbildung auf Hofkosten gelangte. Nachdem als Hauptinstrument das Cembalo gewählt war, kam der Hoforganist als zuständiger Präzeptor in Betracht, somit der allerdings schon recht alte van den Eeden; als er erkrankte, wurde er vorübergehend durch Tobias F. Pfeiffer vertreten, bis endlich, nach van den Eedens Tod (1781), Christian Gottlob Neefe dessen Stelle erhielt und er also auch Beethoven zu unterrichten hatte. Die Unterweisungen durch den Franziskaner Willibald Koch und den Minoritenpater Hanzmann dienten wohl nur der Einführung in die gottesdienstlichen Riten. Es besteht kein Anlaß, zu bezweifeln, daß ihm schon früh seine Phantasie zugerufen habe: *Versuchs und schreib einmal deiner Seelen Harmonien nieder!*, wie denn der Vater schon früher unzeitigem Stegreifspiel gewehrt haben soll. Zur Nachahmung durfte ihn reizen, was ihm in die Hände gelegt war, zumal Kompositionen Sterkels, in einer Manier, wie sie sowohl aus dem Beispiel der 5. Piece pour le Clavecin,

Im Zinngieser Haus in der Wenzelgasse nach dem Hofe sein Studir Zimmer.

Giebt Unterricht und decidirt die Var. I am Fräul: Eleonore Bräuning.

Graf Wallstein giebt L. v. B: die R[eise] nach Wien zu erkennen, u. verläß[t]

als dann aus seinen eigenen Klavierquartetten von 1785 spricht. Daß eine klare Scheidung gegenüber anderen Einflüssen, zum Beispiel Neefes, unmöglich ist, ergibt sich aus der Stilverwandtschaft, wie sie das im Gros zu dieser Zeit von Neefe bereits komponierte, aufgeführte und veröffentlichte Schaffen ausweist: Opern und Singspiele, seine beliebten Serenaden – «Lieder beym Klavier zu singen» – sowie ungezählte Klaviersonaten. Ein Mann von Bildung, studierter Jurist, in der Verehrung der Werke C. Ph. E. Bachs und des «alten Bach» aufgewachsen, 32 Jahre alt, mit einer Sängerin verheiratet, mußte er Schulden halber aus Frankfurt fliehen und wurde in Bonn bei guter Besoldung in der Doppelstellung als Hoforganist und Korrepetitor der Bonner Theatertruppe angestellt. Mit raschem Blick muß er die ungewöhnliche Begabung des ihm anvertrauten Schülers erkannt haben. Da ihm schon bald die häufige Abwesenheit von Bonn die Verpflichtung auferlegte, um einen Vertreter im Organistenamt besorgt zu sein, fand er ihn leicht im jungen Beethoven. Als er gar infolge Vertretung des 1783 beurlaubten Lucchesi auch zum Theaterdienst eines Cembalisten bedurfte, ergab sich die Gelegenheit, diesen auch im Akkompagnement perfekt zu machen. Und Neefe war es schließlich, der in seinem Bericht über die musikalischen Kräfte Bonns im vielgelesenen «Magazin der Musik» erstmals den Namen Mozarts zu dem Beethovens in Beziehung setzte: «Louis van Betthoven... von vielversprechendem Talent... er spielt größtenteils das wohltemperierte Clavier von Sebastian Bach... Herr Neefe hat ihm auch... einige Anleitung zum Generalbaß gegeben. Jetzt übt er ihn in der Composition... Dieses junge Genie verdiente Unterstützung, daß es reisen könne. Er würde gewiß ein zweiter Wolfgang Amadeus Mozart werden, wenn er so fortschritte, wie er angefangen.» Aus dieser Zeit datieren Beethovens erste Kompositionen, und schon vermittelte Neefe «zu seiner Ermunterung» die Herausgabe von Variationen über einen Marsch von Dressler, dessen Baßstruktur drei Jahrzehnte später in der *Siebten Symphonie* seine Apotheose findet: Thema Maestoso.

Bald darauf schon folgten die drei dem Landesherrn gewidmeten sogenannten «Kurfürsten»-Sonaten – in Thematik, Satzweise und

Harmonik eine Synthese von «Hörfrüchten» und Eigenständigem, wie nicht anders zu erwarten: typenhaft die Charaktere des Marsches, des Empfindsamen, des Dahinfliehenden, des Energischen vorwegnehmend, mit Wendungen etwa dieser Art:

Sonate 1 Andante

Sonate 3 Scherzando

Bezeichnend für die umgestaltende Übernahme empfangener Anregungen darf die Gegenüberstellung einer Passage sein, die Beethoven fraglos in Neefes Sinfonia zu «Zemire und Azor» kennenlernte, um ihr im Streichquartett op. 18,1 ein bleibendes Denkmal zu setzen:

Neefe, Sinfonia Presto

op. 18,1 Allegro

Noch weitere Male nutzte Neefe seine Beziehungen zu Verlegern, um Beethoven mit kleinen Sätzen herauszustellen, mit Rondos für Klavier und Liedern in der Art seiner eigenen, so daß der Vierzehnjährige bereits acht veröffentlichte Werke vorweisen konnte, wenn er sie auch – samt einem weiteren halben Hundert – später als Jugendsünden abtat. Da Neefe zugab, selbst keine gründliche musikalische Unterweisung erhalten zu ha-

Christian Gottlob Neefe.
Anonymes Ölbild

Beethoven im 16. Lebensjahr. Schattenriß von Josef Neesen, 1786

ben, darf man seinen Einfluß auf das junge Genie mehr im Ansporn und in Anregungen vermuten, in der Vermittlung guter Beispiele. Wenn ihm Beethoven später schrieb: *Werde ich einst ein großer Mann, so haben auch Sie teil daran*, darf man auf den einschränkenden Unterton aufmerksam machen; gewiß war ihm um eine umfassende musiktheoretische Sicherheit mehr zu tun. Schränkte auch Neefe seine Verdienste ein: «Sofern es seine übrigen Geschäfte erlaubten...», habe er ihm Anweisung zum Generalbaß gegeben, so steht doch außer Frage, daß er seinem Schüler jede Hilfe zuteil werden ließ, deren er fähig war, wie etwa bei dessen «Erprüfung» als 2. Hoforganist 1784. Beethoven nahm ihren günstigen Ausgang zum Anlaß, um seine Ernennung zum Akzessisten und um Besoldung zu bitten, was ebenso orakelhaft wie lakonisch beantwortet wurde: «Beruht».

Ein vielversprechendes Talent
(Vom *Klavierkonzert in Es-dur* bis zum Oktett op. 103)

1784—1792 Keine zwei Monate später ruhte der Fürst selbst – für immer, indes der Nachfolger bereits seit vier Jahren feststand: Maximilian Franz, der jüngste Sohn der Kaiserin Maria Theresia, der Bruder Josephs II. und der Königin von Frankreich, seit Jahren bereits Teutschordensmeister und Fürstbischof von Münster, der erste Habsburger auf diesem Thron. Wer mochte ahnen, daß er, der einundachtzigste in der Reihe der Kölner Erzbischöfe, zugleich der letzte sei und seine Herrschaft nur ein Dezennium währen sollte! Die auf ihn gerichteten Erwartungen waren – im Hinblick auf den größeren Bruder – jedoch zwiespältig, obgleich man seine von Friedrich dem Großen beeinflußte Maxime kannte: «Land und Leute regieren, ist ein Amt, eine Staatsbedienung!» Da auch Belderbusch gerade gestorben war, gedachte Maximilian Franz selbst zu regieren. Die von ihm eingeforderten Gutachten über die angetroffenen Kräfte führten rasch zur Entlassung der Theatergesellschaft, und es ist wahrscheinlich, daß er Mozart als seinen Kapellmeister haben wollte. Von Kind an mit ihm bekannt – das Bild Mozarts von 1762 zeigt ihn in des Erzherzogs Galarock! –, war ihm zu Ehren im April 1775 «Il rè pastore» inszeniert worden, als er, von der Hochzeit der Schwester in Paris kommend, in Salzburg einkehrte. Wenn er nun einen Aufenthalt in Wien benutzte, um Mozarts Bereitschaft zu gewinnen, muß Mozart Gründe gehabt haben, sich zu verweigern – sei es, daß ihn die Hoffnung auf einen Text Da Pontes verlockte, wie er dann tatsächlich «Le nozze di Figaro» von ihm erhielt, oder die Aussicht auf eine Stelle im Dienst des Kaisers. So beließ Maximilian Franz die Hofkapelle ohne große Änderungen; der junge Beethoven rangierte in der neuen Liste als «2. Hoforganist» mit einer Besoldung von 150 Gulden, während der Vater 300, Neefe nur 200 bezog, da er dabei seine Theaterposition eingebüßt hatte. Nun konnte man den jungen Beethoven – nach Fischers Beschreibung – zum Dienst schreiten sehen im seegrünen Frackrock, grüner kurzer Hose mit Schnallen, seidenen Strümpfen, geblümter weißseidener Weste, mit Locken und Haarzopf, Klapphut und Degen samt Koppel, in leicht vornübergebeugter Haltung. Sein Dienstreglement dürfte ihm genügend Freizeit belassen haben für die Studien bei Neefe sowie zum Unterricht durch einen gewissen Zambona oder Zamponi, der ihn in Latein, Französisch, Italienisch und Logik unterwies, mindestens einige Jahre lang. Da sich Neefe ganz auf seinen Organistendienst beschränkt sah, mag Beethoven nur hin und wieder zur Kammermusik herangezogen worden sein, was man aus seiner allerdings mageren Produktion schließen möchte; besteht sie doch nur in drei Liedern, einem nachmals umgearbeiteten Präludium im Stile J. S. Bachs, einem Klavierkonzert völlig Sterkelscher Art und den drei *Quatuors pur le clavein* (!) im «vermanierierten Mannheimer goût Mozarts», also voll dynamischer Exzentrik, wenn sich auch der eigene Atem darin

Mozarts Wohnung im Camesina-Haus, Wien, Domgasse 5, 1787

nicht verleugnet. Aber das ist für die geruhsamen Jahre von 1784 bis 1787 auch alles, was vorliegt, wenn man nicht annehmen will, daß weiteres verlorenging oder gar vernichtet wurde. Anderes muß es gewesen sein, was ihn in diesem Alter beschäftigte, anzog und fesselte, vermutlich im Zusammenhang mit Freundschaften, die er schloß, mit Franz Gerhard Wegeler, einem fünf Jahre älteren Medizinstudenten, der ihn in das Haus der Frau von Breuning einführte. Daneben weiß man von persönlichen Kontakten zu Mitgliedern der Kapelle, zu den Vettern Romberg, den beiden Reicha, Ries und Simrock, vielgerühmten Instrumentalisten, die sich guten Ansehens erfreuten. Sicher kam es weiterhin mit ihnen und dem Vater zu vielfältigem Musizieren und Konzertieren. Seine eigene Tastenfertigkeit reichte längst hin, um ihn auch als Klavierlehrer in den Adelsfamilien des Hofes zu empfehlen. War zwar des Vaters Traum vom Wunderkind zerstoben, so hatte er doch keine Ursache, sich dieses Sohnes zu schämen, noch sich Sorge zu machen. Viele Jahre später nimmt es sich – im Briefe an einen jungen, mit seinen Studienverhältnissen unzufriedenen Musiker – wie ein Resümee dieser Jahre aus, wenn Beethoven schreibt: *... ohne mich Ihnen im mindesten als ein Muster vorstellen zu wollen, kann ich Ihnen versichern, daß ich in einem kleinen, unbedeutenden Orte gelebt und fast alles, was ich dort als hier geworden bin, nur durch mich selbst geworden bin ...*

Als die neue Saison anlief, hatte der Fürst eine andere Theatertruppe engagiert, bald dazu die durch den Tod des Fürsten von Kassel freigewordene französische, und das Bonner Repertoire erstreckte sich von Glucks «Alceste» und Holzbauers «Günther von Schwarzburg» bis zu den Opern von Sacchini, Paisiello, Salieri und Grétry. Beethovens Name scheint wie ausgelöscht, bis es 1787 endlich soweit ist, daß ihn der Fürst zu Mozart nach Wien ziehen läßt, unbekannt, unter welchen Bedingungen und mit welchen Anweisungen. Hier traf er am Ostersamstag ein und scheint am Tage darauf schon anläßlich einer Festoper Guglielmis den von ihm betonten unvergeßlichen Eindruck von der Persönlichkeit des Kaisers erhalten zu haben. Sollte es sein Ziel gewesen sein, Mozart als Lehrer zu gewinnen, so konnte kein Besucher ungelegener kommen: im Januar noch hatte sich Mozart mit Constanze zu Konzerten und der triumphalen «Figaro»-Premiere in Prag aufgehalten, von wo er im Februar mit einem neuen Opernauftrag zurückkehrte; gerade über der Komposition der beiden großen Quintette, erwog er eine England-Reise, von der ihm der sterbenskranke Vater abriet. Just im Augenblick, als ihn Beethoven in der reizvollen Wohnung im Carmesianischen Hause aufsuchte, hielt er Da Pontes Text zu «Don Giovanni» in Händen. Er hörte sich nun den ihm sicher gut empfohlenen Jüngling an. Eine erste Improvisation soll er für ein eingefuchstes Paradestück gehalten haben, so daß erst die Behandlung eines von ihm selbst gestellten chromatischen Themas den Ausspruch ausgelöst habe: «Auf den gebt acht, der wird einmal in der Welt noch von sich reden machen!» Ries, Beethovens späterer Schüler, aber auch ein in den Konversationsheften vermerktes Gespräch lassen glauben, daß er dennoch einige Unterweisung erhielt, soweit es in den vierzehn Tagen seines Aufenthalts in Wien, vom 7. bis 20. April, möglich war. Krankheit und Geldnot befielen ihn auf der Heimreise, und Nanette Streicher, die Tochter des berühmten Klavierbauers, erinnerte ihn selbst später daran, daß sie ihn in Augsburg auf Instrumenten ihres Vaters fantasieren hörte. Ein bischöflicher Rat mußte ihm zur Weiterreise 35 Gulden vorstrecken, die – wie dann auch der Kurfürst erfuhr – zunächst nicht zurückbezahlt werden konnten. Nachrichten über den bedrohlichen Gesundheitszustand der Mutter dürften die vorzeitige Rückreise veranlaßt haben. Wenige Wochen später, am 17. Juli,

Der Bonner Marktplatz mit dem «Zehrgarten». Stich von Hundshagen

starb *die so gute liebenswürdige Mutter... meine Freude und mit ihr meine Gesundheit begann aufzuhören... O, wer war glücklicher als ich, da ich noch den süßen Namen Mutter aussprechen konnte! und er wurde gehört, und wem kann ich ihn jetzt sagen? Den stummen, ihr ähnlichen Bildern, die mir meine Einbildungskraft zusammensetzt? Solange ich hier bin, habe ich noch wenige vergnügte Stunden genossen; die ganze Zeit hindurch bin ich mit der Engbrüstigkeit behaftet gewesen, und ich muß fürchten, daß gar eine Schwindsucht daraus entsteht. Dazu kömmt noch Melancholie... Denken Sie sich jetzt in meine Lage... das Schicksal hier in Bonn ist mir nicht günstig*, erfuhr jener Augsburger Rat im September. Hatte sich der Vater sofort nach dem Tode seiner Frau veranlaßt gesehen, den Fürsten um einen erheblichen Vorschuß zu bitten, so wurde ein gleichzeitiges Gesuch des Sohnes um Erhöhung seiner Bezüge abgeschlagen. Als der Vater in den Gaststuben Trost suchte, vermochte der Sohn nur mit Not eine angedrohte Strafversetzung abzuwenden und sich die Hälfte der väterlichen Besoldung für die Erziehung der Geschwister zu sichern. Unter diesen Umständen war eine Rückkehr zu Mozart, wenn sie ins Auge gefaßt war, unmöglich und an ein Studium in Wien vorerst nicht zu denken.

In dieser Situation ähneln sich einmal die Schicksale Mozarts und Beethovens: nichts gab Hoffnung auf Aufstieg, und die Geduld sollte auf Jahre hinaus auf eine harte Probe gestellt werden. Nichts weiß man darüber, wie nun der Haushalt – ohne Mutter – funktionierte; seitens des Vaters war allenfalls mit peinlichen Auftritten zu rechnen, wenn die beiden ältesten Söhne ihn mit einem «Papächen, Papächen!» begütigend nach Hause bringen mußten. Besuchten Karl und Johann noch die Schule, so war Ludwig alt genug, um die Notwendigkeit einer eigenen Zielsetzung zu erkennen. Nur aus später geschriebenen Briefen an Wegeler und Eleonore von Breuning ist herauszulesen, daß er im Hause der Frau Hofrätin von Breuning ein neues Zuhause gefunden haben muß, Verständnis auch für manchen

Raptus, seine Querköpfigkeit, dazu gewiß manche Hilfe. Erst als Klavierlehrer, dann als Freund ihrer Kinder – der Tochter Eleonore und der drei Söhne Stephan, Christoph und Lorenz (Lenz) – gewann er durch sie einen anregenden Bekanntenkreis, der sich schon bald auch im «Zehrgarten» der Witwe Koch traf. Hier wie dort stand im Mittelpunkt des Interesses die schöngeistige Literatur der Zeit, und mit «Zehrgarten»-Freunden, mit K. von Kügelgen und Reicha zusammen ließ sich Beethoven sogar in die Matrikel der Universität eintragen (1789), um Vorlesungen über Philosophie und Literatur zu hören. Im gleichen Kreise lernte er einen Grafen Waldstein kennen, der gerade seine Aufnahme in den Teutschorden betrieb, ein wohlgebildeter Dilettant, der sich Beethovens annahm und zu seinem Fürsprecher beim Kurfürsten geworden sein mag. Daneben weiß man nur von einem Besuch des Mainzer Kapellmeisters Righini in Bonn, eines beliebten Modekomponisten – ohne Details über eine mögliche Begegnung mit Beethoven, sodann von des jungen Hoforganisten improvisiertem Fantasieren auf der Orgel von Marienforst bei Godesberg, von einem aus Übermut entsprungenen Streich, einen Sänger im Kirchengesang *aus dem Ton zu werfen*, was ihm eine geharnischte Beschwerde beim Kurfürsten eintrug. Auf die Kunde vom Tode des Kaisers komponierte er eine erstaunlich umfangreiche Kantate, deren musikalische Gedankengänge das Wachstum kennzeichnen, das man nur heimlich betriebener, stiller Arbeit zuschreiben kann. Ein halbes Jahr später folgte eine zweite auf die Thronbesteigung Leopolds II.; beide Male kam es nicht zu Aufführungen seiner dramatischen Erstlinge.

Indessen – 1789! – erschütterten und ängstigten politische Nachrichten aus Frankreich die Hofkreise. Haydn passierte auf der Reise nach London Bonn, erlebte dabei die Aufführung einer seiner Messen und wurde hernach vom Kurfürsten der Hofkapelle vorgestellt. Vermerkt ein neues Verzeichnis der Bonner Musikkräfte zwar unter anderem, daß Beethoven Klavierkonzerte spiele, so war sein Name hier weder mit dem * der Virtuosen, noch den ** der Komponisten gezeichnet; er schien «ohne Rang» zu sein, und die Version ist denkbar, daß ein Neidling dem Fürsten alles zutrug, was geeignet war, Beethoven die Gunst des Hofes zu entziehen: die Verstrickung des Vaters in unangenehme Forderungsklagen gegen den verstorbenen Minister von Belderbusch, die Trunksucht der Großmutter und des Vaters, die Schulden von der Wiener Reise her, die Beschwerde des Sängers, und vielleicht tat die Sprache, mit der er sich verteidigte, ein übriges, schließlich auch die angebliche Unaufführbarkeit seiner Kantaten. «Wer kanns wissen, Herr Magister?» pflegte ein anderer Kurfürst bei ähnlichen Gelegenheiten zu sagen.

Obgleich bereits mancherlei Revolutionsgeplänkel – so im benachbarten Lüttich – im Gange waren, bankettierte man anscheinend sorglos in Bonn, beispielsweise am Fastnachtsonntag 1791 im Re-

doutensaal, wobei ein Ballett in alten Kostümen die «Hauptneigungen unserer Urväter zu Krieg, Jagd, Liebe und Zechen» darzustellen hatte. Als deren Verfasser wurde Graf Waldstein angegeben; die Musik aber besorgte ihm Ludwig van Beethoven. Nur ein einziges Mal vernimmt man von seinem Musizieren bei Maximilian Franz; Ries und Romberg spielten, von Beethoven begleitet, ein neues Trio von Pleyel vom Blatt, und obgleich er sich geschickt über fehlende Takte in seiner Stimme hinwegmogelte, mochte es ihm einen scheelen Blick seines hohen Herrn eingetragen haben. Im September ergab sich abermals Anlaß sogar zu einer ganzen Festwoche in der Mergentheimer Residenz. Die sehr lustige Schiffahrt, ohne den Fürsten, wird in Aschaffenburg zu einem Besuch bei Abbé Sterkel unterbrochen, um den gerühmten Clavecinspieler musizieren zu hören. Da gerade als einzige Veröffentlichung Beethovens aus all diesen Jahren seine Variationen über Righinis «Venni amore» erschienen waren, kam ihr Autor, durch Zweifel an seiner virtuosen Kapazität herausgefordert, nicht um die Probe aufs Exempel herum und erntete dann aber höchste Bewunderung des «in seinem Lobe unerschöpflichen» Sterkel. In Mergentheim aber sträubt er sich hartnäckig – wie später noch so oft – dagegen, öffentlich zu spielen, angeblich des unzulänglichen Instruments halber; hernach jedoch, in privatem Kreise, fantasierte er aus unerschöpflich scheinendem Reichtum der Ideen.

Kaum nach Bonn zurückgekehrt, erschütterte ihn die Nachricht vom Tode Mozarts: «Wer wird die Welt ob dieses Verlustes trösten?» Nur Wegeler, die Freunde aus dem Hause von Breuning, die aparte Schülerin von Westerholt oder die schwärmerisch verehrte Eleonore von Breuning ahnten vielleicht, was alles inzwischen seit jener Rückkehr aus Wien entstanden war: über zwei Dutzend Werke, außer den beiden Kantaten und dem Ritterballett Lieder und Arien, Sonatensätze, Variationen, Kammermusikwerke wie die Duos für Klarinette und Fagott, das Bläseroktett und Streichtrios. Bedeutete es dem Umfang nach nicht viel, so versprach es um so mehr. Einflußreiche Gönner, ja, bereits Gönnerinnen wie die Gräfinnen Hatzfeld und Wolff-Metternich waren längst auf das junge

Frau von Breuning und ihre Familie. Schattenriß von unbekannter Hand, 1782

Baronesse Maria Anna Wilhelmine von Westerholt,
Beethovens Schülerin

Talent aufmerksam geworden, das sich nebenbei auch schon in Galanterie übte: *Rien n'est stabile dans cette vie... mais pour toi... jamais mon cœur ne changera...* (An die Baronesse von Westerholt.)

Es ist leicht zu verstehen, daß die Lage nach der vereitelten Flucht Ludwigs XVI. und Marie Antoinettes, nach der Aufhebung des österreichisch-französischen Bündnisses, verbunden mit der Vorbereitung einer militärischen Intervention gegen Frankreich, einen Regenten an so exponierter Stelle, wie es der Kurfürst von Köln war, mit anderen Problemen bedrängte als der musikalischen Unterhaltung seines Hofes. Dennoch entzog sich Maximilian Franz selbst inmitten dieser Wirren nicht der Ehrenpflicht eines kunstsinnigen Herrschers, indem er gerade nun den beiden Malern von Kügelgen Stipendien zu einer Studienfahrt nach Italien gewährte. Das mochte auch in Beethoven

Graf Ferdinand Waldstein. Anonymer Schattenriß

Hoffnung aufkommen lassen. Da nun als Lehrer kein anderer in Frage kam außer Haydn, dürfte sich des 2. Hoforganisten Erwartung auf dessen Rückkehr aus London konzentriert haben; sie erfolgte im Juni 1792. Inzwischen war Kaiser Leopold, des Kurfürsten Bruder, im März gestorben, so daß sich Maximilian Franz zur Kaiserwahl bereits in Frankfurt befand, als Haydn eintraf. Die Hofkapelle gab ihm in Godesberg ein Frühstück, und wohl bei dieser Gelegenheit wurde eine der Beethovenschen Kantaten als Talentprobe in Haydns Hände gespielt. Da sich Haydn gleich hernach ebenfalls nach Frankfurt begab, wo er mit dem Fürsten Esterházy, vielleicht auch mit dem Kurfürsten zusammentraf, könnte hier oder schon kurz darauf in Wien die Entscheidung zu Beethovens Gunsten gefallen sein. Auffällig ist, daß dieser am 23. August, *Abends 12*, einem

Joseph Haydn. Tuschpinselzeichnung nach John Hoppner von Georg Sigismund Facius, 1791

der Bonner Kameraden, offenbar als Erinnerungsgabe, ein Duo für zwei Flöten schrieb und schon bald darauf der «Zehrgarten»-Kreis sich beeilte, innerhalb kurzer Zeit ein «Stammbüchlein» für ihn zusammenzustellen, dessen letzter Eintrag vom 1. November datiert. Ein Poesieheft voller Abschiedsgrüße, erfüllt von «Lebensziel» und der «Süßen Harmonie», vom «Wiesenbach» und den «Blüten des Lenzes», von «Unsterblichkeit» und dem «Gedenken in Liebe», spiegeln sie Vergangenes und deuten auf Künftiges, wie des Grafen Waldstein bekanntes seherisches Wort: «Durch ununterbrochenen Fleiß erhalten Sie: Mozart's Geist aus Haydens Händen». Ist heute allerdings bekannt, daß Waldstein nicht der anonyme Spender der Mittel war, die Beethovens Studienreise ermöglichten, so kann kein Zweifel sein, daß er ihm doch manchen Empfehlungsbrief mitgab – *Ein tüchtiger Kerl* – ließ Beethoven mehr als dreißig Jahre später einem ihm unbekannten Pianisten bestellen – *hat keine andere Empfelung* (!)

nöthig, als von guten Häusern an wieder d. g. (dergleichen). Die meisten Türen und Tore, die sich ihm dieser Art in Wien öffneten, führten zu nahen Verwandten Waldsteins.

ZUM ALLGEMEINEN DER TONKUNST
(Vom Streichtrio op. 3 bis zur *Adelaide* op. 46)

1792–1795   Die Kutsche, die Beethoven zusammen mit dem Bonner Oboisten Libisch in beschleunigter Fahrt mitten durch die bereits aufmarschierenden Truppen und schließlich nach Wien brachte, sollte ebenso unvorhersehbar zur dauernden Übersiedlung dorthin führen, wie es einst den Großvater von Mechel über Lüttich nach Bonn verschlagen hatte. Zwar taucht noch häufig, ja fast bis zum Ende seines Lebens, der Gedanke, der Plan, die Hoffnung auf, das *Vaterland, die schöne Gegend, in der ich das Licht der Welt erblickte,* wiederzusehen, einmal sogar in der Absicht, *den hochholländischen Boden zu betreten und die Gräber meiner Ahnen zu sehen* – obgleich drei Großelternteile moselländischen-mittelrheinischen Ursprungs sind. Der Aufenthalt, zu dem ihm der Kurfürst außer den weiterlaufenden Bezügen noch 500 fl. gewährte, war offensichtlich zunächst auf ein Jahr befristet. Während sich Libisch in Wien vom Reisegefährten trennte und nach Absolvierung seines Studienjahrs – vielleicht beim dortigen Oboisten Triebensee – zu seiner Hofkapelle zurückkehrte, hatte Beethovens Unterricht bei Haydn begonnen. Eintragungen in sein Tagebuch lauten bald *Haidn 8 Groschen* oder *22 Kreuzer für Haidn und mich Chokolade.* Kaum sechs Wochen nach der Abreise

Aus Beethovens Stammbuch. Eintrag von Graf Ferdinand Waldstein (1792)

Die Alstergasse, vom Glacis gesehen, in der sich Beethovens erste Wohnung befand

von Bonn erschütterte ihn die Nachricht vom Tode des Vaters, «... die Getränke-Accise hat... einen Verlust erlitten...» war alles, was sein Fürst dazu zu vermerken hatte. Franz Ries in Bonn, der Geiger und Freund der Familie, nahm sich der Nachlaßgeschäfte und wohl auch der jüngeren Brüder Beethovens an; Karl scheint sich auf die Beamtenlaufbahn vorbereitet zu haben, Johann absolvierte in der Hofapotheke seine Lehrzeit. Wenn es dann mit der Anweisung erwarteter Gehaltsteile länger als sonst dauerte, durften sich die zuständigen Hofstellen durch die politischen Verhältnisse hinreichend entschuldigt sehen. Hatte der Kurfürst gleichzeitig mit Beethoven Bonn verlassen, so konnte er sich nur noch einmal, von April bis September 1793, in Bonn halten, dann sah er sich für immer von dort vertrieben. Vorerst war Beethoven mit ausreichenden Mitteln versehen und in einem Hause des Fürsten Lichnowsky untergebracht.

Die aus den Studienjahren noch erhaltenen *Übungen im Contrapunkt* – 245 von einst 300 – kennzeichnen den einigermaßen systematischen Lehrgang, der im wesentlichen auf Fuxens «Gradus ad Parnassum», auf der Erlernung des «strengen Satzes» also, beruht. Daneben suchte Beethoven mehrmals wöchentlich Schuppanzigh auf, nicht den sechzehnjährigen Ignaz, der gerade erst im Begriff war, von der Bratsche auf die Geige überzuwechseln, sondern dessen Vater, der hauptsächlich italienischen Sprachunterricht erteilte, wie ihn Beethoven benötigte, um bei Salieri den italienischen Vokalsatz studieren zu können. Es ist bezeichnend für Beethovens Eifer und Unnach-

sichtlichkeit, daß er es schon bald Haydn verübelte, wenn Fehler unkorrigiert blieben – sei es infolge bloßen Versehens oder wegen dessen Überlastung mit eigenen Arbeiten. Es führte dazu, daß er sich nebenbei heimlich von Johann Schenk unterrichten ließ, einem erfolgreichen Singspielkomponisten, der selbst eine profunde Ausbildung genossen hatte und sie auch Beethoven zuteil werden ließ. Unabhängig davon dürfte sich die Kunde von der pianistischen Fertigkeit des jungen Musikers rasch verbreitet haben, so daß es nicht an Gelegenheit fehlte, «in mehreren Häusern einzutreten», wie es Haydn bestätigt. Dafür boten die hier miteinander wetteifernden adeligen Häuser ungewöhnliche Möglichkeiten. Gegen Ende des Unterrichtsjahres fühlte sich Haydn verpflichtet, dem Fürsten Bericht zu erstatten, was mit einem Brief vom 23. November 1793 geschah: «... Kenner und Nicht-Kenner müssen ... unparteiisch eingestehen, daß Beethoven mit der Zeit die Stelle eines der größten Tonkünstler in Europa vertreten werde, und ich werde stolz sein, mich seinen Meister nennen zu können ...» Auch Beethoven legte einige Zeilen bei, um zu vermerken, er habe es sich versagt, viel zu komponieren, um desto mehr alle seine *Seelenkräfte zum Allgemeinen der Tonkunst* zu verwenden. Dennoch hatte Haydn, vielleicht ohne Beethovens Wissen, fünf Kompositionen beigefügt. Die Bemerkung, sein Schüler könne mit den ihm gewährten Mitteln kaum existieren, brachte den Fürsten allerdings in Harnisch: von den Kompositionen kenne er von Bonn her alle bis auf eine, die ihm «unmöglich ein Beweis für seine

*Fürst Karl Lichnowsky.
Ölbild von F. Gödel*

zu Wien gemachten Fortschritte sein» könne; ziemlich ungnädig, da er (wie das dann allerdings abgeänderte Konzept vorsah) fürchte, jener werde ebenso wie von «seiner ersten Wiener Reise bloß Schulden mitbringen», gibt er zu erwägen, «ob er nicht wieder seine Rückreise hierher antreten könnte, um hier seine Dienste zu verrichten» (23. Dezember 1793). Schon einen Monat später war der Kurfürst erneut selbst in Wien, noch rechtzeitig genug, bevor Haydn zu seiner zweiten Reise nach England aufbrach. Sollte ihn Beethoven ursprünglich begleiten, so scheint die Einwilligung versagt worden zu sein. Zwar, nachdem Marie Antoinettes Kopf der Revolution zum Opfer gefallen war, plagten den Kurfürsten wiederum schwerere Sorgen als die um seines 2. Hoforganisten Perfektionierung. Dennoch muß er ein weiteres Ausbildungsjahr genehmigt haben, in Abwesenheit Haydns bei Albrechtsberger, einem tüchtigen Theoretiker. Wenn es von Beethoven in des Fürsten eigenhändigem «Münsterischen Hofstaats-Entwurf» (1794) heißt: «ohne Gehalt in Wien, bleibt bis er [nach Münster] einberufen wird», zeigt es, daß er unverändert zur Kapelle zählte; überdies dürfte ihn Maximilian Franz kaum ohne Mittel gelassen haben. Von Albrechtsberger waren zu dieser Zeit bereits dessen «Gründliche Anweisung zur Composition» und anderes erschienen, außer unübersehbar vielen Kompositionen, Fugen zumal, so daß Beethoven spüren mochte, in der richtigen «Schmiede» zu sein. Im Gegensatz zu Haydn nahm er es sehr genau, und der Umfang der von Beethoven unter seiner Anleitung erfüllten Übungen erweist, daß die eineinhalb Studienjahre ihm eine erhebliche Sicherheit in der Beherrschung der Kompositionstechnik vermittelten. Berücksichtigt man des Schülers ausgeprägten Oppositionsgeist, worüber sich alle Lehrer einig waren, so wiegt doch mehr als alle böswillige Zwischenträgerei und Verdrehung das über zwanzig Jahre später gefallene Urteil: *Ich habe meinen Albrechtsberger verloren und habe kein Vertrauen zu irgendeinem anderen,* auch wenn er sich dann wieder über *die Kunst, musikalische Gerippe zu erschaffen,* mokieren konnte. Zu den Bekanntschaften, die ihm vermöge seiner pianistischen Virtuosität gelangen, gehörte bereits der Baron van Swieten, der Sohn von Maria Theresias Leibarzt, Intimus des Kölner Kurfürsten, Wiener «Musikpapst» mit besonderer Vorliebe für ältere Musik, für Händel und Bach zumal. Hatte er einst in Leyden eine Dissertation über den Einfluß der Musik auf die menschliche Gesundheit geschrieben, so trugen Aufenthalte als Gesandter in Brüssel, Paris, Warschau, namentlich aber in Berlin, wesentlich zur Prägung seines musikalischen Geschmacks bei. Ein frühes Billett von seiner Hand an Beethoven verrät bereits hohe Vertraulichkeit, indem er ihn «um halb neun Uhr abends mit der Schlafhaube im Sack» zu sich bestellte; wie vor ihm Mozart, erwarb auch Beethoven hier die Kenntnis von Händels Oratorien- und Opernschaffen. – Als *premier Mécène de sa Muse* aber bezeichnet Beethoven sodann merkwürdigerweise nicht den Fürsten Lichnowsky, bei dem er wohnte, sondern einen Grafen von Browne-Camus, dem nebst seiner Gattin er nicht weniger als sieben Werke widmete, unter ihnen die Klaviersonate op. 22, die nach einem Roman von Griepenkerl (1838) «Die Schwäne» benannt wurde. Die Beziehungen zum Hause Browne erloschen wohl mit dem frühen Tod der Gräfin (1803). Offenkundig wird die Zahl der Gönner durch die Subskribentenliste seines op. 1 von 1795, in der sich Namen finden wie Kinsky, Liechtenstein, Palfy-Erdödy, Thun, Schönborn, Lobkowitz, Esterházy, vielfach nahe Verwandte Waldsteins, von denen manche in die weitere Lebensgeschichte des jungen Autors verflochten bleiben. Von Haydn schon 1793 im Haus Esterházy eingeführt, traf Beethoven ohne Zweifel in solchen Kreisen das Milieu an, in dem sich schon frühzeitig seine Improvisationskunst und seine Klavierwerke Verehrer erwarben. Mochte man ihm nun auf diskrete Weise Gratifikationen für dedizierte Werke, für sein Spiel in Hauskonzerten und für Unterweisungen auf dem Klavier zugewandt haben, so bleibt er doch auch 1794 noch immer in einer Bonner Besoldungsliste mit 600 fl. verzeichnet.

Dauerte der Unterricht bei Haydn ein Jahr, bei Schenk ein halbes, bei Albrechtsberger bis zum Frühjahr 1795, während die Beratungen durch Salieri und E. A. Förster nur gelegentlich erfolgten, so müssen die Bindungen an Maximilian Franz mit dessen Entsagung etwa zur gleichen Zeit ihr Ende gefunden haben. Damit wurde aus dem subalternen Bonner Hofmusikus der freischaffende Wiener Klaviervirtuose und Komponist, künftig darauf angewiesen, sich Einnahmen zu sichern, von denen er leben konnte.

DER FREIE MANN

...SOLL DOCH MEIN GEIST HERRSCHEN...
(Von den Klaviertrios op. 1 bis zur Hornsonate op. 17)

1795—1800 Längst häuften sich in seinem Schreibpult Skizzenbücher und Notierungshefte an, die außer Bonner Aufzeichnungen mancherlei Entwürfe aus den letzten drei Wiener Jahren aufgenommen hatten. Was neuerdings an Reinschriften vorlag, distanzierte sich von seinen älteren «Tafelmusikbeiträgen» dadurch, daß es sich der eigenständigen Wiener Tradition anpaßte und natürlich Gelegenheit zu eigenem Brillieren zu bieten hatte. Gehen auch weiterhin Variationszyklen in mancherlei Ausgaben hinaus, so mußte die mit den Klaviertrios anhebende Reihe der mit Opuszahlen versehenen Werke der Absicht dienen, sie als «legitime» Kompositionen gegenüber dem Beiläufigen hervorzuheben. Zwar waren zuletzt, vor diesem op. 1, nur drei Variationswerke erschienen; manch anderes fand wohl handschriftliche Verbreitung, wie man es zum Beispiel vom *Streichtrio in Es* weiß. Wenn schon von einer großen Zahl gerade der «frühen» Werke die Autographe verlorengehen konnten, kann das gleiche Schicksal den Abschriften zuteil geworden sein. Nun forderte sein Verantwortungsgefühl von ihm, alle früheren Werke gründlicher Überarbeitung zu unterziehen, sollten sie in die «Opus-Reihe» aufgenommen werden können. Wenn von den Drucken in den nächsten fünf Jahren noch die Hälfte nicht in seine «numerierte» Liste aufgenommen wird, errät der Kenner rasch, daß es sich dabei um sein «Salon-Repertoire» handeln müsse, speziell um *Variations pour le Clavecin*. Dabei ist diese Reihe insofern von besonderem Reiz, als sie erkennen läßt, was dem Improvisator Beethoven höchsten Beifall eintrug. Hatte die Gattung keine nennenswerten formalen Probleme zu stellen, so bot sie doch einen Tummelplatz zur Erprobung der Fingerfertigkeit, der Charakterisierungskunst, der Kontrastprägung, der Eleganz des Esprits und des Phantasiereichtums, kurz des «rhetorischen» Vermögens. Es fehlte hier keineswegs an hochgebildeten Kennern, welche die Stärken und Schwächen der sich oft nur auf der Durchreise produzierenden Künstler recht genau zu taxieren wußten. Nicht zufällig verdankt manch größeres Opus noch heute seine Popularität überwiegend nur dem beigegebenen Variationssatz – man denke an Haydns Streichquartett mit den «Kaiser»-Variationen, an Mozarts Klarinettenquintett, Schuberts «Forellenquintett» und «Der Tod und das Mädchen». Wiewohl die Prinzipien des Abwandelns uralt und ihre Belege so häufig sind wie der Sand am Meer, ist es erst die «moderne» Variation Haydns und Mozarts, der die kleineren Zeitgenossen die Schablone abgewinnen, über die hinaus sie dann Beethoven weiter zu erheben weiß. Was in Wien an «ortsüblicher» Thematik begegnete, hatte sich nicht weit von der Sterkels und Gossecs entfernt, wie Beispiele von Kauer

Kauer, Streichtrio in Es, Allegro

und Wanhal zeigen.

Wanhal, Divertimento in C (Clavicembalo, Viola, Basso), Allegro moderato

So überlegen sich Beethoven auf dem Parkett dieser «Salonkunst» fühlen durfte, empfindet man doch gewisse Startschwierigkeiten in seinem der Kammermusik zugewandten Kompositionsprogramm, die sich in Unentschlossenheit äußern: er bearbeitet sein Bläseroktett zum Streichquintett, wie an Stelle der Bläser in op. 16 auch Streicher treten können, läßt sich offenbar durch Zufallsbesetzungen verleiten zu einem Bläsersextett, zur Serenade op. 25, zum *Duett mit zwei obligaten Augengläsern* und ähnlichem. Dem entspricht, daß auch das erste Klavierkonzert erst nach dem zweiten seine endgültige Gestalt erhielt. So ist sogar ungeklärt, mit welchem der Klavierkonzerte Beethoven debütierte. Es steht lediglich fest, daß es am 29. März in einem Burgtheater-Konzert war, das unter der Direktion Salieris stand und den Solisten als «Meister Ludwig van Beethoven» ankündigte. Nicht ausgeschlossen, daß dabei nur die Orchesterstimmen vorlagen, während er seinen Part großenteils improvisierte, wie es von einer anderen Gelegenheit verbürgt ist. In Salieris zweitem Konzert, am Tage darauf, war Beethoven eine Programmnummer zu freiem Fantasieren vorbehalten, womit er am meisten Furore machte. Gleich am nächsten Tage, als zugunsten von Mozarts Witwe «La clemenza di Tito» gegeben wurde, spielte er quasi als Zwischenaktmusik Mozarts d-moll-Konzert (KV 466), das er besonders liebte und später mit eigenen Kadenzen versah. Ein Bericht über diese Konzerte hat lediglich «den ungeteilten Beifall des Publikums» festgehalten. So, in Konzertmitwirkung, auf ehrenvollen Einladungen in den Salons der Fürsten, Grafen und Reichen, mit Unterrichtung vornehmer Damen, Skizzierung und Ausarbeitung von Werken, Überwachung der Kopien und Druckkorrektur, darf man sich die wechselvollen Tage, Wochen und Monate seiner nächsten

Jahre vorstellen. Wie gut reimt sich darauf ein Eintrag in das bei der Abreise von Bonn begonnene «Tagebuch»: *Mut, auch bei allen Schwächen des Körpers, soll doch mein Geist herrschen; 23 Jahre, sie sind da; dieses Jahr muß den völligen Mann entscheiden, nichts darf unterbleiben*, wobei nur das Alter auf 25 Jahre zu berichtigen bleibt. Gleich nach jenen Konzerttagen kam das Abkommen mit Artaria zustande, wonach sich dieser gegen Vorausbezahlung von 212 Gulden zur Herausgabe des op. 1, der dem Fürsten Lichnowsky gewidmeten Klaviertrios, verpflichtete. Die Einladung zur Subskription ergab rasch eine Bestellung von 250 Exemplaren. Der Fürst bezahlte die Druckkosten heimlich aus seiner Tasche, damit Beethoven die Einnahme ungeschmälert zufloß, und der Erfolg schon dieses Werkes wird durch nichts besser beleuchtet als durch die Nachdrucke anderer Verleger: im Laufe von drei oder vier Jahrzehnten kam es zu nicht weniger als zwanzig Auflagen, einschließlich der Arrangements bis zur Symphoniebesetzung. Findet sich auf der gedruckten Klavierstimme der Vermerk *Für das Pianoforte mit Begleitung*, so wird damit auf eine Gattung der Hausmusik verwiesen, die sich – nächst den Variationswerken – größter Beliebtheit erfreute: die «Sonate avec accompagnement d'un Violon et Violoncelle (obligé oder ad libitum)». Noch fielen dabei den Streichern zeilenweise nichts als gleichförmige Begleitfiguren zu, Akkordzerlegungen und Umspielungen, wie man sie selbst in Beethovens ersten Violin- und Cellosonaten findet, nicht zur ungetrübten Freude ihrer Spieler. Dennoch mochten jene wie die Hörer aus diesem op. 1 die «Pranke» des neuen Meisters verspüren, und die zwölf Sätze dieser Trios unterscheiden sich von den späteren Belegen dieser Gattung nicht so sehr durch Verve, Gedankenreichtum und thematische Verklammerung, als vielmehr durch die traditionsgebundene Satztechnik. Es ist bekannt, daß Haydns Rat, das dritte *Trio in c-moll* noch nicht zu veröffentlichen, Beethovens Argwohn erweckte. Sein Schüler Ries führte die Klärung herbei: nicht Mißfallen oder Neid veranlaßten den gütigen Lehrer dazu, er wollte ihm eine mögliche Schockwirkung ersparen. Aber gerade in diesem Trio äußert sich das Neue, Wesenseigene von Beethovens Musikalität am ausgeprägtesten. – Mit diesem Debut hatte Beethoven in den Augen seiner Zeitgenossen begonnen, das Erbe Mozarts anzutreten, und es mußte ihm selbst bewußt sein, daß zumindest seine Freunde und Anhänger künftig in allen Sparten – von der Klaviersonate bis zur Symphonie und Oper, bis zum Oratorium und zur Messe – seine Beiträge erwarteten.

Als standardisierte Typen standen somit im Bereich der Kammermusik mit Klavier die Violin- und Violoncellsonaten heran, ohne Klavier als Prüfstein erster Ordnung vor allem das Streichquartett; neben dem Streichtrio auch das Streichquintett, allerdings erst seit Mozarts gewichtigen Beiträgen. Waren Beethoven mit Bläsern vermischte Ensembles von Bonn her vertrauter, so strahlen die hierher gehörigen Rondos, Duos und Serenaden noch alte Divertimento-Vergnügtheit aus, mit Barock-Relikten angefüllt und von «salzburgernder» Biederkeit, vielfach unbeschwerte, feine Sätze, die sich noch immer zu musizieren lohnen.

Aber das war es freilich nicht, was man hier, in Wien, inmitten *verfeinerter Sitten* von ihm erwartete. Sein Rang als Klaviervirtuose macht es durchaus verständlich, wenn er zunächst sein Instrument bedenkt: mit Tänzen und Menuetten (allerdings rückübertragen aus der Orchesterinstrumentation), sodann mit Klaviersonaten und zwei Händen voll *Variazioni*, Sonatinen und kleinen Sonaten *zur Ermunterung* seiner Schüler, dann in zunehmendem Umsichgreifen die verhaltene Sonate op. 7, die drei stark ausgeprägten op. 10, die gewaltige c-moll (*pathétique*) und ihre beiden großen Geschwister op. 14, «Poeme» wie die letzten dieser Gruppe op. 22. Wie die Skizzen deutlich machen, umklammern sie geradezu wörtlich einen Stapel Kammermusik: ein Bläserquintett, das rasch beliebte Septett, drei Violin- und zwei Cellosonaten, die eine für das Horn, samt Ausgefallenem wie den Stückchen für Mandoline und Cembalo, zu denen irgendein Liebhaber die Anregung oder den Anreiz gegeben haben muß. Dann ist da die vernachlässigte Gattung des Streichtrios, zu der Mozarts unerschöpfliches Divertimento das Maß bestimmte: Beethoven setzt ihm gleich fünf, allerdings ganz andersartige Kreationen entgegen, wesensverschieden vom Divertimento wie Balladen gegenüber einem Sonett, freilich hocherhaben, gemessen am zweistimmigen Trio Kauers, wo sich die dritte Stimme mit Terzen oder Sexten jeweils zu einer der beiden anderen schlägt. Dicht stehen die Beethovenschen beieinander: op. 3, die Serenade op. 8 und das Triumvirat der op. 9, vor allem das unergründliche dritte, wieder ein c-moll-Trio; um es zu kennzeichnen, darf ein auf *Fidelio* gemünztes Wort übertragen werden: mag anderes amüsant und unterhaltend sein: Dieses Trio «läßt einen nicht schlafen».

Schon bald aber kündigt sich, wenn auch vorerst nur mit Entwürfen, der Griff nach den anspruchsvolleren Großformen an: am ersten Klavierkonzert wurde – wer weiß, wie oft schon? – aufs neue gefeilt, das dritte vollendet, und noch vor der ersten Symphonie sollten dann die sechs Streichquartette op. 18 zur Aufführung bereitliegen. Darf man die Mehrzahl gleichzeitiger italienischer Arien, Duette, Szenen – unbeschadet eingegebener Reize – als «Studienfrüchte» abtun, so ragt aus dem umfangreichen Anteil an Liedschaffen die angeblich beinahe verbrannte *Adelaide* hervor, neben der Vertonung von Texten wie *Der freie Mann* (nach G. C. Pfeffel), die ihn wie der *Seufzer eines Ungeliebten* und *Gegenliebe* mehr vom programmatischen Gedanken als von der Sprache her gereizt haben mögen. Fraglos mehr, als es sich nachweisen läßt, gelangte das meiste frisch, wie es fertig war, zur Aufführung, durch diese Sängerin, jenen Virtuosen in den Salons der Gönner oder in Benefizkonzerten aus der Taufe gehoben, dem Kreise der Freunde rasch vertraut. Hatte die Zahl der Veröffentlichungen seit den *Dressler*-Variationen bis zum Ende des Unterrichts, in zwölf Jahren also, genau zwölf betragen, so folgen nun von 1795 bis 1800 volle 35 Publikationen, unter ihnen viele mit zwei oder drei voll ausgebauten Werken. Damit war mehr gewonnen als der «Anschluß an die Vorgänger»: die immerwährende Begegnung mit seinen frappierenden Ideen und seinem spezifischen Aussagevermögen hob ihn aus der Menge der Zeitkomponisten erstaunlich rasch heraus.

Nicht gleicherweise üppig fließen die Quellen über seine Lebensumstände. Mit einigen Briefen wird der Kontakt zur rheinischen Heimat aufrechterhalten; mit «Lorchen» werden Geschenke getauscht: eine Halsbinde gegen eine Komposition; außer Wegeler wird Simrock besänftigt. Ausgeprägte Pole seines Wesens werden durch Gelegenheits-Billetts gezeichnet: einerseits ein gutartiger Humor, gepaart mit Freude an Wortwitz und Satzspiel, allem Formellen abhold – anderseits die Entschlossenheit, auf die Reinheit der Gesinnung keinen Schatten fallen zu lassen. Dazu reicht er nach *Raptus*-artigen Explosionen wie *Komme er nicht mehr zu mir! Er ist ein falscher Hund* ... andertags rasch die zur Versöhnlichkeit bereite Hand: *Herzens-Nazerl! Du bist ein ehrlicher Kerl und hattest recht* ... Als treuer Freund taucht früh ein Nikolaus Zmeskall auf: *Liebster Baron Dreckfahrer* tituliert: *Hol Sie der Teufel, ich mag nichts von Ihrer ganzen Moral wissen. Kraft ist die Moral der Menschen, die sich vor andern auszeichnen, und sie ist auch die meinige* ...

Zum Winterball der Gesellschaft der bildenden Künstler komponiert er auf Bitten und «aus Liebe zur Kunstverwandtschaft» die ersten seiner Tänze – eines Tages sind es weit über hundert, und obgleich «unsre Schönen» (der «Zeitung für die elegante Welt» zufolge) in den letzten Jahren stets über die langweiligen Menuette klagen, werden die Beethovenschen als «leicht und angenehm und originell» hervorgehoben. Der Dezember sowie der darauffolgende Januar (1795/96) sehen ihn wiederholt in Konzerten am Flügel. Dann gibt er seine Wohnung auf, um zu reisen. – Schon im Februar 1796 befand er sich in Prag, als Begleiter des Fürsten Lichnowsky. Daß man nichts von Konzerten weiß, will nichts besagen: auch Mozarts Akademie, zehn Jahre zuvor, ist lediglich durch einen zufällig erhaltenen Brief von ihm selbst belegt. Daß es Beethoven hier nicht an Bewunderern fehlte, macht die Subskribentenliste auf op. 1 deutlich: eine nicht unerhebliche Anzahl Exemplare wurde hierher gesandt. Die nächste Reisestation, Dresden, ist durch einen Brief des ehemaligen Bonner Hofmarschalls an Maximilian Franz fixiert: «Der junge Beethoven ist gestern hier angekommen ... er soll sich unendlich gebessert haben und gut komponieren ...» (24. April) Inzwischen waren einige seiner neuesten Werke herausgekommen, und unter den Tänzen für Orchester fand sich ein noch so mozartisches Menuett wie:

Es ist erwiesen, daß manches davon nachgeschickt, anderes in der Musikalienhandlung am Ort zu haben war. Unter den mitgebrachten Briefen diente einer dem Zugang zum Hofe. Bevor es zur Audienz nebst kleinem Hofkonzert kam (es herrschte gerade Hoftrauer), erfährt der Kurfürst wieder, daß «jedermann so ihn auf'm Klavier spielen gehört, entzückt» war, dann aber auch der Kurfürst von Sachsen selbst – «ein Kenner in der Musik ... ausnehmend zufrieden»; von ihm habe Beethoven eine goldene Tabatiere bekommen. Beethoven seinerseits läßt sich auf dem gleichen Wege *zu ferneren hohen Gnaden empfehlen;* aber bevor er die Genugtuung seines einstigen Herrn erfahren kann, hat er bereits die Weiterreise nach Leipzig angetreten. Die Laune der Quellen will, daß über den Aufenthalt hier – er dauerte mindestens einige Wochen! – nichts bekannt ist. Erst Ende Mai oder in den ersten Junitagen trifft er in Berlin ein, wohl mit Briefen van Swietens. Wiederholt musiziert er vor dem König und seinem sachverständigen Neffen Louis Ferdinand, der sich gleichfalls produzierte und Beethovens Kompliment gefallen lassen mußte: er spiele weder *königlich* noch *prinzlich,* sondern wahrhaft *wie ein tüchtiger Klavierspieler.* Den König und seinen Kapellmeister, beide passionierte Cellisten, erfreut er mit der Komposition zweier Sonaten für ihr Instrument, und Beethoven hat alle Ursache, sich in der ihm erwiesenen Gnade zu sonnen. Als sich der Hof zur Reise ins Bad anschickt, läßt Beethoven eine *invitation,* die ihm der König gab, offen, wobei ungeklärt ist, ob es sich um ein Engagementsangebot oder nur um eine kleine Einladung handelte. Noch fand er Zeit, in Faschs Singakademie, der «Davidiana», zweimal über vorher gesungene Themen zu fantasieren, und bei dieser Gelegenheit lernte er auch Zelter sowie den Hofkapellmeister Himmel kennen, den er allerdings «durch seinen hohen Ton» verärgerte. Über die Heimreise weiß man nichts; es ist möglich, daß ihn dabei jene *gefährliche Krankheit* befiel, die er sich «durch seine eigene Unvorsichtigkeit» zugezogen habe. Nach unsicheren Quellen soll er beim Fürsten Lobkowitz eingekehrt sein, wo er an den Streichquartetten gearbeitet habe (tatsächlich wurde dem Fürsten das op. 18 gewidmet). Das nächste gesicherte Datum gibt erst eine Akademie in Preßburg (23. November), wobei er seine Schülerin Gräfin Babette von Keglevics angetroffen habe. Ihr widmete er unter anderem die *grande Sonate* op. 7, die in Wien unter dem Namen «Die Verliebte» bekannt war.

Haben sich Skizzenblätter Beethovens bereits aus seiner Bonner Zeit erhalten, so finden sich in denjenigen von 1796 Beiträge zum Septett, zu ländlerischen Tänzen, Bagatellen, zur Szene *Ah perfido,* zum Quintett op. 16, zur Klaviersonate op. 7 wie zu den Quartetten op. 18, zu Liedern wie *Der Kuß* und *Nähe des Geliebten,* weiterhin zur Umarbeitung des *Klavierkonzerts in B,* zum *Opferlied,* dem zweiten der Rondos von op. 51, zu Variationen und endlich einem Gellert-Lied, das man nur aus diesem Heft überhaupt kennt – alles in einem berückenden Wirbel, wie der Augenblick eben die Ideen eingab. Besonderes Interesse kommt eingestreuten Worten zu, deren manches bedeutsame Lichter zu setzen weiß wie *les derniers soupirs*, die letzten Seufzer. Die Bemerkung bezeichnet den Ausklang des Adagios von op. 18,1

der ursprünglich so geplant war:

Nun hatte schon Beethoven eine erste, stark abweichende Fassung dieses Quartetts seinem kurländischen Freunde Amenda mitgegeben, als dieser 1799 Wien verließ. Amenda war erst Vorleser bei Lobkowitz, dann Musiklehrer im Hause der Witwe Mozart – überdies ein tüchtiger Quartettist. Nach seiner eigenen Darstellung hat ihm Beethoven eines Tages jenen langsamen Quartettsatz vorgespielt und ihn nach seinen Empfindungen dabei befragt. «Er hat mir den Abschied zweier Liebenden geschildert», sei Amendas Antwort gewesen. *Wohl* – habe Beethoven entgegnet – *ich habe mir dabei die Szene im Grabgewölbe aus «Romeo und Julia» gedacht*. Wieweit Wiedergabe und Wortlaut glaubhaft sind, stehe dahin; aber es wird damit das wohl heikelste Problem in der Begegnung mit Beethovens Schaffen berührt: die Frage nach der Deutbarkeit seiner Instrumentalmusik. Rousseau, selbst erfolgreicher Komponist und emsiger Musikschriftsteller, der die Auffassung vertrat, reine Instrumentalmusik sei von Haus aus «zu wenig» und habe keine Zukunft, kolportierte den witzigen Ausruf eines geistreichen Zeitgenossen anläßlich der Aufführung einer «éternelle symphonie: Sonate, que me veux-tu?» (Was willst du von mir?). Auch der Unkundigste wird beim Hörerlebnis eines Quartetts von Haydn, einer Symphonie Mozarts, einer Sonate Beethovens verspüren, daß jene Werke nicht bloß aus der «Aneinanderreihung beliebiger Töne» bestehen, die miteinander Klänge abgeben. Wendet sich selbst die wortreichste der Künste, die Dichtung, nicht an die Denkfähigkeit, sondern an das Gefühl, so sind es – bei aller Verschiedenheit der Ausdrucksmittel – gemeinsame Gestaltungsgesetze, in denen sie sich äußern. Beobachtungen, wie sie Goethe angesichts des ihm erst rätselhaften Straßburger Münsters anstellte, lassen sich in ihren Ergebnissen bedenkenlos übertragen: «...ein Kunstwerk, dessen Ganzes in großen, einfachen, harmonischen Teilen begriffen wird, macht wohl einen edlen und würdigen Eindruck, aber der eigentliche Genuß, den das Gefallen erzeugt, kann nur bei Übereinstimmung aller entwickelten Einzelheiten stattfinden» («Dichtung und Wahrheit», 9. Buch). Im weiteren Verlaufe seiner «Kontrollen» erkannte er «noch die Verknüpfung dieser mannigfaltigen Zierraten untereinander, die Hinleitung von einem Hauptteile zum anderen, die Verschränkung zwar gleichartiger, aber doch an Gestalt höchst abwechselnder Einzelheiten...» Es entspricht genau der Summe des Erlernbaren, «multipliziert» mit dem ewig unergründlichen Faktor genialen Schöpfungsvermögens, wobei *die Kunst keine Grenzen hat* (Beethoven 1812), sondern gottlob einen ebenso unermeßlichen Formenreichtum: Vom symbolschweren Motiv über die Bauelemente des harmonischen, metrischen, rhythmischen Gerüstes bis zu den Großformen, und dies in der überreichen Fülle zeitlich wie landschaftsgeprägter «Idiome», ausgesprochener Eigenheiten, denen dann die Größten ewigen Wert verliehen haben. Darf man die auf Mozart bezogene Feststellung verallgemeinern, daß es unmöglich sei, «große Kunst durch Analyse des Technischen zu erklären» (Greither), so ist es nicht weniger unmöglich, die Großen gegeneinander auszuspielen: wer Haydn nicht rückhaltlos bewundern und Mozarts Tonsprache nicht aufrichtig lieben kann, wird ebensowenig Beethoven verstehen, noch den «göttlichen Funken» in Schuberts Vermächtnis verspüren. Und doch sind es «Welten», die sie trennen: gegenüber der menschlichen Noblesse Haydns, der Fähigkeit Mozarts, Empfindungen und Gefühle zu malen, dem Zauber der überwältigenden Melodik Schuberts galt Beethoven von Anfang an als «Ideenmusiker», wie es aus dem Bekenntnis spricht: *Auch in meiner Instrumentalmusik habe ich immer das Ganze vor Augen.* Aber was ist dies «Ganze»? Schon seine Zeitgenossen rätselten und deuteten, um «Programme» ausfindig zu machen, die ihr Autor in seine Werke hineingeheimnist habe; am umfangreichsten zuletzt Arnold Schering, der in faszinierender Darstellung für über ein Drittel der bedeutenderen Werke «poetische Vorlagen» propagiert, auf intuitivem Wege eruiert. Ausschlaggebend mag die «Typenzugehörigkeit» des Hörers sein, die darüber entscheidet, ob er solcher Entschlüsselung bedarf oder nicht. Wäre Schindler, Beethovens letztem Adlatus – selbst von der Art, die auf «Erklärungen» angewiesen war –, zu vertrauen, so sei es zuletzt Beethovens eigene Absicht gewesen, seine Instrumentalwerke erläuternd zu «entschleiern». Mag nicht bezweifelt werden, daß sich Beethoven durch dramatische Momente, wie er sie den Werken Homers, Shakespeares und Schillers entnehmen konnte, in «Erregung» versetzen ließ, um sie *in Töne umzusetzen*, so hat uns sein Wort verbindlich zu bleiben: *Man überläßt es dem Zuhörer, die Situation auszufinden... Auch ohne Beschreibung wird man das Ganze, welches mehr Empfindung als Tongemälde, erkennen* (1807). In der Tat wiegt schwerer die oft bestätigte Wirkung zumal der Symphonien und Ouvertüren in der Art einer «das Ethos bestimmenden Macht» (Georgiades); andere empfinden sie wie «plastisch gewordene Gestalten», wie es Beethovens eigenen Worten von der *Verarbeitung in die Breite, in die Enge, Höhe und Tiefe* Genüge tut.

Wenn er wenig später, 1800, seine fünf Jahre zuvor geschaffene *Adelaide* ihrem Dichter Friedrich von Matthisson mit den Worten zusendet: *Sie wissen selbst, was einige Jahre bei einem Künstler, der immer weiter geht, für eine Veränderung hervorbringen...* so beleuchtet es nichts anderes als sein lebenslang anhaltendes Bemühen um höhere «Dichte» seiner Musiksprache, um den «Satz» oder, wie er es nennt, *die Vereinzelung* der Stimmen. Verwischt durch die im Entstehen sich überschneidende Produktion, läßt sich zwar keine eindeutige Reihenfolge aufstellen, wohl aber die These der «drei Stile» widerlegen, indem jedes weitere Werk «Experiment und Vollendung in einem» darstellt. Konnte den Freunden derlei entgehen, so bemerkten sie doch andere Veränderungen, wie denn der älteste Breuning, der Beethoven nach der Berliner Reise antraf, an Wegeler schrieb: «...daß er [Beethoven] durch seine Reisen etwas solider, oder eigentlich mehr Kenner der Menschen und überzeugt von der Seltenheit und dem Werte guter Freunde geworden ist», also ganz im Sinne des früheren Hofmarschalls: «...er soll sich unendlich gebessert haben». Hatte die Bedrohung Bonns durch die herandrängenden Franzosen Wegeler und die drei Brüder von Breuning zur Flucht nach Wien veranlaßt, so waren es nun die kriegerischen Vorgänge auf italienischem Boden, die vorübergehend die Brüder von Kügelgen aus Rom zu Beethoven führten. Nach ihnen kehrten die beiden Rombergs ein, mit denen er zur Auffrischung ihrer Kasse eine Akademie gab; dabei erklangen die Berliner Cellosonaten erstmals in Wien öffentlich. In die gleiche Zeit fällt die nur von Ries überlieferte Geschichte von einem Reitpferd, das die Gräfin Browne Beethoven zum Dank für eine Dedikation geschenkt habe. Einige Male soll er ausgeritten sein, dann vergaß er es völlig, bis sein Diener eine angeschwollene Futterrechnung vorlegte. Die Ankunft Bernadottes als Gesandten Napoleons brachte Zusammenkünfte mit dem Geiger Rodolphe Kreutzer, der zu Bernadottes Gefolge zählte. Leider sind Details nicht bekannt; aber man weiß, wie sehr sich Beethoven durch die «aggressive Manier und Thematik» des herrschenden Kreises um Cherubini und Méhul beeindrucken ließ. Anscheinend muß es auch zu Begegnungen mit Bernadotte selbst gekommen sein. Von Anekdoten umwittert sind hingegen die Berichte über Klavierwettkämpfe mit dem sehr befähigten Joseph Wölffl, dem von Beethoven geschätzten J. B. Cramer, einem der besten Pianisten auf dem Kontinent, und aus denselben Tagen datiert die Bekanntschaft Beethovens mit dem Kontrabaßvirtuosen Dragonetti.

Bei alldem verstand es Beethoven, eine Beobachtung noch zu verheimlichen, die ihn längst bedrückte und beunruhigte: den Beginn seiner Gehörstörungen. Erst drei Jahre später (1801) erfahren es zunächst die engsten Freunde – da Lenz von Breuning, der besondere Liebling Beethovens, plötzlich verstorben war – also Wegeler und

Amenda, mit der Auflage, es *als ein großes Geheimnis aufzubewahren und niemanden, wer es auch sei, anzuvertrauen:* «Wisse, daß mir der edelste Teil, mein Gehör, sehr abgenommen hat... solche Krankheiten sind die unheilbarsten... Traurige Resignation.» Die Ohren, heißt es weiter, *die sausen und brausen Tag und Nacht fort,* sie bringen ihn *manchmal in Verzweiflung,* veranlassen wunderliche Spekulationen und Pläne, ja selbst den Gedanken an Selbstmord. Sie werden zum bleibenden Problem: ...*in meinem Fach ist das ein schrecklicher Zustand.* Noch weiß er es in Wien geschickt und auf lange Zeit hinaus zu verbergen, und mehr als einmal muß der bekannte *Raptus* dafür herhalten, wenn er anscheinend marottenhaft eine nicht gehörte Frage nicht beantwortet. – Wäre es völlig begreiflich, wenn sich die Depression auf das kompositorische Schaffen auswirkte: so primitiv, wie oft unterstellt wird, ergibt seine Werkreihe denn doch nicht «einen durch Töne illustrierten Lebenslauf». Zudem überschneiden sich die Zeiträume von Inspiration, *Verarbeitung im Kopf* und Niederschrift ununterbrochen und erstrecken sich mitunter über Jahre. Aus der Reihe der zu Zeiten Amendas begonnenen Werke vergegenwärtige man sich nur die *Sonate pathétique* neben dem Klarinettentrio, *Neue Liebe, neues Leben* und das Chanson *Plaisir d'aimer,* um auf die Unabhängigkeit seines Produktionsgesetzes schließen zu können, ja auf ihre Überordnung in den Beziehungen zum *Weltleben*. Vergleicht man dazu die Gestalt seiner ersten Entwürfe mit der endgültigen Fassung, so setzt oft die Einfachheit erster Notierungen in Erstaunen, da sie geradezu gassenhauerischer Art sein können und selbst vor taktweiser, wörtlicher Wiederholung nicht zurückschrecken, wie hier zum Allegretto des Quartetts op. 18,6:

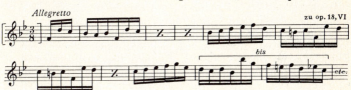

Wenn Beethoven später einmal selbst konstatiert, *daß man gewiß schöner schreibt, sobald man für das Publikum schreibt... ebenso wenn man geschwind schreibt,* so dient es dort zur Selbstbeschwichtigung, wie er das *rasche Entstehen* einer Komposition stets als Entschuldigung gegenüber Verlegern verwendet. Aber um so mehr lassen die Skizzen zu den übrigen Metamorphosen beobachten, deren Endstadien nicht aus Willkür oft nur noch wenig mit den ersten Ansätzen gemeinsam haben, wie die Gegenüberstellung von Entwurf und Fassung des Andante aus op. 18,5 verdeutlicht.

Gerade dem Streichquartettspiel wurde in Wien ganz besondere Pflege zuteil, längst bevor Beethoven dorthin kam. So merkwürdig es erscheinen mag: seine Anfänge sind noch nicht aufgehellt, dürften jedoch auf die «Sinfonia à 4» zurückgehen, wie sie «pour la commodité des grands et petits Concerts» noch von den Mannheimer Meistern Gossec und Wagenseil herausgegeben wurden. Dennoch gilt Haydns Quartett in B-dur von 1750 für einen Freiherrn von Fürnberg bei Melk als erster Beleg, da es für ein tatsächlich solistisch besetztes Streicherensemble komponiert wurde, entgegen der ad-libitum-Praxis. Früh übrigens wurde es Brauch, Ouvertüren, ja ganze Opern «en Quatuor» herauszubringen, was einerseits die Popularität der Opern erhöhte, andererseits das noch schmale Reservoir der Quartettmusik bereicherte. Selbst Beethovens *Fidelio* kam noch 1814/15 bei Simrock in dieser Besetzung heraus. Präsentierte die Masse früher Quatuor-Beiträge – von Bertoni, Demachi, Fodor, Grosse, V. Nicolai, Massoneau, Traversa und anderen – vorzugsweise die Art der «Quatuors concertants», in denen der Primgeige die Führung zukam und fast allein auch virtuosere Partien zufielen, so weist die Gattung der «Quatuors dialogues», wie sie mehr von den Mannheimern gepflegt wurde, schon eine wesentlich höhere Beteiligung der Nebenstimmen auf. Es scheint voneinander unabhängige «Zentralen» der Quartettpflege gegeben zu haben, aber es ist kein Zweifel, daß die Wiener mit Haydn und Mozart schließlich dominierten. Am trefflichsten schildert W. H. Riehl in seiner wenig gekannten Novelle «Das Quartett» (1865) das intime Milieu, wie es Beethoven in der Begegnung mit Schuppanzighs Quartett bei Lichnowsky und Rasumowsky kennenlernte. Waren zumal viele der ersten Wiener Freunde Beethovens Cellisten – Zmeskall, Brunsvik und Gleichenstein –, so hat ein Graf Appóny als erster bei ihm ein Quartett bestellt. Daß er es nicht erhielt, sondern dem ersten vierstimmigen Beleg erst ein drei-, dann ein fünfstimmiger voranging, mag seinen Grund in Satzspekulationen haben, zu deren Bewältigung ihm noch die Erfahrung mangelte. Aus diesen Nöten dürfte er zu E. A. Förster gefunden haben, in dessen Haus zweimal wöchentlich quartettiert wurde; selbst ein kundiger Kompositionslehrer und namhafter Quartettautor, war er sehr wohl imstande, Beethoven mit den besonderen Tücken des vom Klaviersatz abweichenden Streichersatzes vertraut zu machen. Noch ist allerdings ungeklärt, wem die sechs Streichquartette zuzuschreiben sind, die anonym aus Artaria-Beständen in den Besitz der Deutschen Staatsbibliothek gelangt sind (Kinsky, Anhang 2), und daß Mozart, Kozeluch und Beethoven zur Debatte stehen, ist ein Anlaß, darüber nachzudenken, wie wenig dienstbar stilkritische Methoden sein können angesichts von Sätzen, die keineswegs geringer Qualität sind. Datieren Beethovens erste Entwürfe zu dem berühmten Halbdutzend schon aus der Zeit seines Unterrichts bei Albrechtsberger, so wurde es ihm wohl erst ernst damit nach der Umarbeitung des zweiten Klavierkonzerts; immerhin wurde eine erste Fassung von op. 18,1 (op. 18,3 war bereits vorausgegangen) Amenda am 25. Juni 1799 übergeben. Zwei Jahre später lagen alle sechs Nummern in zwei Lieferungen vor, kaum ohne Grund dem Fürsten Lobkowitz, *Fizlypuzly*, wie er ihn später nannte, gewidmet. Da öffentliche Quartettkonzerte nicht den gleichen Zulauf wie Akademien fanden, war es um so leichter, dafür Säle zu finden, und es berührt zwar eigenartig, aber nicht unangenehm, sie in den Augarten- und Prater-Kaffeehäusern aufgeführt zu wissen, wo Schuppanzigh in manchen Jahren sogar Abonnements-Kammerkonzerte veranstaltete.

Ignaz Schuppanzigh. Gemälde von Josef Danhauser

Wenig bekannt ist, daß Beethoven selbst gleich hinterher seine Klaviersonate op. 14,1 für Streichquartett bearbeitet, *und ich weiß, das macht mir so leicht nicht ein anderer nach*, erfuhr der Verleger. Da er lange zuvor ein Quartett Haydns kopiert hatte, ist es nicht ausgeschlossen, daß ihm schon der «Altmeister» der Quartettkomposition Anleitungen zum vierstimmigen Streichersatz gegeben hat. Die nächsten Zeugnisse dieser Gattung werden ihn auf dem Wege zeigen, die gerade in diesem Bereich angebrachte *Vereinzelung* der Stimmen zu pflegen, den Mittelstimmen mehr Gewicht zu verleihen, wozu sich eben das Fugieren und die polyphone Schreibweise der «Alten» besonders zu eignen schienen.

Seine persönliche Erscheinung in dieser Zeit wird von den Augenzeugen auf das widersprechendste geschildert und reicht vom «vollendeten Kavalier» bis zum Ebenbild des Campeschen «Robinson Crusoe». Da die Maler offensichtlich das Habit schablonenhaft behandelten und die meisten, die darüber berichteten, sein Air aus späteren Tagen darstellten, ermangelt beiden die Zuverlässigkeit. Darf man glauben, daß er oft linkisch und in seinen Bewegungen unberechenbar war, durch Blatternarben entstellt, unerfahren und unbelehrbar in Haushalts- wie in Geldsachen, so war es allein die Faszination seines «genialischen Spiels», die alle Schranken des Standes nieder-

*«Versammlung der schönen Welt bey den
Kaffee-Häusern in der großen Prater-Allee»*

riß und intimer Vertraulichkeit Tür und Tor öffnete. «In Wien war
B.» – nach Wegeler – «wenigstens solange ich da lebte immer in
Liebesverhältnissen und hatte mitunter Eroberungen gemacht, die
manchem Adonis, wo nicht unmöglich, doch sehr schwer geworden
wären.» Das aber war schon in Bonn so, wo er erst eine Jeanette
von Honrath umschwärmte, hernach seine Schülerinnen von Westerholt und Eleonore von Breuning, wohl auch die hübsche Babette
Koch aus dem «Zehrgarten», die dann einen Belderbusch heiratete.
Es entspricht so völlig seiner Art, wenn die von ihm zur Komposition ausgewählten Texte sein eigenes Empfinden ansprachen wie *Ich,
der mit flatterndem Sinn... Nur bei dir, an deinem Herzen... Im
Arm der Liebe ruht sich's wohl* und *Ohne Liebe lebe, wer da kann!*,
alle der Liebespoesie seiner Zeit entliehen. – Hier, in Wien, wo ihm
manch brüderliches Du hochadeliger Altersgenossen zuteil wurde,
wo er «in diesen Zirkeln unausgesetzt verkehrte, ja ihr eigentlicher
Glanzpunkt war», konnte es ihm um so weniger an verlockenden Gelegenheiten fehlen. Aber es ist bezeichnend für seinen Charakter, daß
er keine Namen preisgab und stets strengste Diskretion übte, äußerst
vorsichtig war in Billetten, so daß es nur auf Annahme beruht, wenn
Frauengestalten in Beziehung zu ihm gesetzt werden – auf Verdacht,
Kombination, Anekdote und Wichtigtuerei. Trägt ein Briefpassus:
Sind Ihre (Simrocks) *Töchter schon groß? Erziehen Sie mir eine zur
Braut!* den Stempel des Humors auf der Stirn, so gründet die Behauptung, er habe der ihm schon in Bonn begegneten Sängerin Will-

mann in Wien einen Heiratsantrag gemacht, auf einer volle sechzig Jahre später erfolgten Angabe von deren Stiefschwester, die zudem als Grund der Ablehnung kolportiert: «weil er so häßlich war und halb verrückt». Magdalene, die auch als verheiratete Frau Galvani noch häufig in Konzerten mit Beethoven auftrat, starb im Jahre 1801. Aus demselben Jahr datiert ein Brief an Wegeler, in dem Beethoven von einem *lieben, zauberischen Mädchen* spricht, das ihn fühlen lasse, *daß Heiraten glücklich machen könnte. Leider ist sie nicht von meinem Stande, und jetzt könnte ich nun freilich nicht heiraten: ich muß mich nun noch wacker herumtummeln...* Aus dem Munde von Beethovens Schüler Ries vernimmt man ein höchstwahrscheinlich mystifizierendes Wort: eine gewisse, natürlich nicht genannte Dame *habe ihn am stärksten und längsten gefesselt – nämlich sieben volle Monate.* In die gleiche Zeit fällt der Umgang mit zwei jungen Damen aus dem Hause Brunsvik sowie mit deren Base Giulietta Guicciardi, die im töchterreichen Hause der Fintas Quartier nahmen und hier zu Klavierunterricht und Geselligkeiten von ihm täglich besucht wurden. Es muß mehr als Zufall sein, wenn die Beziehung zu jeder einzelnen dieser drei Damen – und zu manch anderer späterhin – aus rascher Entflammung dem Kulminationspunkt der Liebe zuzustreben scheint, um, begleitet von Empfindungen depressiver Art, wehmutsvoll, völlig zu verebben. Läßt man das Allerprivateste beiseite, so vermag man sich vorzustellen, daß jene Erscheinungen auf das innigste in Beziehung zum Rhythmus seines

Schaffens stehen und sein Weg stets vom Sinnenhaften ins Transzendente, von der Erdnähe zur Erdferne führt, wie es scheint – vom «Eros» zum «Ethos»: *Du darfst nicht Mensch sein, für dich nicht, nur für andre: für dich gibts kein Glück mehr als in dir selbst, in deiner Kunst*... Dem entspricht das Bild seines Lebens, im immerwährenden Auf und Ab, in Flut und Ebbe, in Empfangen und Dahingeben, in Geselligkeitshunger und Einsamkeitsdrang. Dieser gewiß eigenartig anmutende Duktus, der ihn in den Augen ahnungsloser Betrachter rasch zum Sonderling werden ließ, bedingte die Unterordnung aller Lebensverhältnisse, ergab die häufig abrupt wechselnden Beziehungen zu Gönnern und Freunden, bestimmte sein Verhalten zu Dingen seines Haushalts und Personals und entschied obendrein die äußere Verfassung, in der man ihn antreffen konnte, elegant oder vernachlässigt, «aufgeräumt» oder «vergeistert». Maße des bürgerlichen Alltags haben hier nicht statt, so wenig sich damit seine Werke erfassen ließen.

Und indem weder Reisen noch einschneidende äußere Begebenheiten Akzente setzen oder das Gewicht von Zäsuren erlangen, sind es allein die «Geburtsdaten» seiner Werke, die der Linie seines Lebens die Kontur geben. Alles andere wird bagatellhaft, wesenlos. Zwar wiederum kompliziert durch die gegenseitige Überschneidung infolge des gleichzeitigen Arbeitens an verschiedenen Projekten, wird so das Jahr 1795 zu dem der Klaviertrios, 1796 zu dem des *Streichtrio in Es-dur*, 1797 ist das Jahr jener *grande Sonate* für die wohl ebenfalls zeitweilig verehrte Gräfin Keglevics, 1798 dominiert die *Sonate pathétique*, 1799 entsteht die *Erste Symphonie*, 1800 die Hornsonate und das Septett – alle jeweils eingebettet in Schwärme von «Meteoriten» verschiedener Größen.

Ich lebe nur in meinen Noten
(Von der *Ersten Symphonie* op. 21 bis zum *Tripelkonzert* op. 56)

1800–1804 Wenn Beethoven in jenem Brief an Friedrich von Matthisson selbst seine *Schüchternheit* ins Feld führt, die ihn daran gehindert habe, ihm schon früher die *Adelaide* in seiner Vertonung zu übersenden, ist man versucht, ähnliche Gründe, irgendwelche Hemmungen zu vermuten, die ihn vor der Komposition einer Symphonie zurückhielten. Zweifellos beruhte sein Renommee zu dieser Zeit vor allem auf der großen Zahl der Klavierwerke, so daß ihn Presse und Publikum in einem Atem mit Clementi, Cramer, Eberl, Wölffl, Steibelt und Dussek nannten. Aber auch, wenn man in den Gestalten seiner letzten Quartette die erhabenste Offenbarung seiner Kunst verehrt, ist kaum zu übersehen, daß die größte, breiteste Wirkung schließlich durch seine Symphonien ausgelöst wurde. Erwies sich eine in Jena entdeckte Symphonie in C-dur als Werk des fast gleichaltrigen Rosetti-Schülers Friedrich Witt, obgleich einige der Stimmen sogar Beethovens Namen trugen, so fand sich schon in Bonner Skizzen ein bis zum 111. Takt gediehener Entwurf einer c-moll-Sinfonia. Während der Studien bei Albrechtsberger war eine solche in C-dur vorgesehen, und manch weiterer Eintrag, der ungenutzt blieb, mochte anderen Sätzen zugedacht gewesen sein. Verständliche Bedenken konnten aus dem Bewußtsein erwachsen, daß es nicht genüge, ein Werk «im Stile» irgendeines anderen – und wäre er noch so bedeutend – vorzuweisen, sondern über die fachgerechte Gesetzmäßigkeit hinaus müsse *doch mein Geist herrschen*. Liegt die Hauptarbeit dazu im Jahre 1799, aus dem man kein vollständiges Skizzenbuch kennt, so ist bemerkenswert, daß nun aus den Jahren der «Eigenständigkeit» 35 gedruckte Werke vorlagen; sie hatten ihm *gute Einnahmen* gebracht. Aber noch ist anderer Zusammenhänge zu gedenken, die der Klärung bedürfen. Maximilian Franz, inzwischen auf sein Teutschmeistertum beschränkt, war in Wien vom Kaiser das Schlößchen Seilern in der Nähe von Schönbrunn eingeräumt, sofern er nicht in Mergentheim residierte. Wenn Beethoven im Jahre darauf (1801) den Sommer gleichfalls im Seilernschen Schlößchen zubrachte, entsprang es gewiß nicht irgendeiner Laune. Nach der Aufführung der ersten Symphonie im April 1800 wurde das Werk von Hoffmeister zur Herausgabe erworben, und im Juni 1801 reichte Beethoven den Dedikationstext nach: *à son altesse serenissime maximilian françois*. Dies war also eben zur Zeit seines Aufenthalts beim Kurfürsten, der – längst kränklich – zu Ende jenes Monats, offenbar unter Beethovens Augen, starb. Ob im Testament ein Legat für Beethoven eingesetzt war, ob Lichnowskys Bereitschaft, ihm künftig 600 fl. jährlich zu gewähren, solange er *keine passende Stellung finde*, damit zusammenhängt – man weiß es nicht. Wenn nun auch die Widmung der Symphonie an den Baron van Swieten ging: das Titelblatt zeigt noch die Wappen des Kurfürsten. Die Absicht aber darf als letzte Observanz gelten und die völlige «Aussöhnung» bezeugen.

Waren zwei Jahre zuvor die zwei Klaviersonaten op. 14 der Baronin Braun gewidmet, so erschloß sich Beethoven damit bewußt oder unabsichtlich den Zugang zu den kaiserlichen Theatern, denen der Baron Braun ein Dutzend Jahre lang als Vizedirektor vorstand. Er war es auch, der dann Beethoven zum April 1800 die Akademie im Hofburgtheater gewährte, seine erste eigene, wobei es allerdings gleich zu Reibungen kam, wie sie Beethoven zeitlebens treubleiben sollten: er wünschte sich als Dirigenten Wranitzky, das italienische Orchester bestand auf seinem Leiter Conti. Das Programm umfaßte außer zwei Nummern aus der «Schöpfung» und einer Symphonie Mozarts die Uraufführungen der *Ersten Symphonie*, des Septetts sowie eines Klavierkonzerts, und überdies fantasierte Beethoven frei auf dem Pianoforte. Waren schon zu wenig Proben bewilligt worden, so klagte hernach ein Rezensent über das Orchester, zumal über die Bläser, um doch zum Ergebnis zu kommen: «... die interessanteste Akademie seit langer Zeit ... die Symphonie, worin sehr viel Kunst, Neuheit und Reichtum an Ideen war ...» Statuierte mit ihr Beethoven seine Standardbesetzung – alle Bläser doppelt –, so erlangten diese im Verhältnis zu den wenigen Streichern allerdings ein nicht beabsichtigtes Übergewicht. Das Werk an den späteren zu messen, wäre ungerecht; es stellte lediglich den Anschluß mehr an die letzten Haydnschen Werke als an Mozart dar, voll instrumentationstechnischer Feinheiten. Dient die kurze Adagio-Einleitung der Hinführung zur Tonart, so bringt das erste Thema eine hausbackene Variante eines Mannheimer «Wander»-Motivs, wie es hier mit Chr. Cannabichs Symphonie in C (Nr. 7) vorzustellen ist.

Das Andante, das schon recht scherzo-artige Menuett und das Finale – man ist auf Schritt und Tritt versucht, nach Reminiszenzen zu suchen, um sofort auch wieder auf Wendungen zu stoßen, die weder von Haydn noch von Mozart «sein könnten», sondern sich als echt beethovenisch erweisen, wie man am Schlußsatz der *Siebten* erkennt. Unvorstellbar, daß man sich einmal an den Vorbereitungstakten zum Finale «stoßen» konnte. Damit war immerhin ein «makelloses Meisterstück» gelungen, und es war gewiß vorauszusehen, daß sich jede nachfolgende Symphonie zunehmend dem Konventionellen abwende und Eigenes hervorbringe. Kurz darauf erfuhr Wegeler: *Ich lebe nur in meinen Noten, und ist das eine kaum da, so ist das andere schon angefangen; so wie ich jetzt schreibe, mache ich oft drei, vier Sachen zugleich.* (29. Juni 1801)

Schon bald nach jener Akademie fand ein Konzert mit dem berühmtesten Hornisten seiner Zeit statt, mit Wenzel Stich, Punto genannt, einem Böhmen, der sich unstet von Paris bis Prag durchkonzertierte, ein Naturtalent, für das schon Mozart komponiert hatte. Obwohl Beethoven dazu bereits eine neue Hornsonate angekündigt hatte, kam sie erst kurz vor dem Aufführungstermin zu Papier, ein liebenswertes Opus in der Art der frühen Violinsonaten, wenn auch ohne die Eindrücklichkeit der «handgeschmiedeten». Da Punto damit unerwarteten Beifall erzielte, beredete er seinen Komponisten, mit ihm nach Budapest zu ziehen. Vorher aber kam es noch zu einem Wettkampf mit dem zu Scharlatanerien neigenden Daniel Steibelt, einem überaus fruchtbaren Klavierkomponisten und einstigen Wunderkind-Virtuosen. Die zweimalige Begegnung fand im Hause des eleganten Bankiers Graf Fries statt, dem Beethoven nicht weniger als vier bedeutende Werke widmete (darunter die *Siebte Symphonie*). Hatte sich Beethoven Steibelt gegenüber mit seinem meisterlichen Klarinettentrio op. 11 vorgestellt, einem Werkchen, das gewiß die gesamte Steibeltsche Produktion aufwiegt, so brillierte jener in seiner neuesten «Tremolo-Manier» und ließ Beethoven die Herablassung des weitgereisten Erfolgsmannes verspüren. Acht Tage später, inzwischen informierter über den Wert Steibeltscher Arpeggien, griff sich Beethoven die Cellostimme eines Steibeltschen Quintetts und trommelte sich aus dem auf den Kopf gestellten Blatt ein Thema heraus, das er bärbeißig variierte, so daß jener den Saal wütend verließ und kurz darauf aus Wien abreiste. Im Mai und Juni sind dann die Konzerte zu Ehren einer Großfürstin Pawlowna in Ofen nachweisbar, bei denen die «Hrn. Bethorn [!] und Punto» mitwirkten. Dann endlich konnte sich Beethoven in Unterdöbling den Freuden des Landlebens hingeben und sein Skizzenbuch füllen, mit Entwürfen zu den Violinsonaten op. 23 und zumal zu op. 24, der sogenannten «Frühlings»-Sonate,

Entw. zum 1. Satz und zum Scherzo

ferner zu den Klaviersonaten mit der weltbekannten *Marcia funebre*... und jener *quasi una fantasia*, neben Beiträgen zur *Zweiten Symphonie*, hauptsächlich aber zu den *Geschöpfen des Prometheus*. War 1800 als einziger Druck eine kleine Variationenfolge über ein eigenes Thema herausgekommen, so zeitigte das Jahr darauf zehnmal so viel: fast die ganze Reihe von op. 15 bis 24 (hauptsächlich bei Mollo in Wien), unter ihnen also die beiden ersten Klavierkonzerte, die Quartette und die *Erste Symphonie*.

Man schreibt die Anregung, Beethoven eine Ballettmusik für das Hofburgtheater komponieren zu lassen, dem Einfluß der Kaiserin zu, der Beethoven das Septett gewidmet hatte. Textnotizen lassen erkennen, mit welchem Ernst er sich in die Arbeit stürzte und sich mit der Choreographie, den Auftrittsvorschriften für die Tänzer und Tänzerinnen auseinandergesetzt hat. Es war ein Auftrag, der ihn begeistern mußte, da es galt, die «Wunderwirkung» seiner eigenen Kunst zu «malen». Durfte er sich über das traditionell-laszive Interesse der hohen Herrn am Personal dieses Kunstzweigs mokieren, so stand hier allerdings ein nicht zu unterschätzendes Ensemble zur Verfügung: zwei Ballettmeister kommandierten «6 Solotänzer, 7 Tänzerinnen, 10 Groteski, 19 Figuranten und 18 Figurantinnen», für die üblicherweise die Ballettmeister selbst tänzerische Handlungen erfanden. Einst war es Noverre selbst, der Reformator dieses Genres, der zeitweise hier wirkte – nun, zu Beethovens Zeit, Viganò, der von Rom aus über Madrid, Bordeaux, London, Venedig, Prag, Dresden, Berlin und Hamburg hierhergelangt war. Um spanische Effekte bereichert – er hatte eine Spanierin zur Frau –, bearbeitete er dasselbe Sujet 1813 nochmals für Mailand, wobei er es auf sechs Akte ausdehnte. Da sein Wiener Buch nicht erhalten ist, vermochte sich von Beethovens Musik nur die Ouvertüre zu retten: ähnlich aufgebaut wie der erste Satz der *Ersten Symphonie*. 60 Seiten Skizzen zur

Ouvertüre und den nachfolgenden 16 Nummern bezeugen die Mühe, die sich Beethoven damit auferlegte. Das Echo der zeitgenössischen Presse bescheinigte ihm, daß «nur Neider ihm eine ganz vorzügliche Qualität absprechen» könnten; auch Haydn fand sich zu einem freundlichen Kompliment bereit.

Hatte das geschäftige Jahr mit mancherlei Konzertmitwirkungen begonnen – zusammen mit Punto, der Sängerin Willmann-Galvani, im Verein mit Haydn und Paër –, so nahmen ihn nach der *Prometheus*-Premiere im März 1801 wieder Verlagsverhandlungen gefangen. Nachdem bekanntgeworden war, daß J. S. Bachs letzte Tochter in Not sei, bot sich Beethoven an, ein Werk zu ihren Gunsten zu komponieren und ihr alle Erlöse daraus zur Verfügung zu stellen; statt dessen kam es in Wien zu einer Geldsammlung, von der man annehmen darf, daß auch sie auf seiner Initiative beruhte.

Sodann scheint man ihn auf abfällige Kritiken über die zuletzt erschienenen Werke – die ersten drei Violinsonaten und Variations-Œuvres – aufmerksam gemacht zu haben, die in der «Allgemeinen Musikalischen Zeitung» zu lesen waren: «... was ist das für ein bizarrer, mühseliger Gang ... ohne gute Methode ... ein Suchen nach seltener Modulation, ein Ekeltun gegen gewöhnliche Verbindung ... daß man alle Geduld und Freude dabei verliert ... Ob er ein ebenso glücklicher Tonsetzer (wie ein sehr fertiger Klavierspieler) sei, ist eine Frage, die nach vorliegenden Proben zu urteilen, schwerer bejaht werden dürfte ... dergleichen Übergänge sind und bleiben platt ...» Es ist nicht die Reaktion darauf, sondern nur auf Härtels Anspielung im Briefe, wenn er nun dem Verleger rät: *Ihren Herrn Rezensenten empfehlen Sie mehr Vorsicht und Klugheit, besonders in Rücksicht der Produkte jüngerer Autoren. – Ich würde nie eine Silbe davon erwähnt haben, wär es nicht von Ihnen selbst geschehen.* Freund Hoffmeister erfährt deutlicher: *Was die Leipziger R. (oder O.?) betrifft, so lasse man sie reden: sie werden gewiß niemand durch ihr Geschwätz unsterblich machen, so wenig sie auch niemanden die Unsterblichkeit nehmen werden, dem sie vom Apoll bestimmt ist ...*, wobei dahinstehe, ob der schlechtleserliche Buchstabe ‹O› Ochsen, oder als ‹R› Rezensenten heißen müsse. Es mußte ihn weiters der Vorwurf erregen, er verkaufe seine Werke gleichzeitig an verschiedene Verleger, worauf er – allem *Schachertum* abhold – meint: *Es sollte nur ein Magazin der Kunst geben, wo der Künstler seine Kunstwerke nur hinzugeben hätte, um zu nehmen, was er brauchte ...* Wenn dennoch von den über 60 Ausgaben der nächsten fünf Jahre nur ein Viertel an auswärtige Verleger ging, ist es auf den Einfluß der Zeitereignisse zurückzuführen. Hand in Hand mit der von ihm als unwürdig empfundenen Feilscherei um den Absatz seiner Geistesprodukte gehen die Miseren des Hausstandes, die anheben, nachdem er das Logis beim Fürsten Lichnowsky wegen der ihm unerträglich gewordenen gesellschaftlichen Verpflichtungen aufgegeben hatte. Sein Unvermögen, mit Personal, Vermietern und den gebotenen Mitteln auszukommen, raubte ihm fraglos manche wertvolle Stunde, wiewohl die Gerechtigkeit zu sagen zwingt, daß sich ihm immer hilfreiche Geister zur Verfügung stellten, um sich seiner anzunehmen. Jetzt eben war es außer dem Bruder Karl sein Schüler Ries, dem er versicherte: *Keiner meiner Freunde darf darben, so lange ich etwas hab.* Um die gleiche Zeit schenkte ihm Lichnowsky – vielleicht nach der Erprobung von op. 18 – vier wertvolle Quartettinstrumente (von Giuseppe und Andrea Guarneri, Nicola Amati und Vincenzo Ruggeri). Wie sehr er in den Blickpunkt des öffentlichen Interesses getreten war, läßt sich aus dem Organ Kotzebues «Der Freimüthige» entnehmen, wo die Dreiteilung des Publikums bei der Konfrontierung mit neuen Werken Beethovens trefflich charakterisiert wird: die besonderen Freunde, die allem jubelnd zustimmen, was von ihm kommt – die Unentschiedenen, die beim «Septett» und der *Ersten Symphonie* haltmachen – endlich die Gegner, die das «bloß Ungewöhnliche und Phantastische» unbesehen ablehnen. Es zeugt für sein Selbstbewußtsein, daß er sich nicht beirren ließ, auch nicht durch abfällige Kritiken: *Wenns einen auch ein wenig wie ein Mückenstich packt, so ists ja gleich vorbei, und ist der Stich vorbei, dann machts einem einen ganz hübschen Spaß.* Seinem künstlerischen Ehrgeiz genügt es nicht, in einem Atem mit den «Weigl, Vogler, Eberl, Clementi, Cramer und Dussek», in der Reihe der größten und bedeutendsten Musiker also, genannt zu werden, wiewohl er sich damit im Augenblick die Popularität gesichert hätte. Trotz der Feinde, *deren Zahl nicht geringe ist*, spürt er: *Meine körperliche Kraft nimmt seit einiger Zeit mehr als jemals zu und so meine Geisteskräfte. Jeden Tag gelange ich mehr zum Ziel, was ich fühle, aber nicht beschreiben kann.* War es jenes Viertel seines Ahnenerbes, das flandrisch-flämische, «vor sinnreich und behertzt, dabey aber vor unruhig und wollüstig gehalten» oder was immer: nicht zufrieden mit dem Erlernten und jeweils Erreichten, drängt es ihn unaufhaltsam auf dem eingeschlagenen Pfade weiter.

Ferdinand Ries, Beethovens Schüler

Unübersehbar, obgleich er *zuweilen auch dem Müßiggange nicht entgehn kann*, ist die Zahl der in Angriff genommenen Werke in der Epoche von 1800 bis 1802: an Klaviersonaten diejenige für Graf Browne mit dem «flatternden» Rondo, das «hochpoetische» op. 26 mit dem Trauermarsch für Lichnowsky, die beiden *quasi una fan-*

tasia op. 27 für zwei hehre Frauen, eine Fürstin und seine Giulietta Guicciardi – Kronstücke seines Klavierschaffens schlechthin –, die *grande Sonate* für einen Greis, der einst Lessing nach Wien ziehen wollte, ein Werk allerhöchster Eigenwilligkeit; dann die drei *pour le Piano Forte* op. 31 – «Novellenzyklen» –, die vom Interpreten alle Akkuratesse beanspruchen, um ihrem Elan Klang zu verleihen – Gebilde, die mehr über Beethoven aussagen als tausend Briefe. Außer zwei Variationswerken sowie den Bagatellen wieder das *Dritte Klavierkonzert* in seinem urgewaltigen c-moll, mit drei unvergleichlich ausgeprägten Sätzen: dem wahrhaft majestätischen Allegro con brio, dem grübelnden, wunderzarten Adagio, dem ganz aus hoher Überlegenheit strömenden Rondo, voll feinnerviger Intermezzi – wie ein Porträt seiner selbst. Dazwischen Allerfeinstes wie das zu Unrecht als «verkappte Symphonie» bezeichnete Streichquintett: nicht minder geistvoll und selbstbewußt, allerdings mit einem leichten Schuß ins Konzertante, mit einem Adagio, das an Wärme kaum seinesgleichen hat, personifizierte Güte, wie sie so oft aus ihm spricht. Aus der *Zweiten Symphonie* sei neben dem allbekannten Larghetto nur an das Finale erinnert, dessen Metrum unwiderstehbar in seine Gewalt zwingt. Dazu bündelweise deutsche Tänze, die G-dur-Romanze, die andere in F – womöglich noch lieblicher als jene; eine Handvoll Violinsonaten, darunter wieder eine in c-moll, mit einem hemiolisch-eigensinnigen Scherzo; hinterher die gedankenreiche in G-dur, echte Dialog-Sonate voll Esprit und Motorik. Das zweite Rondo aus op. 51, in sich gerundet, gewiß nicht ohne selbstbewußten Manierismus, der den Kern zum Überdruß in sich trägt: *...Gott weiß es, warum auf mich noch meine Klaviermusik immer den schlechtesten Eindruck macht, besonders wenn sie schlecht gespielt wird...* (1804) Insgesamt eine Ausbeute, die ihn auf der Höhe eines Vermögens zeigt, dem allein die Zeit fehlt, um ein Zwei- oder Dreifaches zu erstellen!

Fast ein volles Jahrzehnt braucht er, um die ganze Ernte dem Druck zu übereignen, und so vergeht in den nächsten Jahren kaum ein Monat ohne Neuerscheinung, von den Arrangements in eigener Regie sowie Neuauflagen ganz zu schweigen. Dagegen konnte sich aus der gleichzeitigen Produktion der Zeitgenossen nichts in unsere Tage retten, obwohl Thematik, formaler Bau, Instrumentation fachgerechtes Können erweisen, wie des «Chevalier La Lance» «Concerto pour le Clavecin» op. 9

– oder Paul Wranitzkys Cellokonzert op. 27.

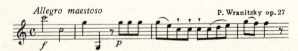

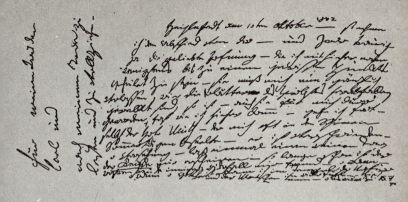

Das Heiligenstädter Testament

Gleiches zeigt die Gegenüberstellung von Beethovens Szene und Arie *No, non turbati* mit seines Lehrers Salieri Arie aus «Angiolina».

Salieri, «Ah che un secolo»

Ließ sich der ungewöhnliche Ertrag des Jahres erst gegen Ende des Sommeraufenthalts abschätzen oder übersehen – im Juli heißt es einmal: *Neues habe ich manches, sagt nur, was ihr wollt...*, so erschüttert das tiefe Depressionen offenbarende *Heiligenstädter Testament* mit seinen Seufzern: *O ihr Menschen, die ihr mich für feindselig, störrisch oder misanthropisch haltet oder erkläret, wie unrecht tut ihr mir! Ihr wißt nicht die geheime Ursache, von dem, was euch so scheinet... bedenket nur, daß seit sechs Jahren ein heilloser Zustand mich befallen... in der Hoffnung, gebessert zu werden betrogen... mit einem feurigen, lebhaften Temperamente geboren... so nehme ich denn Abschied... die geliebte Hoffnung, die ich mit hieher nahm, wenigstens bis zu einem gewissen Punkt geheilet zu sein... sie muß mich nun gänzlich verlassen...* (6.–10. Oktober 1802) Erst im Nachlaß aufgefunden, umstritten wegen des von unbekannter Hand ausradierten Namens des jüngeren Bruders, ist es wohl ausgelöst worden durch die seit Jahren versuchte Wie-

Heiligenstadt, Probusgasse 6

derherstellung des Hörvermögens, ja durch ein Erlebnis, als er bemerkte, Töne nicht mehr zu vernehmen, die sein Begleiter (Ries) deutlich hörte, schließlich durch Überarbeitung in selbstgewollter Abkapselung. Dennoch sollte es noch vier Jahre dauern, bis er sich zum Entschluß durchrang: *Kein Geheimnis sei dein Nichthören mehr, auch bei der Kunst...* Schon die nächste, die zweite Symphonie als Hauptwerk dieser Phase läßt nicht im unklaren, daß die Entschlossenheit, *dem Schicksal in den Rachen zu greifen,* in ihr tobt. Es ist einer der *gewöhnlichen Zustände* seines Lebens, daß er sich in die Einsamkeit geradezu «verrennt» – Ries hatte er zuvor geschrieben: *nach Heilgstadt brauchen sie nicht zu kommen, indem ich keine Zeit zu verlieren habe.* Wenn es zutrifft, daß er im gleichen Jahr im ungarischen Pistyan auftauchte, so fand er dort die Gräfin Erdödy, eine ausgezeichnete Pianistin, die früh leidend geworden und teilweise gelähmt war. Ein herzliches Vertrauensverhältnis band ihn an sie zeitlebens, noch als sie durch undurchsichtige Machenschaften aus dem Lande gedrängt war. – Der künstlerischen Emanzipation, die sich in der freien Schaffenswahl auslebt, folgte nun die seiner Sprache, und seine Briefe gewinnen zusehends an Plastizität, der manch «Erlesenes» innewohnen mag, um doch verständlich zu machen, daß auch sein gleichermaßen sprunghaft-irrlichterndes Gespräch genußreich gewesen sein muß und gerne gesucht wurde. Hatte im Vorjahr Wegeler in einem Brief, dessen «Komposition» jedem Symphonie-Schema Ehre macht, erfahren, daß seine Lage *nicht eben schlecht wäre,* seine Werke viel eintragen und er mehr Bestellungen habe, *als es fast möglich ist, daß ich machen kann,* so wurde ihm von Hoffmeister die Bestellung einer Sonate für eine ungenannte Dame übermittelt: *Reit euch denn der Teufel insgesamt, meine Herren?* – faucht er zurück – *mir vorzuschlagen, eine solche Sonate zu machen? Zur Zeit des Revolutionsfiebers, nun, da wäre das so was gewesen. Aber jetzt, da sich alles wieder ins alte Gleis zu schieben sucht, Buonaparte mit dem Papste das Konkordat geschlossen, so eine Sonate? Wärs noch eine Missa pro Sancta Maria a tre voci... da wollt ich gleich den Pinsel in die Hand nehmen und mit großen Pfundnoten ein Credo in unum hinschreiben. Aber du lieber Gott, eine solche Sonate, zu diesen neu angehenden christlichen Zeiten – hoho! da laßt mich aus,*

da wird nichts draus! Immerhin erklärte er sich bereit, «in ästhetischer Hinsicht» dem Plan der Dame zu folgen, wobei man seine Bedingungen erfährt, wie sie Regel geworden sein mochten: gegen ein festgesetztes Honorar könne sie das Werk auf ein Jahr zur alleinigen Verfügung haben, dann stehe ihm das Recht der Veröffentlichung zu, und *wenn sie glaubt, darin eine Ehre zu finden,* auszubitten, *daß ich ihr dieselbe widme,* so wolle er dazu bereit sein. Schon gleich fand er Ursache, sich über Verlegerpraktiken zu erregen: jenes im Vorjahr an Graf Fries verkaufte Streichquintett war in seinem Auftrag durch den Bruder sowohl Hoffmeister wie auch Härtel angetragen worden, und der letztere erwarb es im März 1802 für 38 Dukaten; Druck und Korrekturen währten bis in den November. Inzwischen, solange Beethoven in Heiligenstadt weilte, muß es im Hause des Grafen wiederholt aufgeführt worden sein. Artaria hat es wohl loben hören, und der Geiger Conti dürfte ihm mit Bewilligung des Besitzers eine Abschrift besorgt haben. Graf Fries, der von

Artarias Druckabsicht unterrichtet war, stellte lediglich die Bedingung, daß Artaria seine Exemplare erst zum Verkauf auslegen dürfe, wenn die Leipziger Ausgabe mindestens 14 Tage in Wien angeboten sei. Der Wiener Verleger, im Vertrauen auf die Einwilligung des Besitzers, sandte daraufhin die ihm zum Druck dienende Kopie Beethoven zu, mit der Bitte, sie zuvor auf die Richtigkeit zu überprüfen. Erst dadurch erfuhr Beethoven davon und war fraglos zu Unrecht über diese *Schelmerei dieses Erzschurken Artaria* so erbost, daß er Härtel sofort darüber berichtete, um nicht selbst in den Verdacht zu kommen, das Werk von sich aus Artaria angeboten zu haben. Ja, er gab das Manuskript korrigiert dem Wiener Verleger zurück, was ihn jedoch ·nicht hinderte, die dann erschienene Ausgabe öffentlich als *höchst fehlerhaft, unrichtig und für den Spieler ganz unbrauchbar* zu bezeichnen. Ries behauptet sogar, Beethoven habe ihm den Auftrag gegeben, die gedruckten, von Artaria erhaltenen Exemplare so «verbessern» zu lassen, daß sie nicht mehr verkauft werden könnten. In nicht weniger als zehn Protokollen hatte sich die Oberpolizeibehörde in den darauffolgenden drei Jahren mit der Affäre zu befassen, und es läßt sich denken, daß der unentschieden gebliebene Streit eine Zusammenarbeit mit diesem bedeutendsten Verleger am Ort unmöglich machte, auf viele Jahre hinaus. Verdeutlicht dies Beispiel – das für ungezählte ähnliche stehe – nichts anderes als die durch die staatspolitischen Veränderungen begünstigte Rechtsunsicherheit im Verlagswesen, so wird verständlich, wenn Beethoven dazu überging, seine Werke tunlichst gleichzeitig in Wien, Leipzig, Paris und London erscheinen zu lassen und einen gemeinsamen Erscheinungstermin anzustreben. Insofern stellten die immer wiederkehrenden Verhandlungen für ihn eine starke Belastung dar, die er auf das äußerste verabscheute. (Bekanntlich kam es erst zwei Jahre nach seinem Tod zu Abmachungen, die die Eigentumsrechte regelten, ein Jahrzehnt darauf erst zum Verbot des unerlaubten Nachdrucks.) Schutz- und rechtlos waren die Autoren ohnehin gegen die Veranstaltung von Arrangements, und vergeblich machte Beethoven Härtel gegenüber geltend, nur der Komponist selbst sei in der Lage, eine sachgerechte Bearbeitung seiner Werke vorzunehmen; als im Zusammenhang damit Haydn und Mozart genannt wurden, nahm er die gleichen Rechte für sich in Anspruch, ohne sich *an beide große Männer anschließen zu wollen*. Bekannt ist, daß er zwar wiederholt bereit war, solche Arrangements durch Schüler oder Freunde vornehmen zu lassen, sie gelegentlich auch persönlich zu überprüfen, während als Einrichtungen von ihm selbst nur das Quintett op. 4, das Streichquartett nach op. 14,1, das Klarinettentrio op. 38, das Streichquintett op. 104, die Übertragung des Violinkonzerts auf das Klavier sowie die Fassung der «Großen Fuge» für Klavier zu vier Händen gelten.

Zum Winter 1802/03 war Beethoven rechtzeitig in die Stadt zurückgekehrt und fand vorübergehend im Hause des «alten Meisters» E. A. Förster ein Unterkommen; dessen Sohn erinnerte sich noch spä-

Die Seufzer-Allee im Augarten

ter an «schmerzhafte» Klavierlektionen bei ihm. Von hier übersiedelt er dann zu Breuning, mitten in den Vorbereitungen zu einer Akademie, die wieder ein Monstre-Programm aufweist: die beiden ersten Symphonien, das *Klavierkonzert in c-moll* sowie ein rasch entworfenes Oratorium *Christus am Ölberg*, auf den Text des «musikalischen» Bühnendichters Franz Xaver Huber. Dieses heute in Vergessenheit geratene Werk für drei Solostimmen (Jesus, Seraph, Petrus), Chor (der Krieger, Jünger und Engel) nebst Orchester war fraglos – ähnlich wie die alten Fasten-Oratorien – geschaffen, um an «theaterfreien» Tagen mit einem geistlichen Stoff aufwarten zu können. Obgleich sich selbst umfangreiche Skizzen dazu vorfinden, darf man Beethoven glauben, daß ihm *wohl hernach einiges nicht ganz entsprach*; dennoch tat es in seiner Zeit seine Dienste und wurde erstaunlich häufig auch andernorts aufgeführt, sofern man nicht – wie in der Schweiz – daran Anstoß nahm, daß Jesus selbst als Agierender auftritt. Der Akademie am 5. April 1803 war morgens eine Generalprobe vorausgegangen, die von acht Uhr bis um halb drei dauerte; Fürst Lichnowsky ließ die zahlreichen Mitwirkenden mit Butterbroten, Fleisch und Wein laben, um sie für eine Wiederholung des Oratoriums zu gewinnen. Dennoch drückte die Länge der ganzen, ohnedies bereits gekürzten Programmfolge stark auf den Erfolg. Litten alle Wiedergaben wieder offensichtlich unter ungenügender Vorbereitung, selbst das Klavierkonzert, so bleibt erstaunlich genug, wenn ein Referent dennoch erkannte, «daß Beethoven mit der Zeit eben die Revolution in der Musik bewirken kann, wie Mozart. Mit großen Schritten eilt er zum Ziele.» – Im Monat darauf war es diesmal ein Geiger, der im Dienst des Herzogs von Wales

Theater an der Wien. Zeitgenössischer Stich

stehende Mulatte Bridgetower, der Beethoven im Kreise Schuppanzighs kennenlernte und ihn zur Mitwirkung in einer Augarten-Akademie im Mai gewann; Beethoven komponierte für ihn die Violinsonate op. 47, die sog. «Kreutzer»-Sonate, angeblich unter Verwendung eines von Kreutzer stammenden Motivs – vielleicht dieses aus dessen 19. Violinkonzert

Rondo

Die erste Aufführung soll angeblich nur Gelächter ausgelöst haben; daß Bridgetower, mit dem sich Beethoven eines Mädchens halber entzweit haben soll, ein ungewöhnlicher Geiger war, erhellt daraus, daß er im Konzert Passagen dazu improvisierte, so daß Beethoven aufsprang, ihn umarmte und rief: *Noch einmal, mein lieber Bursch.* Daneben kam es bei Schuppanzigh zum Probieren der Klaviersonaten, die für Streichquartett umgesetzt waren – war doch selbst die *pathétique* zum Teil noch zu Beethovens Lebenszeit für Bläsernonett, Streichquintett, Streichquartett und «à 4 mains» bearbeitet.

Inzwischen muß es schon zeitig zu Verhandlungen Schikaneders mit Beethoven gekommen sein, die darauf abzielten, ihn zur Komposition einer Oper zu verpflichten. Nun standen zwar nicht wenige bewährte Komponisten in Wien zur Verfügung: außer Salieri Wranitzky, Schenk, J. Weigl, Mozarts Schüler Süßmayr, auch Ferdinando Paër und andere mehr, aber das Publikum war unzufrieden geworden, zumal der Eindruck vorherrschte, die deutsche Oper werde zu sehr in den Hintergrund gedrängt. Im Augenblick unterstanden die beiden Hoftheater noch der Direktion des Barons Braun. Das Schikanedersche war mit Geldern des reichen Kaufmanns Zitterbarth im Laufe von einem Jahre und fünf Tagen «zum prächtigsten in Deutschland» geworden, erstrahlte in Blau und Silber, faßte in seinen 2 Parterres und 5 Logenreihen 6000 Menschen, wobei man seine elliptische Form und die ungewöhnliche Bühnenbreite besonders hervorhob. Zwar gefiel ein erstes Schauspiel mit Musik von Vogler, nach dem Roman «Hermann von Unna», nicht, aber drei Opern Cherubinis, unter ihnen «Lodoiska» und «Die Wasserträger», machten weitaus mehr Furore als die Stücke, die bei Braun in Szene gegangen waren. Die Rivalität erreichte ihren Höhepunkt, als Méhuls «Wagen gewinnt» an beiden Theatern gleichzeitig einstudiert wurde, hier als «Die beiden Füchse» (nach einem Buch von Bouilly, dem Verfasser der *Leonore*). Indes Braun nach Paris reiste, um Cherubini für seine Bühnen zu verpflichten, erteilte Schikaneder dem gerade in Wien weilenden Abbé Vogler (dem Lehrer C. M. von Webers und Meyerbeers) den Auftrag zu drei Opern, und gleichzeitig übergab er Beethoven den von ihm gedichteten oder bearbeiteten Text *Vestas Feuer*. Als Vogler seine erste Oper – «Samori» – vorweisen konnte, lagen von Beethoven erst vier Nummern vor. Da verkaufte Zitterbarth im April 1804 das Theater hinterrücks an den Baron Braun. An Stelle des sofort entlassenen Schikaneder wurde J. von Sonnleithner als Direktor eingesetzt, der das Libretto «Léonore ou l'amour conjugal» von Bouilly ausfindig machte, und nachdem Braun den Vertrag mit Beethoven erneuerte, es für ihn selbst einrichtete, obgleich es bereits durch Gaveaux und Paër vertont war.

...OHNE MICH ALS EIN MUSTER VORSTELLEN ZU WOLLEN...
(Von *Fidelio* bis *Egmont*)

1804–1809 Schon im Sommer 1803, neben den Vorarbeiten zu *Vestas Feuer* in Baden und Oberdöbling, lag Beethoven ein anderes, ihm gemäßeres Projekt weit mehr am Herzen: seine *Dritte Symphonie, geschrieben auf Bonaparte*, wie von seiner Hand auf einem der erhaltenen Exemplare zu lesen ist. Es sollte das Werk sein, nach dem ihn hernach die Masse beurteilte: «Beethoven hat die Weltstürme der Revolution in Tönen nachgebildet; bang und doch voll Entzückens folgt ihm unser Ohr, wenn er mit glücklicher Vermessenheit an den Gränzen der Harmonie umherschweift: sein herrlichstes Allegro trug den Namen Napoleons solang, bis Beethoven zürnte, daß der Consul sich zum Kaiser habe wählen lassen.» (L. Bauer, 1839) Als die Symphonie im Oktober 1806 erschien, war ihr nur noch aufgegeben, *das Andenken eines großen Menschen zu feiern*. Ihr Tondichter, in den Augen selbst ihm Nahestehender «ein Revolutionär», ließ sich noch später ohne Abwehr von Grillparzer apostrophieren: «Wenn man wüßte, was Sie bei Ihrer Musik denken... Dem Musi-

Titelseite der Symphonie Nr. 3 (Eroica)

ker kann doch die Zensur nichts anhaben...» Keine Symphonie Beethovens hat mehr Eklat hervorgerufen als diese *Eroica*, die mit aller Deutlichkeit in neue Bahnen lenkt und an keiner Stelle «malen» will, um doch dem Heroismus eindeutigen Ausdruck zu verleihen. Die ihr zugedachten Deutungen sind ganz besonders beispielhaft für das Unvermögen oder mindestens für die Schwierigkeit, der Tonsprache Geheimnisse zu entlocken, um sie in Worte zu übertragen. Um kein anderes Werk hat sich die Legende im gleichen Maße bemüht: nach Schindler war es Bernadotte, der die Idee, «Napoleon» darzustellen, gegeben habe; Beethovens Arzt Dr. Bertolini ist der Meinung, Napoleons Zug nach Ägypten oder das Gerücht vom Tode Nelsons läge ihm zugrunde. Czerny zitiert statt dessen den Tod des englischen Generals Abercromby, und neuere Deutungsversuche weisen auf Szenen Homers (Schering), wollen sie zur «Achilles-Heldensymphonie» werden lassen (C. Lemcke), Ambros endlich empfindet sie dem Geist Aischylos'scher Tragödien verwandt. Vergegenwärtigt man sich nicht nur die Charaktere der so divergierenden vier Sätze, sondern auch ihre Stellung zueinander, die prägnante Reihenfolge, wobei der Trauermarsch nicht am Ende, sondern vor dem mit gleichem Recht als «humorig» empfindbaren Scherzo steht, so läßt sich kaum bestreiten, daß der «Schlüssel» zur Verdolmetschung aus der Sprache der Empfindungen in die irgendeines Denkvorgangs auf dem tiefsten Meeresgrund ruht. Was will es demgegenüber besagen, wenn ein Galeriebesucher bei der Uraufführung herunterrief: «Ich gäb noch einen Kreuzer, wenn's nur aufhört!» Wie viele der Werke anderer Zeitgenossen, die mit uneingeschränktem Beifall aufgeführt worden sind, hat die Zeit in völlige Vergessenheit geraten lassen, samt den Namen ihrer Autoren!

In die Zwielichtigkeit der politischen Umtriebe dieser bewegten Zeit, in der Napoleon die ihm zufließenden Sympathien überwiegend der zunehmenden Antipathie gegen das weltliche und geistliche Duodezwesen verdankt, fällt schicksalhaft eine erneute Verkettung Beethovens an das Haus Habsburg: durch die Laune eines halbwüchsigen Nepoten, der ihn sich als Lehrer erwählt und zeitlebens zu verpflichten weiß. Erzherzog Rudolf, der Neffe des Kurfürsten Max Franz und Halbbruder des Kaisers, dürfte Beethoven zuvor in den Salons der Fürsten kennengelernt und aufrichtig genug verehrt haben, wurde nun sein Klavierschüler, später als einziger von ihm in die Kunst der Komposition eingeführt. Das gleichzeitig mit der *Eroica* und der *Leonore* entstandene *Tripelkonzert* soll nach Schindlers Angabe im Klavierpart dem damaligen

Beethovens Schüler Erzherzog Rudolf von Österreich

Beethoven im Alter von 32 Jahren. Miniatur von Christian Hornemann

technischen Können seines kaiserlichen Eleven angepaßt worden sein; aber erst das vierte Klavierkonzert von 1806, zwei Jahre später erschienen, ist ihm als erstes Werk einer imposanten Reihe gewidmet. Am Erzherzog gewann er allerdings einen Protektor, dem er in zwar leicht übertrieben erscheinender Anhänglichkeit lebenslang ergeben blieb, aber auch über die finanziellen Hilfen hinaus ganz fraglos mehr verdankte, als aktenkundig werden konnte. Selbst als seine Verachtung des *Fürstengeschmeißes* im letzten Jahrzehnt kein Geheimnis mehr war, nahm er doch *die Erzherzöge,* seinen Schüler besonders, nachdrücklich aus, mag ihm auch die oft über Gebühr und zur Unzeit abgeforderte Dienstbereitschaft mitunter mehr als lästig gewesen sein.

Trotz der zunehmenden Hörschwierigkeiten blieb Beethoven unverändert Gast in den Salons der Großen, erschien er zu Morgenveranstaltungen und Soireen, vielfach selbst mitwirkend und bei Laune zur Freude der ganzen Gesellschaft improvisierend und fantasierend. Soweit man davon weiß, ist dies leider ausnahmslos verklittert mit Episoden, in Übertreibungen und Verallgemeinerungen. Um etwa die «göttliche Länge» der *Eroica* zu rehabilitieren, wurde sie angeblich dem Prinzen Louis Ferdinand durch das Lobkowitzsche Orchester vorgespielt, als er in Wien weilte; da sich der Gast sofort fasziniert gezeigt habe, sei sie ihm sogleich ein zweites, ja drittes Mal dargeboten worden. Um Beethovens «Ranganspüche» zu demonstrieren, will es die Fama, daß bei der gleichen Gelegenheit nach einem abendlichen Musizieren im Hause einer alten Gräfin zu Ehren des Prinzen «natürlich [!] auch Beethoven» eingeladen, hinterher aber nur für die Adeligen gedeckt war, worauf Beethoven «einige Derbheiten sagt, seinen Hut nimmt und geht», so daß ihn der Prinz daraufhin einige Tage später zu sich einlädt, Beethoven den Ehrenplatz erhält und die Gräfin danebensitzt. Bei anderen Gelegenheiten ist es bald ein mit Porzellan beladener Tisch, den er zu Boden gehen läßt; ein Page, der ihm den Leuchter hält, wird durch die ausfahrende Hand ins Gesicht getroffen, so daß der Leuchter zerschellt; das von ihm gespielte Klavier wird so traktiert, daß bei jedem Akkord die Saiten bündelweise springen. Mag immer ein Gran Wahrheit zugrunde liegen: in der überlieferten Form ist keine dieser Anekdoten glaubhaft. Andere müssen sich geradezu auf die Lauer gelegt haben, um Zeuge seiner «Marottenhaftigkeit» zu werden, ohne zu verspüren, daß er inzwischen mehr darstellte als ein Wiener Lokaloriginal.

Dabei liegt erst ein starkes Drittel seiner «Opus-Serie» vor: außer der Musik zu *Prometheus,* den drei Symphonien und ebensoviel Klavierkonzerten 18 Kammermusikwerke mit und 15 ohne Klavier, 21 Klaviersonaten nebst 14 Einzelsätzen und Bagatellen, 8 Lieder, ohne die Arrangements, Variationszyklen, Märsche und Tänze. Gewiß haben andere in der gleichen Zeit ein Zehnfaches erzeugt, das heute ein papierenes Leben in musealen Räumen fristet, während von Beethovens Serie das meiste nicht aufgehört hat, immer wieder, in millionenfacher Reproduktion, anzusprechen. Da ist das Finale des ersten Klaviertrios, das Allegro con brio der dritten Sonate für Haydn, das Adagio aus dem Streichtrio op. 3, der Mittelsatz der zweiten Cellosonate, das Largo aus op. 7, die Polacca aus der Trioserenade, das Scherzo aus dem letzten Streichtrio, das Finale der Klaviersonate op. 10,1, der Mittelsatz aus dem Klarinettentrio, das Andante aus der zweiten Violinsonate, das berühmte Adagio aus der *pathétique,* das Andante aus der Klaviersonate op. 14,2, der langsame Satz aus dem ersten Streichquartett, das Andante con Variazioni aus dem Septett, das Rondo von op. 22, die Klaviersonate für den Grafen Browne – Werke vom Gewicht Rembrandtscher Gemälde, eindrücklich wie Romane Balzacs, plastisch wie die Gestalten Michelangelos, erregend wie die Figuren Shakespeares –, eine Schau des Herrlichsten, was Musik zu geben vermag. Über weitere Klavier- und Violinsonaten hinweg, das Streichquintett, vom Bußlied: *An dir allein, an dir hab' ich gesündigt* bis zur «Waldstein»-Sonate – welch ein Reichtum ist hier in schlichten Notenköpfen hinterlegt! Man ist versucht, die Bildnisse Beethovens dieser Ära zu befragen, das Gemälde Stainhausers, das man leider nur aus Stichen kennt, die Hornemannsche Miniatur, die Darstellung Mählers mit der gestikulierenden Hand – sie antworten nur im Zwiegespräch. – An Schilderungen ist diese Zeit erstaunlich karg: «Er ist» – schreibt ein junger Engländer, der ihn im *Fidelio* 1805 beobachtete – «ein kleiner, dunkler, noch jung aussehender Mann, trägt eine Brille...» Ignaz von Seyfried, der Kapellmeister des Schikaneder-Theaters, läßt im Anschluß an das Wettspiel mit Wölffl seinen Impressionen freien Lauf: «Im Fantasieren verleugnete Beethoven schon damals nicht seinen mehr zum unheimlich Düsteren hinneigenden Charakter: schwelgte er einmal im unermeßlichen Tonreich, dann war er auch entrissen dem Irdischen; der Geist hatte zersprengt alle beengenden Fesseln, abgeschüttelt das Joch der Knechtschaft und flog siegreich jubelnd empor in lichte Ätherräume. Jetzt brauste sein Spiel dahin gleich einem wildschäumenden Katarakte, und der Beschwörer zwang das Instrument mitunter zu einer Kraftäußerung, welcher kaum der stärkste Bau zu gehorchen imstande war; nun sank er zurück, leise Klagen aushauchend, in Wehmut zerfließend; wieder hob sich die Seele, triumphierend über vorübergehendes Erdenleiden, wendete sich nach oben in andachtsvollen Klängen und fand beruhigenden Trost am unschuldvollen Busen der heiligen Natur. – Doch wer vermag zu ergründen des Meeres Tiefe? Es war die geheimnisvolle Sanskritsprache, deren Hieroglyphen nur der Eingeweihte zu lösen mächtig ist!» Exakter und sachlicher meint der Referent der Leipziger Musikzeitung, er spiele «äußerst brillant, doch weniger delicat, und schlägt zuweilen in das Undeutliche über. Er zeigt sich am vorteilhaftesten in der freien Phantasie. Und hier ist es wirklich ganz außerordentlich, mit welcher Leichtigkeit und zugleich Festigkeit in der Ideenfolge B. auf der Stelle jedes ihm gegebene Thema nicht etwa in den Figuren variiert (womit mancher Virtuos Glück – und Wind macht), sondern wirklich ausführt. Seit Mozarts Tode, der mir hier noch immer das non plus ultra bleibt, habe ich diese Art des Genusses nirgends in dem Maße gefunden, in welchem sie mir bei B. zu Teil ward...»

In diesem Stadium soll Beethoven dem befreundeten Geiger Krumpholz selbstkritisch bekannt haben: *Ich bin mit meinen bisherigen Arbeiten nicht zufrieden; von nun an will ich einen anderen Weg beschreiten.* Der «neue Weg», bereits mit den «Fantasie»-Sonaten

Das erste Beethoven-Porträt von Willibrord Mähler, 1804

angebahnt, soll befreien von der Starre der *musikalischen Gerippe*, von der Doktrin der *Fuxischen nota cambiata*, der Wechselnote. Wenn sich Beethoven damit auch «von der Grundeigenart der Wie-

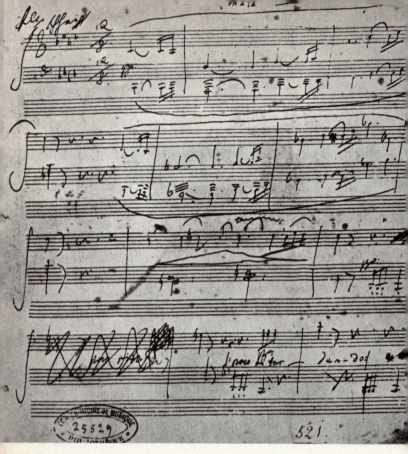

ner Schule» entfernt: ihm ging es nicht um «homophon» oder «polyphon», nicht um «Sonate» oder «Fuge», sondern um die Entsprechung von Idee, Form und Ausdruck – ein Urproblem jeglicher künstlerischer Gestaltung! Jeder Quartettist verspürt überdeutlich die Spannung des Bogens, die schon von den Quartett-Erstlingen op. 18 zu den Rasumowskyschen führt, und ähnlich empfindet es der Pianist im Bereich der Klaviersonaten wie der Trios. Die nun folgenden «Neuen» alle unterscheiden sich von den bewährten «Schönen» – den makellosen, technisch-versierten, melodiefreudigen, ideenreichen – durch ausgeprägte Plastizität und «Gesichtigkeit», Gedankenreichtum und Gewichtigkeit. Dabei mag er die unumgängliche Berücksichtigung von «Exposition, Durchführung und Reprise» als fast unerträgliche Fessel empfunden haben, ohne sich davon loszusagen, selbst auch mit den «Letzten» nicht, wie ein darauf gerichteter Vergleich etwa der ersten Sätze aus op. 18,1, 59,1 und 127 lehrt. Ja selbst im

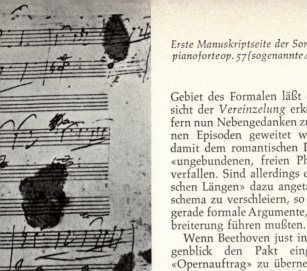

Erste Manuskriptseite der Sonate pour pianoforte op. 57 (sogenannte Appassionata)

Gebiet des Formalen läßt sich die Absicht der *Vereinzelung* erkennen, insofern nun Nebengedanken zu geschlossenen Episoden geweitet werden, ohne damit dem romantischen Prinzip einer «ungebundenen, freien Phantasie» zu verfallen. Sind allerdings die «himmlischen Längen» dazu angetan, das Bauschema zu verschleiern, so sind es doch gerade formale Argumente, die zur Verbreiterung führen mußten.

Wenn Beethoven just in diesem Augenblick den Pakt einging, einen «Opernauftrag» zu übernehmen, sollte ihm erst viel später bewußt werden, daß *das Ganze*, das er bisher stets *vor Augen* hatte, nun *überall auf eine gewisse Weise geteilt worden* war. Wenn es als sein Ureigenstes gilt, das Sagbare ins Unaussprechliche zu übertragen, ja zu überhöhen, so hatte er nun den umgekehrten Weg zu gehen, gefesselt an das Wort, an Stimmumfang und Timbre. Lassen seine Äußerungen über Mozarts Opern, von denen er die «Zauberflöte» über alle stellte, keinen Zweifel, daß er es selbst für unmöglich hielt, abstoßenden Charakteren den ihnen gebührenden Ausdruck zu geben, so mußte ihm ebenso unmöglich erscheinen, die Oper auf einen Sitz zu komponieren – wie es Mozart mit «La clemenza di Tito» in rund einem Monat gelang (obwohl mit Süßmayrs Hilfe), «Die Zauberflöte» immerhin in einem Vierteljahr. Es ist dabei auffällig, daß Mozart kein nennenswertes Verhältnis zur Literatur hatte, im Gegensatz zu Beethoven, dem *keine Abhandlung sobald zu gelehrt* war, der sich hier zu Hause weiß, wie kein Musiker vor ihm und sich vielleicht gerade deshalb lebenslang vergeblich um ein ihm gemäßes Libretto müht. Ohne sein Zutun wird ihm Bouillys Buch in die Hände gespielt. Nur des Sujets halber, dem eine vom Dichter selbst erlebte Begebenheit zugrunde liegt, der von Haus aus fragwürdigen Gattung der «Schreckens-Oper» zugezählt, wie sie auch Gaveaux und der unterschätzte Paër behandeln, wird unter seinen Händen daraus ein Sonderfall, eine geradezu «symphonische» Oper. Nachdem der dramatische Kern dem Buch Bühnenwirksamkeit sicherte, verstand es Sonnleithner durchaus, die

K. auch k. k. pr. Schauspielh. a. d. Wien

NEUE OPER.

Heute Mittwoch den 20. November 1805
wird in dem k. auch k. k. priv. Schauspielhaus an der Wien
gegeben:

Zum Erstenmal:

FIDELIO,

oder:

Die eheliche Liebe.

Eine Oper in 3 Akten, frey nach dem Französischen bearbeite
von Joseph Sonnleitner.   (sic)

Die Musik ist von LUDWIG VAN BEETHOVEN.

Personen:

Don Fernando, Minister	Hr. Weinkopf.
Don Pizarro, Gouverneur eines Staatsgefängnisses	Hr. Meier.
Florestan, ein Gefangener	Hr. Demmer.
Leonore, seine Gemahlinn unter dem Namen Fidelio	Dlle. Milder.
Rocco, Kerkermeister	Hr. Rotha.
Marzelline, seine Tochter	Dlle. Müller.
Jaquino, Pförtner	Hr. Caché.
Wachehauptmann	Hr. Meister.
Gefangene.	
Wache. Volk.	

Die Handlung geht in einem Spanischen Staatsgefängnisse einige Meilen von Sevilla vor.

Die Bücher sind an der Kassa für 15 kr. zu haben.

Preise der Plätze:

	fl.	kr.
Grosse Loge	10	—
Kleine Loge	4	30
Erstes Parterre und erste Gallerie	—	42
Erster Parterre und erste Gallerie ein gesperrter Sitz	—	56
Zweite Gallerie	—	30
Zweiten Gallerie ein gesperrter Sitz	—	42
Zweites Parterre und dritte Gallerie	—	24
Vierte Gallerie	—	12

Die Logen und gesperrten Sitze sind bey dem Kassier des
k. auch k. k. National-Theaters zu haben.

Der Anfang um halb 7 Uhr.

Theaterzettel der Uraufführung, 1805

szenische Gruppierung auf musikalische Konturen hin anzulegen, während dem letzten Bearbeiter, Treitschke, vorbehalten blieb, die entscheidende formale Straffung herbeizuführen. Die Lamentationen der Presse über «das gehaltlose Machwerk Sonnleithners» schießen weit über das Ziel hinaus, zumal wenn dieselben Schreiber «Das Schloß an der Elbe» (von Fischer) oder «Agnes Sorel» (von Gyrowetz) als Muster von «Sorgfalt und Geschmack» preisen.

Daß es Beethoven unmöglich sei, einem Kompositionsverfahren zu folgen, welches manchem der zeitgenössischen Routiniers erlaubt hatte, auf 200 Opern und mehr zu kommen, war vorauszusehen. Oh-

Joseph von Sonnleithner

nedies geradezu darauf angewiesen, mehrere Werke gleichzeitig «in Arbeit» zu nehmen, greift er sich nun offenbar schwerpunktmäßig zunächst das Duett *Um in der Ehe froh zu leben* heraus, dem er das Finale zum ersten Akt folgen läßt. Vermengt mit Entwürfen zu Tiedges Gedicht *An die Hoffnung*, der f-moll-Klaviersonate, einem unausgeführt gebliebenen Marsch sowie zwei Sätzen des *Tripelkonzerts* erscheinen dann in den Skizzen die erste Arie des zweiten Aktes, das Quartett in D-dur, die Arie der Marzelline, die andeutungsweise einer Deklamationspassage aus Schenks «Dorfbarbier» verwandt erscheint –

J. Schenk, 4. Arie Suschens

Dort schließen sich neben rein instrumentalen Werkideen Ansätze zu Roccos «Goldarie» an, das Duett des zweiten Aktes, das letzte Finale, Leonores erste Arie in neuer Gestalt und außer nicht dazu Gehörigem endlich Notierungen zur ersten Ouvertüre. Es ist das gleiche Bild, das fast alle Skizzenbücher gewähren: als erzeuge ein Einfall seinen Widerpart, als gälte es, Charaktere abzustecken, die sich nicht berühren dürfen, als pendle er Gewichte verschiedener Kategorien in ein Verhältnis zueinander aus!

Man kennt die «Leidensgeschichte» der verschiedenen Aufführun-

Fürst Josef Franz Max Lobkowitz, 1799

gen: Die Ungunst des Augenblicks (1805), als französische Offiziere das Parkett füllten, da der Hof, der Adel und die Freunde aus Wien geflohen waren; Kritizismus ungeduldiger Hörer, die auf Anhieb ein unterhaltsames Spektakel erwartet haben mochten, wienerisch «Singendes und Klingendes»; nach drei Aufführungen schon mußte die Oper abgesetzt werden.

Freunde scharten sich zusammen, vom hohen Rang der Schöpfung überzeugt, um *Fidelio* nicht an der vermeintlichen «Monstrosität» scheitern zu lassen, mit der Absicht, eine Straffung der Handlung zu erzielen. Diese zweite Fassung, die ein Jahr später in Szene ging, war eine «Verschlimmbesserung», und da Beethoven obendrein annahm, daß er geprellt werden sollte, zog er seine Partitur bereits nach der zweiten Aufführung zurück. Bei der Wiederaufnahme, Jahre später, nach erneuter Umarbeitung, stieg «der Beifall mit jeder Vorstellung». Aus der Enge des Kerkerhaften herausgelöst, konnte aus der «Historie» des Stoffes eine Fabel von unüberhörbarem Anspruch werden, da sie nicht in Worten, sondern aus den Tönen spricht – als «Weihespiel» in die höchste Ebene menschlichen Empfindens gehoben!

Daß sich Beethoven wider alles Verhoffen an der Gattung zu entzünden vermochte, obwohl gedemütigt durch die Enttäuschungen von 1805, zeigt zugleich als Zeugnis des ungebrochenen Selbstvertrauens ein Eintrag zwischen den Skizzen zu op. 59: *Ebenso wie du dich hier in den Strudel der Gesellschaft stürzest, eben so möglich ist's, Opern trotz aller gesellschaftlicher Hindernisse zu schreiben.* Dabei ist ihm *die ganze Sache mit der Oper die mühsamste von der Welt,* und ein verheimlichtes Unbehagen spricht aus dem Entschluß: *Nun zurück zu deiner Weise!* Dennoch: als sich im Dezember nach der zweiten *Fidelio*-Einstudierung ein erneuter Wechsel im Theaterdirektorium ergab, wobei an Stelle des Barons Braun ein Komitee mit Lobkowitz, Schwarzenberg und Esterházy an die Spitze trat, faßte Beethoven erneut Mut und erbot sich, *jährlich wenigstens eine große Oper, dazu eine kleine Operette oder ein Divertissement, Chöre oder Gelegenheitsstücke nach Verlangen und Bedarf zu komponieren* gegen eine feste Besoldung von 2400 Gulden, freie Einnahme zu seinem Vorteile bei der dritten Vorstellung und eine Benefiz-Akademie. Bezeichnend ist die Begründung seines Antrags: obgleich er *bei dem hohen Adel als auch bei dem übrigen Publikum einige Gunst und Beifall erworben* habe, sei er *bisher nicht so glücklich, sich hier eine Lage zu begründen, die seinem Wunsche, ganz der Kunst zu leben, seine Talente zu noch höheren Graden der Vollkommenheit... zu entwickeln... die bisher bloß zufälligen Vorteile für eine unabhängige Zukunft zu sichern, entsprochen hätte.* Der kaiserliche Hofmusikintendant Graf Dietrichstein, ein erklärter Anhänger, sah sich trotzdem außerstande, darauf einzugehen, wollte ihm aber die Ablehnung nicht mitteilen, «um nicht ungünstig auf einen Mann zu wirken, den ich so aufrichtig verehre». Trostpflaster sollte der Auftrag sein, eine Messe für den Kaiser zu schreiben, aber «... nicht zu lang, noch zu schwer... eine Tuttimesse... bei den Singstimmen nur kleine Solos. Fugen lieben Seine Majestät sehr, gehörig durchgeführt, doch nicht zu lang, das Sanctus mit dem Osanna möglichst kurz... das Dona nobis pacem... ohne besonderen Absprung...» Nach anfänglich begeistertem Beginnen kommt die Arbeit schließlich ins Stocken, um endlich in völlige Vergessenheit zu geraten.

Jenem Versuch war ein Aufenthalt beim Fürsten Lichnowsky in Schlesien vorausgegangen, der dadurch ein jähes Ende nahm, daß Beethoven durch nichts zu bewegen war, vor eingeladenen französischen Offizieren zu musizieren; eine angebliche Drohung mit Hausarrest soll Beethoven zur Flucht bei Nacht und Nebel veranlaßt haben. Zu Hause angelangt, habe er die Büste des Fürsten zerschmettert und dem langjährigen Mäzen geschrieben: *Fürst! Was Sie sind, sind Sie durch Zufall und Geburt, was ich bin, bin ich durch mich...* Obzwar ein Brief solcher Art nicht erhalten ist, fällt auf, daß von dieser Zeit an Lichnowsky keiner weiteren Widmung gewürdigt wurde, und alle Nachrichten über spätere Beziehungen sind ungesichert; so eine Notiz, nach der ihm die englische Ausgabe von op. 59 zugeeignet werden sollte, die durch nichts bewiesene Einkehr in Grätz 1811, geschweige denn die unglaubwürdige Behauptung Schindlers: auf Grund einer beiderseitigen Abmachung sei Lichnowsky bis zuletzt die drei Treppen zu Beethovens Behausung hochgestiegen, habe gelegentlich in Partituren geblättert oder, wenn Beethoven ungestört sein wollte und sein Raum verschlossen war, mit der Gesellschaft des schneidernden Dieners vorliebgenommen, um dann wieder unverrichteterdinge hinabzusteigen. Wenn Beethoven zwei Jahre nach dem Bruch mit Lichnowsky an dessen Gutsnachbarn Graf Oppersdorf, dem die *Vierte Symphonie* gewidmet ist, schreibt: *Meine Umstände bessern sich – ohne Leute dazu nötig zu haben, welche ihre Freunde mit Flegeln traktieren wollen,* so wird damit die nachhaltige Entzweiung bestätigt. Damit dürften auch des Fürsten Zuwendungen an Beethoven ihr Ende gefunden haben. Die nächsten Widmungen Beethovens gehen an den Fürsten Lobkowitz und den Grafen Rasumowsky, an Brunsvik, Gleichenstein, die Gräfin Erdödy, und man geht kaum fehl in der Annahme, daß er hier sowie im Hause der verwitweten Gräfin Deym anzutreffen war.

Aus der Reihe der Arbeiten fällt eine *Erlkönig*-Skizze auf –

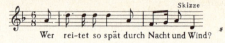

die wohl um diese Zeit anzusetzen ist, neben den Konzerten und der *Vierten Symphonie* vermutlich auch die beiden Bündel Ecossaisen, die 1807 herauskamen, dazu die gewaltigen 32 Variationen über das stolze, eherne Thema –

Sodann aber sind es vor allem die ausgeprägten drei Streichquartette op. 59, die diese Ära adeln. Rasumowsky, dem sie gewidmet sind, führte als russischer Gesandter in Wien ein großes Haus, das seinen Höhepunkt zur Zeit des Kongresses erlebte; der Graf, der die Schwester der Fürstin Lichnowsky zur Frau hatte, war selbst ein ausgezeichneter Geiger. Ihm zuliebe flocht Beethoven russische Themen ein, von denen zwei wohl der Sammlung eines Iwan Pratsch entnommen waren:

aus Iwan Pratsch Sammlg. russ. Volkslieder

Inzwischen ward – erstmals 1804 – im Hause eines Barons Pasqualati auf der Mölker Bastei eine ideale Wohnung gefunden, auf die Beethoven im Verlaufe des Jahrzehnts wiederholt zurückkam; heute als Gedenkstätte erhalten, noch mit einem Aufgang über die alte, ausgetretene Wendeltreppe, hat sie eine Spur der «Atmosphäre» bewahrt, wie es denn auch in Baden, Döbling, Hetzendorf und Heiligenstadt, wo die Sommer zugebracht wurden, nicht an unmittelbar sprechenden «Beethoven-Stätten» fehlt, die sein Wohlgefühl «auf dem Lande» verständlich machen. – Sollte ihn im Mai 1806 der Bruder begleiten, so sah sich dieser verhindert: er verheiratete sich mit der Tochter eines wohlhabenden Tapeziers, Johanna Reiß; schon im September lag ein Knäblein in der Wiege, das als *Neffe Karl* seinem Oheim schwerere Stunden bereiten

Streichquartett op. 59,3.
Beginn des 2. Satzes

Der russische Botschafter in Wien, Graf André C. Rasumowsky

sollte als aller Ärger mit Akademien und Verlegern. Die «Sekretärdienste» übernahm von nun an, da irgendwelche Unlauterkeiten der neuen Schwägerin zur Trennung der Brüder geführt hatten, ein Kollege Breunings, der junge Baron von Gleichenstein. Gerade war Beethoven mit dem Schotten G. Thomson übereingekommen, altenglische Melodien zu harmonisieren und mit Ritornellen zu versehen, ein Auftrag, der auf Jahre hinaus willkommene Honorare versprach. Im Frühjahr darauf (1807) kam es statt zu einer Akademie zu Subskriptionskonzerten bei Lobkowitz, wobei die neue Symphonie, das vierte Klavierkonzert und die *Coriolan*-Ouvertüre erstmals erklangen. Schon einen Monat darauf ergab sich die Möglichkeit, mit Muzio Clementi einen vorteilhaften Vertrag über die Herausgabe von Werken in England abzuschließen. War ein früheres Zusammentreffen mit dem von Beethoven geachteten Virtuosen und beliebten Komponisten durch ihre rivalisierenden Anhänger hintertrieben worden, so gelang es nun, die neuen Quartette, das Violin- und das vierte Klavierkonzert sowie *Coriolan* – ausnahmslos also Werke von uneingeschränkter Geltung – gegen ein ausgezeichnetes Honorar unterzubringen, dazu das Klavierarrangement des Violinkonzerts.

Was will es besagen, wenn Werke, die man gut kennen muß, um sie zu verstehen, beim ersten Spielen oder Hören auf Unvernunft und Wichtigtuerei stießen: «... das hier ist keine Kunst ... Schade um das Geld! ... eine unwürdige Mystifikation ... musiktoll ... verrückt ... Flickwerk eines Wahnsinnigen ...», indes es schon auch durchaus nicht an Verständigen, Begeisterten, Enthusiasten fehlte! Freilich gingen von Haus aus melodiösere Werke wie das Violinkonzert oder *Coriolan* leichter ein als die *Vierte Symphonie* oder die Quartette. War sein Wort: *Ich schreibe nicht für die Galerien!* verstanden worden, als «künstle» er absichtlich, des Ranges halber, so ging es ihm allerdings lebenslang um *das Interesse der Kunst, die Veredlung des Geschmacks.*

Vielgestaltig, wiewohl verschiedenrangig erscheint von 1806 bis 1808, was rund um *Fidelio* und im Anschluß daran entstand, im wesentlichen die neue Dekade der Reihe von op. 53 bis op. 62. An

Haus Pasqualati auf der Mölker Bastei

der Spitze steht die «Waldstein»-Sonate, die erste «schwere», die «alles in sich hat» und *keine Einbildungskraft* beanspruche; sodann die gedanklich verblüffende, kontrastreiche nächste. Außer der *Eroica* das *Tripelkonzert*, das sich nur langsam Freunde zu machen wußte, am ehesten vermöge Brillanz. Die *Appassionata*, Franz von Brunsvik gewidmet, aber vielleicht das Herz von dessen Schwester Josephine meinend, eruptiv wie kaum ein zweites Klaviergedicht (mit der rätselhaften Bezeichnung «51. Sonate»). An ein ganz anderes Publikum gewandt: das vierte Klavierkonzert mit einem vor Kraft strotzenden Rondo, sodann die großen Quartette für Rasumowsky, aus denen man der gesteigerten Ansprüche an die Technik halber «Quatuors brillants» machen wollte: berauschend, in unüberbietbarer Reife – neben all den übrigen Sätzen – ziehen zumal die «himmlischen» langsamen an, aus dem ersten und dritten Quartett.

Stellen und lösen sie Schicksalsfragen? Erschaffen sie Welten? Was, an Kunstgebilden von Menschenhand, gäbe es, was sich ihnen überordnen ließe? Empfinden wir «bei den höchsten Offenbarungen der Musik ... sogar unwillkürlich die Roheit jeder Bildlichkeit und jedes zur Analogie herbeigezogenen Affektes» (Nietzsche, «Über Musik und Wort»), so muß es doch sehr fragwürdig erscheinen, wenn man dem letzten Beispiel versuchsweise das Liebeslied des Antonio aus «Don Quijote» unterlegen soll: «Ich weiß, Olalla, daß du mich liebst / Wenn du kein einziges Wörtchen sagst, / Mir nicht einmal ein Blickchen gibst, / Der Liebe stummredende Sprache» (nach Schering). – Noch gehört zur gleichen Schaffensgruppe die «eigenbrötlerische» *Vierte Symphonie*, das gleicherweise hochmusikantische Violinkonzert, das seine Gattung glorifiziert; endlich das Vorspiel zu *Coriolan*, das nicht Ereignisse malen will, sondern Empfindungen, und zum Urbild der klassischen Ouvertüre geworden ist. Welchen Dichters, Malers oder Bildhauers Gestalt müßte heraufbeschworen werden, ja was wäre als Werkreihe dieser Gedrängtheit gleichzusetzen, wie sie hier der Nachwelt übereignet wurde!

Als integrierender Widerpart gegenüber dem Reichtum der Erfindung im Fatum verankert, erweist sich die Armseligkeit seiner irdischen Situation. Nachdem die Hoftheaterdirektion von seinem Anerbieten keinen Gebrauch machte, Lichnowskys Hilfe aufgehört hatte, Akademien infolge der hohen Nebenkosten keine eigentlichen Gewinne abwarfen und Beethoven als zu stolz galt, sich Unterweisungen auf dem Klavier oder Dedikationen bezahlen zu lassen, war er völlig auf die Einkünfte aus der Veröffentlichung seiner Werke angewiesen. Nach der Entzweiung mit Artaria erschien das meiste im Wiener «Industriekontor», manches bei Hoffmeister & Kühnel in Leipzig, einzelne Ausgaben bei Löschenkohl, Mollo, Cappi in Wien, und neue Verbindungen – wie im April 1807 zu Pleyel in Paris – zeitigten stets mehr Hoffnung als Erfolg. Immerhin war in der öffentlichen Meinung ein Umschwung erfolgt, und Vorwürfe wie «zuweilen übertriebener Künstelei, Bizarrerie, gesuchte Schwierigkeiten der Ausführung» betrafen allenfalls Beiläufiges. Da jedoch auch Aufträge von seiten eines Verlegers, der Theater- oder

Graf Franz von Brunsvik.
Ölgemälde von Tugut

Um 1808. Bleistiftzeichnung von Schnorr von Carolsfeld

Konzertunternehmer oder eines vermögenden Fürsten neuerdings nicht ergangen waren, wenn man von einer Messe für den Fürsten Esterházy absieht, lag die Initiative des Planens in diesem Augenblick völlig bei ihm selbst. Gichtischer Kopfschmerz, dem ein Zahn zum Opfer fallen mußte, verhinderte nicht, daß sich auf dem Land, erst in Baden, dann in Heiligenstadt das Skizzenbuch mit umfangreichen Einfällen füllte, und eine erste Notierung zum Andante der *Fünften Symphonie* gelangt in verdächtige Nähe zum «Schusterfleck»:

Aber schon wurde er an die Fertigstellung der Messe erinnert, und sie mußte den Vorrang erhalten, da sie bereits im September zum Namenstag der Fürstin aufgeführt werden sollte. Heftet sich an die Aufführung die Legende, der Fürst habe ihn mit den Worten attakkiert: «Aber, lieber Beethoven, was haben Sie denn da wieder gemacht?», was wiederum Beethovens rasche Abreise zur Folge gehabt habe, so kann es keine Unwahrheit sein, wenn der Autor dem Verleger gegenüber *von vielem Beifall ... in Eisenstadt* spricht; im übrigen *glaube ich, daß ich den Text behandelt habe, wie er noch wenig behandelt worden*. Es ist seine höchst persönliche Frömmigkeit, die allerdings – über alles Schablonenhafte hinaus – aus jeder Note emporsteigt; überdies ist bezeichnend, daß er sie auch zur Aufführung im Konzertsaal empfahl und deshalb dazu einen deutschen Text unterlegt wissen wollte. Ist das in Eisenstadt überreichte Exemplar mit einer handschriftlichen Widmung an den Fürsten versehen, so mag er seine Gründe gehabt haben, wenn die Messe im Druck zuerst Zmeskall, dann *einem Frauenzimmer* zugedacht war und nachdem dies *jetzt geheiratet ist,* endlich dem Fürsten Kinsky dediziert wurde; aber nur wenige Tage vor dessen tödlichem Reitunfall kam sie fünf Jahre nach ihrer ersten Aufführung bei Breitkopf & Härtel heraus.

Machte im Frühjahr 1808 eine Nagelwallentzündung eigenes Spiel unmöglich, so erschien Beethoven doch unter den Gratulanten, die Haydns 75. Geburtstag mit einem ehrenvollen Konzert feierten. Inzwischen war bei ihm ein Zustand völliger Ungebundenheit, die so oft von ihm ersehnte «Freiheit», eingetreten, die ihn nun zu keinem Entschluß bringen ließ. Tastendes Suchen nach Opernstoffen ließ ihn bald «Macbeth», «Faust», «Bradamante» erwägen; zum Jahresende sind es indische Singspielvorschläge eines Orientalisten, ein Oratorienbuch «Die Sündfluth», und einzelne notierte Einfälle mögen durch das eine oder andere Projekt veranlaßt worden sein. Daneben gewinnt ein neues Symphoniepaar feste Form: im Frühjahr 1808 liegt die *Fünfte* beendigt vor, die *Sechste* entsteht in Heiligenstadt. Im Dezember fand eine Akademie statt, in der die neuen Symphonien zur Aufführung gelangten, dazu Teile der Esterházy-Messe als *Hymnen*, eine schon in Prag komponierte Arie: *Ah perfido,* das vierte Klavierkonzert. Und als genügte das nicht, fügte er – innerhalb der Dezemberwochen vor dem Konzert – die *Chorphantasie,* die sogenannte «kleine Neunte», hinzu. Nebensächliche Reibereien führten zur Mitwirkung einer unerfahrenen Sängerin an Stelle der Milder, unzulängliche Proben beeinträchtigten dabei den Eindruck namentlich der vokalen Anteile derart, daß Reichardt als Ohrenzeuge wünschte, «den Mut gehabt zu haben, früher hinaus zu gehen» – angesichts zweier Symphonien, die heute zu den bekanntesten und beliebtesten gehören! Eingehende Berichte über das Konzert haben sich nicht erhalten. Brachte die Akademie einigen Gewinn, verhieß die Übernahme der beiden Symphonien, der Messe und anderer durch Breitkopf & Härtel weitere Einnahmen, so zwang die Rückzahlung einer Schuld an den Bruder zu einer Anleihe beim «Industriekontor». Wenn auch in anderen Konzerten Werke Beethovens zur Aufführung kamen, so dürfte er selbst empfunden haben, wie weit seine eigene Lage vom Jubelgefühl des C-dur-Finales seiner *Fünften,* von *heiteren Empfindungen* des lustigen Zusammenseins und vom Frohmut der *Pastorale* entfernt war, wenn er auf der Basis dieser Art von «Unabhängigkeit» in Wien bleiben wollte. Aber kurz zuvor hatte ihn das Angebot des Königs von Westfalen, Napoleons jüngstem Bruder Jérôme, erreicht, mit einem Gehalt von 600 Golddukaten als Hofkapellmeister nach Kassel zu kommen – eine Sensation in der ganzen musikalischen Welt. War die Berufung zwar durch einen deutschen Kammerherrn überbracht worden, so läßt sich vorstellen, wie es die durchweg habsburgtreuen Mäzene Beethovens schauderte, als dessen Absicht bekannt wurde, das Angebot anzunehmen. Daß er in der Tat ernstlich mit dem Gedanken spielte, geht aus einem Brief an Härtel hervor: *Endlich bin ich denn von Ränken und Kabalen und Niederträchtigkeiten aller Art gezwungen, das noch einzige deutsche Vaterland zu verlassen... Ich habe eben heute (am 7. Januar 1809) meine Zusicherung, daß ich komme, auf der Post abgeschickt und erwarte nur noch mein Dekret, um hernach meine Anstalten zur Reise, welche über Leipzig gehen soll, zu treffen. Deswegen, damit die Reise desto brillanter für mich sei, bitte ich Sie... noch nichts bis Ostern von allen meinen Sachen (den neuen Werken) bekanntzumachen...* Noch das Kuvert dazu wird

Seite aus Beethovens eigenhändiger Partitur
der 6. Symphonie (Pastorale), op. 68, 2. Satz

beschrieben: ... *einige Winke könnte man immer in der Musikalischen Zeitung von meinem Weggehen von hier geben – und einige Stiche, indem man nie etwas rechtes hier hat für mich tun wollen.* Selbstverständlich erfuhr davon zuerst die Gräfin Erdödy, bei der Beethoven wohnte, und es gilt als sicher, daß sie es war, die eine Aktion in die Wege leitete, um Beethoven in Wien zu halten. Die nächsten, die sich bereits mit praktischen Vorschlägen befassen, sind Gleichenstein und Zmeskall. Schon sieht ein *Entwurf einer musikalischen Institution* einen kaiserlichen Titel für Beethoven vor, wie ihn Eybler und Salieri besaßen; und es war Beethovens eigener Wunsch, Mitglied des Theaterdirektions-Ausschusses zu werden, mit der Garantie für regelmäßige Akademietage, im Anklang an sein Gesuch vom Dezember 1806. Während er einerseits den *Schein, als wenn ich einen Gehalt für nichts bezöge,* vermieden wissen wollte, dachte er doch praktisch genug an einen Paragraphen, der auch die Erben der Vertragspartner zur Weiterbezahlung verpflichten sollte. Ein Konzept von der Hand Gleichensteins zitiert Beethovens «Patriotismus für sein zweites Vaterland» und spricht von «hohen und höchsten Persönlichkeiten», die Beethoven aufgefordert hätten, die Bedingungen bekanntzugeben, unter welchen er zu bleiben gesonnen sei; sie wurden schließlich auf 4000 Gulden festgesetzt. Ein Vertrag darüber konnte schon am 26. Februar dekretiert werden. Damit verpflichtete sich Erzherzog Rudolf zur jährlichen Zahlung von 1500 Gulden, Fürst Lobkowitz von 700 und Fürst Kinsky von 1800 fl., «auf Lebenslänge».

Die erste Reaktion Beethovens bestand in Reiseplänen – nach Leipzig, dann mit dem Tenor Röckel, seinem ersten «Florestan», in die deutschen Hauptstädte, nach England und Spanien. Aber es sollte bei der Feststellung eines seiner Freunde bleiben: «Beethoven hat nicht gereist», wiewohl ihn die Idee, eine «Kunstreise» zu unternehmen, nie mehr verläßt. Sodann liest man in einem Brief an den in seine Schwarzwälder Heimat abgereisten Gleichenstein: *Nun kannst Du mir helfen eine Frau suchen!,* wobei mehr als wahrscheinlich ist, daß Beethoven damit bereits bestimmte Vorstellungen verband. Als im Jahr zuvor sein verehrter Arzt Dr. Schmidt gestorben war, trat an dessen Stelle Dr. Malfatti, der Onkel zweier anmutiger Nichten, Anna, die heimliche Verlobte Gleichensteins, und Therese. Noch vor dem Dekretabschluß war für Gleichenstein die respektable, melodiefreudige Violoncellsonate op. 69 geschrieben und *Inter Lacrimas et Luctum* gewidmet worden, gleichzeitig mit den beiden Klaviertrios an die Hausherrin, Gräfin Erdödy – Werke heiterer, wohlgelaunter Art, in denen allenfalls etwas von der *Sehnsucht* mitschwingt, die er, auf Goethes Text, kurz vorher in vier Fassungen geschaffen hatte, *nicht Zeit genug, um ein Gutes hervorzubringen.* Ein letztes Mal vernimmt man aus mehreren Billetts von lebhaftem Musizieren: *Ich spiele gern – recht gern,* so mit Zmeskall, dem *lieben alten Musikgräferl.* Andere Verabredungen gelten Schuppanzigh, dem tüchtigen Cellisten Kraft, der Gräfin Erdödy, bis sie sich seine Ungnade zu-

Gräfin Anna Marie Erdödy, geb. Gräfin Nitzky.
Miniatur auf Elfenbein

zog, als er dahinterkam, daß sie seinem Diener ein Taschengeld zulegte, damit er nicht entlaufe. Die allgemein entfachte Sorge erfaßt auch ihn wieder: man liest von Teuerung infolge des verlorenen Krieges, und Beethoven sieht sich veranlaßt, Simrock um Geld zu bitten, durch *unsere jetzige Lage entschuldigt*.

DER WUNSCH, DASS ER DIE GRÖSSTEN ERWARTUNGEN ÜBERTREFFE

Nichts als Menschenleid... Nichts als Wunden...
(Vom sog. *Yorck*'schen Marsch bis zur *Namensfeier* op. 115)

1809—1815 In diesem Augenblick treten die politischen Ereignisse mit Macht in den Vordergrund. – Der Besetzung Wiens 1805 – zur ersten *Fidelio*-Aufführung – war der Schönbrunner Friede gefolgt, der das Startzeichen zum Wettlauf der deutschen Fürsten um die Gunst Napoleons gegeben und Franz II. zur Niederlegung der Kaiserkrone veranlaßt hatte. Den Feldzug gegen Preußen umschreibt Beethoven im Brief an Härtel vorsichtig mit den *Begebenheiten Ihres Landes*, und die Kunde vom Sieg Napoleons bei Jena soll ihn auszurufen veranlaßt haben: *Schade, daß ich die Kriegskunst nicht so verstehe wie die Tonkunst, ich würde ihn doch besiegen!* Nun, kurz nachdem bekanntgegeben war, daß Beethoven die Berufung nach Kassel abgelehnt habe, fing in den ersten April-Tagen der neue Feldzug an, ohne die Bedrohung Wiens verhindern zu können. Die Beschießung der Stadt durch die Franzosen im Mai vertrieb Beethoven aus seiner Wohnung in den Keller des Bruders, wo er das empfindliche Gehör durch Kissen zu schützen suchte. Ende Juli erfährt der Leipziger Verleger: *Sie irren sich wohl, wenn Sie mich so wohl glauben. Wir haben in diesem Zeitraum ein recht gedrängtes Elend erlebt, wenn ich Ihnen sage, daß ich seit dem 4. Mai wenig Zusammenhängendes auf die Welt gebracht, beinahe nur hier und da ein Bruchstück. Der ganze Hergang der Sachen hat bei mir auf Leib und Seele gewirkt: noch kann ich des Genusses des mir so unentbehrlichen Landlebens nicht teilhaftig werden. Meine kaum kurz geschaffene Existenz beruht auf einem lockeren Grund... Der Himmel weiß, wie es weitergehen wird... Die Kontributionen fangen mit dem heutigen Dato an. Welch zerstörendes, wüstes Leben um mich her! Nichts als Trommeln, Kanonen, Menschenelend in aller Art!* Mit Nebenarbeiten und Kleinigkeiten nimmt er seine Tätigkeit wieder auf: die bei der großen Akademie frei improvisierte Klaviereinleitung zur Chorfantasie wird nun festgelegt, ein Hang zu straffen Rhythmen bestätigt sich in einem Marsch für den neuen *Teutschordensmeister*, der dann für die *böhmische Landwehr* bestimmt wird und allgemein schließlich als *Yorck'scher Marsch* bekannt wurde:

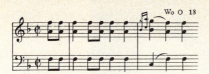

Er befand sich wohl auch in der Sendung, die Erzherzog Rudolf im Jahre drauf als *die verlangte Pferdemusik mit dem schnellsten Galopp* übergeben wurde; wenn man schon seine Wirkungen *auch auf die Pferde versuchen* wolle: *Es sei! Ich will sehen, ob dadurch die Reitenden einige geschickte Purzelbäume machen können. Ei, ei! ich muß doch lachen, wie E. K. Hoheit auch bei dieser Gelegenheit an mich denken*... Aber erst nach zwar kurzem Aufenthalt auf dem Land, in Baden wieder, läßt sich der gemäße Rahmen wiederfinden: dann entstehen miteinander die *Lebewohl*-Sonate, das letzte Klavierkonzert und das «Harfenquartett» op. 74. Die gleiche Jahreszahl tragen die Variationen für den treuen Adlatus Oliva (über das Thema des Türkischen Marsches), die große Fantasie für Franz von Brunsvik, die von ihm selbst mit besonderem Stolz vorgewiesene Fis-dur-Sonate für Therese von Brunsvik und neben manch Beiläufigem endlich die «klassische» Schauspielmusik zu *Egmont* (1809/10). Wie vergeblich, wollte man nach Gemeinsamkeiten suchen! Überwiegen zwar besinnliche Sätze, empfindet man gelegentlich einen Anflug von Aphoristik, so erstehen vielleicht schon im nächsten Satz gewaltige Führungen von endlos scheinendem Atem. Und zuletzt steht man im Banne der Akkordschläge, mit denen die *Egmont*-Ouvertüre unwiderstehlich in die Achtel-Serpentinen zwingt und unaufhaltsam in den Strudel ihrer Konflikte hineinreißt. Mit leisem Bedauern erfährt man von Plänen, die der Patriotismus vorübergehend hochspielt, etwa zu einem Schlachtengemälde... *als Gesang*... *auf die Schlacht Jubelgesang*... *Angriff*... *Sieg*... und zu einem Wehrmannslied *Österreich über alles* (Text von Collin). Die Ereignisse kamen der Vollendung zuvor, und rasch findet er bald zu sich selbst zurück mit Notierungen zu einem Konzert in d-moll, zu einer *Overture*, in der er bei der Wiederkehr des Kopfmotivs es zu Sechzehnteln gerafft wiederholen will –

Neben einer Skala «dissonierender Vorhalte» steht als Plan ein *Denkmal Johann Sebastian Bach Quintett*:

Therese von Brunsvik, Beethovens Schülerin. Ölgemälde von Johann Baptist Lampi d. Ä., 1806

Ein Franzose, der Baron de Trémont, dem es nur durch den Empfehlungsbrief von Reicha gelang, von Beethoven empfangen zu werden, meint, es hätte eines Balzac oder Dickens bedurft, «um Person und Kostüm des großen Mannes genau zu schildern». Mag auch der erst nach seinem Tode veröffentlichten Beschreibung seines Zusammenseins in vieler Hinsicht zu mißtrauen sein, so enthält sie doch Beobachtungen, die sich mit Schilderungen anderer decken: «... ein sehr häßlicher und ... schlecht gelaunter Mann öffnete ... seine Improvisationen haben auf mich vielleicht den gewaltigsten musikalischen Eindruck meines ganzen Lebens gemacht. [Sie] plauderten dann über Philosophie, Religion, Politik und besonders über seinen Abgott Shakespeare ... B. war kein homme d'esprit ... von Natur zu schweigsam ... seine Gedanken ruckweise, zwar immer groß und edelmütig, aber nicht selten unrichtig ... sehr belesen ... Studium der griechischen und lateinischen Schriftsteller ... sein Klavierspiel war nicht korrekt ... Ich fragte ihn, ob er nicht Lust habe, Frankreich kennenzulernen ...» *Ich habe es mir immer lebhaft gewünscht ... bevor es sich einen Kaiser gab ...* Am österreichischen Kaiserhofe gälte Beethoven als ausgesprochener Republikaner. Der Hof protegiere ihn durchaus nicht, «... Napoleon hatte er aufs höchste verehrt ... Dennoch beschäftigte Napoleons Größe den Meister lebhaft ... das Joch der Liebe ... Giulietta ... Gräfin Erdödy ... Ich kenne auch den Gegenstand seiner dritten Leidenschaft, aber ich darf ihn nicht nennen ...» Vieles davon wird fast gleichzeitig von Reichardt bestätigt, der ihn außerdem sowohl in Konzerten wie beim Musizieren in Privathäusern erlebte: «Glücklicher Künstler, der solcher Zuhörer gewiß sein kann ...» Bemerkenswert sind seine Beobachtungen über Wiedergaben der *Coriolan*-Ouvertüre, die ganz allgemein als «außerordentlich schön» galt. Reichardt hörte sie im Rahmen eines Liebhaberkonzerts «in drei ziemlich kleinen Zimmern», wo die «übermächtige, gigantische» alles Vorhergegangene wieder zerstörte, ein zweites Mal im kleinen Redoutensaal, wo sich die «herkulische... besser ausnahm... Mir kam dabei die Bemerkung, daß Beethoven sich selbst noch besser darin dargestellt als seinen Helden.»[1]

In der Hoftheaterdirektion hatte sich inzwischen wieder ein Wechsel vollzogen, und auf Wunsch des neuen Direktors dirigierte Beethoven in jenem September, als Napoleon in Wien weilte, in einem großen Wohltätigkeitskonzert seine *Eroica*; aber am Tag zuvor hatte der *Eroe*, dem sie ursprünglich zugedacht war, Wien verlassen.

Vielleicht als eine Frucht dieses Konzerts fiel Beethoven der Auftrag zu, für das Hoftheater eine Schauspielmusik zu Goethes «Egmont» zu schreiben. Die Vorarbeiten währten bis in den Juni 1810 hinein, begleitet von persönlichen Erregungen, die einem Lied wie Clärchens *Freudvoll und leidvoll* viel eigene Herzensangst mitzuteilen geeignet waren. Im März 1809 war Albrechtsberger, im April Freund Breunings junge Frau, im Mai Haydn dahingegangen – dieser kurz nach der Beschießung Wiens, so daß er bereits bestattet war, als die Nachricht von seinem Tode bekannt wurde. In Gleichensteins Abwesenheit hatte sich erst Zmeskall der Haushaltsnöte des Hilfsbedürftigen angenommen, dann Franz Oliva, vielleicht der Sohn eines Esterházyschen Hornisten, ein in Geschäfts- und Banksachen erfahrener, gebildeter, junger Mensch, der sich auf viele Jahre hinaus um seine Korrespondenz verdient machte. Er führte Verhandlungen mit Verlegern, traf Vorbereitungen zu Konzerten und Veranstaltungen und wurde zum Dank, wie bereits Gleichenstein und Zmeskall, mit einer Widmung beehrt. – Ein kleiner Ärger, in dem Aufregungen mit einem *Fratscherlweib und ein paar elenden Kerls* eine ungewisse Rolle spielen, führte nach dem kurzen Landaufenthalt nicht zur Gräfin Erdödy zurück, sondern in eine neue Wohnung, erst in der Walfischgasse, dann *im Klepperstall*. Seine *gewöhnliche Krankheit*, die *Gedärmentzündung*, durch Überempfindlichkeit gegenüber raschen Temperaturwechseln ausgelöst, überfiel ihn gleich im Dezember und nochmals im Januar 1810. Die politische Lage führt zur Verschlechterung aller Lebensverhältnisse; die Sprengungen der Wiener Wälle belästigen sein Ohr: *Verfluchter Krieg!*, stöhnt er. *Hätte ich nicht irgendwo gelesen, der Mensch dürfe nicht freiwillig scheiden von seinem Leben, so lange er noch eine gute Tat verrichten kann, längst wär' ich nicht mehr – und zwar durch mich selbst* (an Wegeler, Mai 1810). Schon bald liest Freund Brunsvik: *O unseliges Dekret, verführerisch wie eine Sirene, wofür ich mir hätte die Ohren mit Wachs verstopfen sollen lassen und mich festbinden, um nicht zu unterschreiben*... Etwas unverhofft erhält er nun für die vor drei Jahren an Clementi übergebenen Noten 200 £ Sterling ausbezahlt. Der inzwischen hierher zurückgekehrte Gleichenstein hat sofort neue Wäsche, Halstücher und dergleichen zu besorgen.

---

[1] Th. Wohnhaas hat ihrer Interpretation eine beachtungswürdige Studie gewidmet, die an Hand von Schallplattenaufnahmen über Diagramme eine Tempodifferenz von 50 % ergab, bei einem Mittelwert von ♩ = Mälzels Metronom 80, obgleich Beethoven Allegro con brio vorschreibt, ein Zeitmaß das er an anderer Stelle mit ♩ = 92–100 MM angibt.

Therese von Malfatti, spätere Baronin von Drosdick

Der Schneider erhält 300 fl. Die vertraute Pasqualatische Wohnung wird wieder gemietet. Und wenn Zmeskall wiederholt um seinen Spiegel gebeten wird, da er – Beethoven – in der gleichen Lage sei *wie Herkules bei der Königin Omphale*, so spricht daraus die Laune des Verliebten. Daß es diesmal ernsthafter sei als je zuvor, ist unschwer einem an Wegeler gerichteten Brief zu entnehmen, mit dem er ihn bat, seinen Taufschein zu besorgen, da er sein Familienbuch verloren habe. Mehrere Billetts an Gleichenstein geben vorerst mehr zu raten als Gewißheit: *Grüße mir alles was dir und mir lieb ist, wie gerne würde ich noch hinzusetzen, und wem wir lieb sind??? wenigstens gebührt mir dieses ?-Zeichen ... sei glücklich, ich bin's nicht ... Da ich mit meiner Zeit nicht auslange diesen Morgen, so komme ich gegen Mittag zum Wilden Mann im Prater, ich vermute, daß ich dort keine wilden Männer sondern schöne Grazien finden werde ... Wenn ich Dich ... heute Vormittag ... irgendwo, wo es auch immer sein mag, sprechen könnte ... Hier die S(onate) die ich der Therese versprochen ... empfehl mich ihnen allen, mir ist so wohl bei ihnen allen, es ist, als könnten die Wunden, wodurch mir böse Menschen die Seele zerrissen haben, wieder durch sie könnten geheilt werden.* Und endlich ein Brief an «sie» selbst, an Therese Malfatti: *Sie erhalten hier, verehrte Therese, das Versprochene ... es wäre wohl zuviel gebaut auf sie oder Meinen Wert zu hoch angesetzt, wenn ich ihnen zuschriebe «Die Menschen sind nicht nur zusammen wenn sie beisammen sind, auch der Entfernte, der Abgeschiedene lebt uns». Wer wollte der flüchtigen alles im Leben leicht behandelnden T. so etwas zuschreiben? ... ich lebe sehr einsam und still, obschon hier und da mich Lichter aufwecken möchten, so ist doch eine unausfüllbare Lükke, seit sie alle fort von hier sind, in mir entstanden ... Empfehlen Sie mich dem Wohlwollen Ihres Vaters, Ihrer Mutter, obschon ich mit Recht noch keinen Anspruch drauf machen kann – ... vergessen Sie das Tolle – seien Sie überzeugt, niemand kann Ihr Leben froher, glücklicher wissen wollen als ich und selbst dann, wenn Sie gar keinen Anteil nehmen ...* Dazugehörig wohl die Zeilen an Gleichenstein: *... drücke alle warm ans Herz – warum kann meines nicht dabei sein? ... der Brief ist so geschrieben, daß ihn die ganze Welt lesen kann ... handle auch für Deinen treuen Freund Beethoven.* Eine Spanne der Ungewißheit tritt ein: *Du lebst auf stiller ruhiger See oder schon im sichern Hafen – des Freundes Not, der sich im Sturm befindet, fühlst du nicht – oder darfst du nicht fühlen – was wird man im Stern der Venus Urania von mir denken, wie wird man mich beurteilen, ohne mich zu sehen – mein Stolz ist so gebeugt ... wenn Du nur aufrichtiger sein wolltest, Du verhehlst mir gewiß etwas – Du willst mich schonen und erregst mir mehr Wehe in dieser Ungewißheit ... dem Papier läßt sich nichts weiter, von dem, was in mir vorgeht, anvertrauen ...* Es scheint, die Entscheidung fiel rasch: *Deine Nachricht stürzte mich aus den Regionen des höchsten Entzückens wieder tief herab. Wozu denn der Zusatz, Du wolltest mir es sagen lassen, wenn wieder Musik sei? Bin ich denn gar nichts als Dein Musikus oder der andern? ... Nein, nichts als Wunden hat die Freundschaft und ihr ähnliche Gefühle für mich. – So sei es denn, für dich, armer B., gibt es kein Glück von außen, du mußt dir alles selbst erschaffen, nur in der idealen Welt findest du Freunde (Freude?) – Ich bitte Dich, mich zu beruhigen, ob ich selbst den gestrigen Tag verschuldet ...* Mancherlei Noten umranken die Beziehungen – wie die von Therese selbst begonnene Kopie des *Mignon*-Liedes, die Beethoven vervollständigte und mit dem Text versah: *Nb. Die Ver-*

schönerungen der Fräulein Therese in diesem Lied hat der Autor gewagt an das Tageslicht zu befördern; anderes, einst in ihrem Besitz, ist überliefert – so *Clärchens Lied*, und es darf als sicher gelten, daß die Überschrift des bekannten Klavierstücks «Für Elise» verlesen ist und *Für Therese* heißen müsse. Kuhlau, 1825 Beethovens Gast, durfte sich dadurch zu seiner Sonatine op. 88,3 inspirieren lassen:

Friedrich Kuhlau, Allegretto con affetto

Die mehr als 20 Jahre jüngere Therese heiratete einige Jahre später einen Hofrat von Drosdick und überlebte Beethoven um zwei Dutzend Jahre; fällt zwar ihr Name kein einziges Mal mehr, so glaubt man, das Streichquartett op. 95, das in jenem Sommer entstand und im Oktober fertig vorlag, spiegle die Gefühle, die ihn nach dem Zusammenbruch seiner Hoffnungen beherrscht hätten. (Schering nennt als poetische Vorlage «Othello».) Die nachstehenden Satzanfänge sind in der Tat geeignet, ebensowohl Textunterlegung wie körperliche Gesten herauszufordern, wiewohl sich weder in den Skizzen noch in der endgültigen Fassung ein dienstbares Wort findet.

Einzig Breuning teilt kurze Zeit später Wegeler mit: «... Beethoven ... ich glaube, seine Heiratspartie hat sich zerschlagen ...»

Vielleicht im selben Mai oder in den ersten Juni-Tagen, *in einem Augenblick, wo der Mißmut ganz mein Meister war*, führte ihm der Zufall eine andere Frauengestalt in den Weg, die nicht zu Unrecht als die namhafteste aller «Frauen um Beethoven» gelten darf: Bettina Brentano. Damals bereits Freundin und Braut Achim von Arnims, auch sie wesentlich jünger als Beethoven, gab sie vermöge einer der Lyrik und Musikalität zugewandten Einbildungskraft eine ideale Gesprächspartnerin für ihn ab. Obwohl nur «in Gefühlen begreifend», «in Bildern schildernd», interpretierte sie allerdings hemmungslos hinein, was ihr die reiche Phantasie eingab. Damit darf, was sie in Worten darüber hinterließ, dubios erscheinen. Als Schwester *eines der edelsten Menschen*, Franz Brentanos, hatte sie in dem Beethoven wohlvertrauten Birkenstockschen Hause Quartier genommen, und als es sie zu ihm drängte, genügte die Nennung ihres Namens, um mit offenen Armen empfangen zu werden. Wenn man ihr zwar zur Last legt, daß zwei der drei Briefe, die ihr Beethoven geschrieben habe – in der Art ihres erdichteten Buches «Goethes Briefwechsel mit einem Kinde» (1835) – zumindest stark ergänzt und stilisiert wurden und gerade

Bettina von Arnim. Radierung von Ludwig Emil Grimm

sie entscheidend zur «Romantisierung» des Beethoven-Bildes geführt haben, so steht fest, daß Beethoven von ihrer Persönlichkeit außerordentlich stark beeindruckt wurde. Überdies bestätigen Goethes Worte (vom 25. Juni 1811) Beethoven, daß sie sich wie niemand sonst für ihn eingesetzt hatte: «Die gute Bettina Brentano verdient wohl die Teilnahme, welche Sie ihr bewiesen haben. Sie spricht mit Entzücken und der lebhaftesten Neigung von Ihnen und rechnet die Stunden, die sie mit Ihnen zugebracht, unter die glücklichsten ihres Lebens.» Echt ist ebenso ohne Zweifel ihr Brief an Anton Bihler, einen Schüler ihres Schwagers von Savigny. Läßt man die Schilderung des Wohnungsinterieurs beiseite, so bietet sie genug des gut Beobachteten: «Seine Person ist klein ... braun, voll Blatternarben, was man nennt: garstig, hat aber eine himmlische Stirn ...» Mit Mühe sei er ans Instrument zu bringen: «Plötzlich hatte er alle Umgebung vergessen; wenn er aber gerade komponiert hat, so ist er ganz taub, und seine Augen sind verwirrt im Blicke auf das Äußere ... so daß er in der tiefsten Einsamkeit lebt ... er macht erst großen Plan und richtet seine Musik in eine gewisse Form, nach welcher er nachher arbeitet. Warum ... ich dieses schreibe? weil ich ... glaube, daß Sie wie ich Sinn und Verehrung für ein solches Gemüt haben ... weil ich weiß, wie unrecht man ihm tut, gerade weil man zu klein ist, ihn zu begreifen ...» Ein unbestechliches Zeugnis für den Eindruck, den Beethoven von den gemeinsam mit ihr verbrachten Stunden bewahrte, sind seine Worte an sie: *Ihren ersten Brief habe ich den ganzen Sommer mit mir her-*

umgetragen, und er hat mich oft selig gemacht... Sie heiraten liebe Bettine... was soll ich denn von mir sagen «Bedaure mein Geschick» rufe ich mit der Johanna aus... was die Zuneigung (belangt), *so hat die Schwester* (des Clemens: Bettina!) *davon eine so große Portion, daß dem Bruder nicht viel übrig bleiben wird... nun leb wohl, liebe, liebe Bettina, ich küsse dich auf deine Stirne und drücke damit, wie mit einem Siegel, alle meine Gedanken für Dich, auf. – Schreiben Sie bald, bald, oft Ihrem Freund Beethoven.* (10. Februar 1812) War es also ihr Verdienst, der Begegnung Beethovens mit Goethe den Boden bereitet zu haben, ihr persönliches Pech, infolge einer Verärgerung Goethes davon ausgeschlossen zu sein, so fällt auf das Verhältnis zwischen ihr und dem «Freundlosen» kein Schatten, zumal das Maß der Zuneigung die Grenzen einer solennen Freundschaft, einer Wahlverwandtschaft, nicht überschritten haben dürfte.

Wollte Beethoven in eben jenem Mai längst auf dem Lande sein, so hinderte ihn daran «sein Herr», der Erzherzog, der in Schönbrunn residierte und Beethoven um sich haben wollte. Daneben täglich *neue Nachfragen von Fremden, neue Bekanntschaften, neue Verhältnisse... manchmal* – so erfährt Zmeskall – *möchte ich bald toll werden über meinen unverdienten Ruhm, das Glück sucht mich und ich fürchte mich fast deswegen vor einem neuen Unglück... wir werden uns hoffentlich so wiedersehen, daß Sie finden, daß meine Kunst in der Zeit wieder gewonnen hat.* Aber auch Mitte Juli, als gerade eine erste Sendung der *Schottischen Lieder* druckreif geworden war, ist er noch in Wien. Endlich im August, nach umfangreichen Korrekturarbeiten, mit einer Kinskyschen Nachzahlung von 2000 fl. in der Tasche, konnte er sich nach seinem geliebten Baden begeben. Waren es auch hier vorwiegend Veröffentlichungspläne, die ihn beherrschten – unter anderem die Aussicht, bei Breitkopf & Härtel eine autorisierte Gesamtausgabe seiner Werke herauszubringen –, so erwog er einen Augenblick lang des *unglückseligen Gehörs* halber sich auch den Winter über bei einem Bauern einzumieten, um dem Trubel des Stadtlebens für immer zu entgehen. Bald aber entdeckte er selbst: *Ohne irgend doch eine menschliche liebe Gesellschaft wäre es auch nicht möglich auf dem Lande zu leben.* Hier sammelte er die Einfälle zu seinem Klaviertrio op. 97, einer «Pastorale per camera» (Schering münzt Wielands «Oberon» auf das thematische Geschehen, mit Hüon und Amanda auf dem Scheiterhaufen, dem Tanz der sarazenischen Sklaven zu Hüons Zauberhorn, einer Hochzeitsmusik, Hüons Aufbruch zum Turnier und der Wiedervereinigung des Paars – und dies angesichts einer Melodik, die schlichter und unmittelbar sprechender nicht gewählt werden konnte!). Als letztes Werk dieser Gattung steht es, bis an den Rand voll schöner und edler Linienführung, in der Reihe der großen Legate, die Beethoven der Welt geschenkt hat.

Einige Formulierungen seines «Dekrets» mochten Spekulationen wachrufen. Eine Klausel verlangte, «seinen Aufenthalt in Wien... oder einer anderen... in den Erbländern... liegenden Stadt» zu nehmen und diesen Aufenthalt «nur auf Fristen zu verlassen, welche

Geschäfte oder der Kunst Vorschub leistende Ursachen veranlassen». Eine andere drückte den Wunsch aus, «daß er die größten Erwartungen übertreffe», was ihn bei seiner Veranlagung eher zu lähmen als zu inspirieren geeignet war. Wie um die Begrenzungen auf die Probe zu stellen, erfährt man nun zum Jahresende von seiner Absicht, einer Berufung nach Neapel zu folgen, in Verbindung mit neuen Opernabsichten; es bedarf keines weiteren Wortes, um festzustellen, daß es bei den Plänen blieb.

Im März des neuen Jahres (1811) lag das Klaviertrio op. 97 vor; dann tritt eine «schöpferische Pause» ein, und noch im August stehen nur Verlagskorrespondenzen im Vordergrund, da man die Arbeit an den englischen Liedern für Thomson nicht als ein ihm gemäßes Schaffen betrachten kann. Durfte sich Beethoven dabei auf die Umschreibung seines Auftrags vom November 1806 beziehen, so blieb dabei des Merkwürdigen genug. Thomson hatte ihm 1809 erstmals 43 walisische und irische Melodien ohne Texte zugesandt, zu denen also Ritornelle und Instrumentalbegleitpartien zu erfinden waren. Die Textunterlegungen sollten ohne Mitwirkung des Komponisten allein durch den Herausgeber veranlaßt werden. Zum Teil war Beethoven nicht einmal der Stimmungscharakter der Lieder bekanntgegeben worden. Vor ihm hatten bereits Kozeluch und Pleyel, später auch Haydn, sogar C. M. von Weber gleichartige Lieferungen für Thomson übernommen; Beethoven brachte es schließlich auf über 125 Beiträge dieser Art. Da ihn das Sujet dazu anregte, auch nach außerenglischen Stoffen zu forschen, finden sich unter seinen Liedbearbeitungen zum Beispiel Tiroler Gesänge wie *Wann i in der Früh aufsteh, I bin a Tyroler Bua* und *Ih mag di nit nehma, du töppeter Hecht*. Als er Thomson nicht im Zweifel gelassen hatte, daß der Auftrag eine Sache sei, *welche dem Künstler kein großes Vergnügen bereitet*, beantwortete er Thomsons neuerliches Ersuchen um «leichtere Ausführung» mit der Forderung «schwereren Honorars».

Rheumatische Beschwerden veranlaßten ihn, in diesem Jahre ein «kräftigeres» Bad aufzusuchen. Das Verlangen, endlich Goethe begegnen zu können, entschied wohl die Wahl von Teplitz. Oliva war bereits im April nach Leipzig gereist, wo er in Beethovens Auftrag mit Härtel verhandelte, von da nach Weimar, mit einem Begleitschreiben an Goethe: ... *ein Freund von mir, ein großer Verehrer von Ihnen (wie auch ich), ihnen für die lange Zeit, daß ich Sie kenne (denn seit meiner Kindheit kenne ich Sie) zu danken – das ist so wenig für so viel – Bettine Brentano hat mich versichert, daß Sie mich gütig, ja freundschaftlich aufnehmen würden... Sie werden nächstens die Musik zu Egmont... erhalten... ich wünsche sehr Ihr Urteil darüber zu wissen, auch der Tadel wird mir für mich und meine Kunst ersprießlich sein und so gern wie das größte Lob aufgenommen werden...* Hatte Beethoven offenbar damit gerechnet, daß Brunsvik mit ihm reise, weil er seines schlechten Gehörs halber nicht auf einen Begleiter verzichten wollte, so sah sich Brunsvik gehindert, und Beethovens Abreise verzögerte sich dadurch bis in den

*Fürst Ferdinand Kinsky.
Lithographie von Josef Kriehuber*

August. Indessen scheint ihn Oliva in Teplitz erwartet zu haben. Er war es dann auch, der Beethoven mit einem Kreise recht anregender Kurgäste bekannt machte: mit dem jungen Schriftsteller Varnhagen von Ense und seiner geistvollen Freundin Rahel Levin, mit dem Dichter Tiedge, dessen Gedicht «An die Hoffnung» Beethoven besonders schätzte, mit der Gräfin von der Recke, Tiedges als Schriftstellerin bekannter Freundin. Rahel scheint Beethoven ungewöhnlich fasziniert zu haben, und ihr gelang es mühelos, ihn zum Instrument zu führen, vielleicht auch zum Musizieren mit der Berliner Sängerin Amalie Sebald, die sich in der Gesellschaft der Gräfin befand. Was konnte näherliegen, als von Textbüchern zu sprechen!

Vielleicht war es mehr der Wunsch, mit Rahel in Verbindung zu bleiben, der ihn von ihr die Übersetzung und Bearbeitung eines französischen Melodrams erbitten ließ. Vielleicht konnte er den Text des Oratoriums vorweisen, der gerade im Druck war, vielleicht hatte er Kotzebues «Ruinen von Athen» und «König Stephan» mitgebracht, zu denen er für die Eröffnung des neuerbauten Pester Theaters die Musik beizusteuern hatte. Der dazu vorgesehene Termin, der 4. Oktober als Namenstag des Kaisers, hinderte ihn am längeren Verweilen im Bad. Auf der Heimreise soll es zur Einkehr beim Fürsten Lichnowsky in Grätz gekommen sein – vielleicht war er statt dessen beim Grafen Oppersdorf, um von da im nahen Troppau der Aufführung seiner C-dur-Messe beizuwohnen und anschließend zum Erstaunen aller auf der Orgel frei zu fantasieren.

Die Arbeiten für die beiden Kotzebueschen Spiele beanspruchten seine Schaffenskraft bis in den September hinein – nicht allzuviel also für zwei Ouvertüren und 17 Nummern, hinter denen sich jedoch durchaus mehr verbirgt, als man gemeinhin, infolge ihrer «Nicht-Aufführung», annehmen könnte. Immerhin wurde auch Kotzebue mit der Anregung zu einer Opernidee nicht ausgelassen: *möge sie romantisch, ganz ernsthaft, heroisch-komisch, sentimental sein, freilich am liebsten ein großer Gegenstand aus der Geschichte... und besonders aus den dunklen Zeiten z. B. des Attila...* Inzwischen hatte sich für die Pester Festivitäten eine Verschiebung bis in den nächsten Februar ergeben, und Beethoven fand damit Zeit, im

Freundeskreise zu tafeln, mit Zmeskall und Brunsvik, am liebsten im «Schwanen», wenn er nicht bei Breuning zu Tisch war. Billetts, mit Kraftausdrücken gewürzt, markieren vielleicht mehr die Dualität, den Widerstreit zwischen Sein und Scheinen seines Gemütszustandes: ... *betrachten doch viele* – schreibt er an Therese von Brunsvik – *ein Heldenstück mit Vergnügen, ohne auch das mindeste Ähnliche damit zu haben.* Und auf Zmeskall poltert er drauflos: *Verdammtes ehemaliges Musikgräferl – Faschingslump ... Federschneider ... Schwungmann!* Ihm sei er *ganz teuflisch gewogen und verflucht ergeben. Wen's juckt, der kratz sich in dieser österreichischen Berberei. Ich bin leider immer zu frei und Sie nie* ... Nichts umfaßt sein Wesen in diesem Augenblick mehr als das eine Wörtchen: «leider». Leider ist durch das sogenannte «Finanzpatent» die Dekretsumme auf 1600 fl. zusammengeschmolzen und er ein *armer, österreichischer Musikant*. Leider muß er zusehen, wie er seine Werke unterbringt. Noch ist ihm im Augenblick das Glück hold, und bei Breitkopf & Härtel erscheint seit der Cellosonate für Gleichenstein fast die ganze Reihe von op. 69 bis 86, in den Jahren 1810/11 sind es nahezu zwei Dutzend Drucke, unter ihnen die Ouvertüren zu *Egmont* und *Leonore* (Nr. 3). Schon war ein neues Symphonie-Paar in Angriff genommen, wie Härtel kurz vor der Beendigung der *Siebten* im Mai 1812 erfährt. Um diese Zeit aber macht er sich zur zweiten Reise nach Teplitz bereit, die denkwürdiger als die vorhergegangene werden sollte. Schon am 2. Juli befand er sich in Prag, wo ihn Fürst Kinsky empfing. Nebenbei – oder hauptsächlich – ging es um dessen Anteil an der Dekretsumme. Oliva hatte aus diesem Grunde schon vorher an Varnhagen geschrieben und erreicht, daß sich Kinsky dem günstigeren Modus der erzherzoglichen Zahlungsweise anglich, aber es sollte sich bald rächen, daß man versäumt hatte, sich eine schriftliche Bestätigung geben zu lassen. Drei Tage später – es sind wohl die geheimnisvollsten seines Lebens – traf er in Teplitz ein, wo sich der kaiserliche Hof samt Marie Louise, der Gemahlin Napoleons, und zahlreichen Potentaten aufhielten, während fast gleichzeitig die Armeen zum Marsch nach Rußland aufgebrochen waren.

Goethe, 1819. Gemälde von Georg Dawe

Aus dem Gästebuch weiß man, daß sich im gleichen Jahr auch Lichnowsky, Goethe, die Brentanos, Arnim, Varnhagen, Tiedge, von Savigny und Frau Sebald mit Tochter hier einfanden, nicht alle zur gleichen Zeit, sondern den Ort in Rücksicht auf die verordnete Kur wechselnd, wie Beethoven: zu Ende des Monats begab er sich nach Karlsbad, am 8. August ins Franzensbad bei Eger, einen Monat später nach Teplitz zurück. Das *Fürstengeschmeiß* ignorierte er, wenn man glauben darf; er beklagt sogar, daß *nicht so interessante Menschen als voriges Jahr* anwesend seien – Tiedge und Recke waren zu seiner Zeit bereits abgereist. Dann aber kam es endlich zu der ersehnten Begegnung mit Goethe. Aus Bettina war inzwischen Frau von Arnim und in Goethes Augen «eine leidige Bremse» geworden, nachdem sie seine Frau Christiane in taktloser Weise beleidigt hatte. Daher ist nun allerdings ihren ohnedies widerspruchsvollen Äußerungen, zumal über Gespräche zwischen dem «Wort-» und dem «Tondichter», sehr zu mißtrauen. Feststeht, daß Goethe erst Mitte Juli eintraf und Beethoven bereits am 19. eine Visite abstattete, wobei sie zum Tage darauf eine gemeinsame Spazierfahrt nach Bilin verabredeten, daß sie mindestens am 21. und 23. abends in Beethovens Quartier beisammen waren, wobei Beethoven ausgiebig in die Tasten griff: «Er spielte köstlich!» War es ohnedies Goethes Meinung, daß «die Würde der Kunst ... bei der Musik vielleicht am eminentesten erscheint, weil sie keinen Stoff hat, der abgerechnet werden müßte», so erfährt Zelter von ihm: «Sein Talent hat mich in Erstaunen gesetzt; allein er ist leider eine ganz ungebändigte Persönlichkeit, die zwar nicht Unrecht hat, wenn sie die Welt detestabel findet, aber sie freilich dadurch weder für sich noch für andere genußreicher macht. Sehr zu entschuldigen ist er hingegen und sehr

Bad Teplitz um 1806

zu bedauern, da ihn sein Gehör verläßt, was vielleicht dem musikalischen Teil seines Wesens weniger als dem geselligen schadet. Er, der ohnedies lakonischer Natur ist, wird es nun doppelt durch diesen Mangel.» Dürftiger sind Beethovens Reflexionen, dem Erzherzog gegenüber: *Mit Goethe war ich viel zusammen*, im Brief an seinen Leipziger Verleger: *Göthe behagt die Hofluft zu sehr, mehr als es einem Dichter ziemt*. Aber noch nach einem Dutzend Jahren merkt man ihm an: «Er ist ein großer Verehrer Goethes; gern erinnert er sich an die Zeit, welche er mit diesem berühmten Dichter in Karlsbad verlebte.» Bettinas Behauptung, Beethoven habe dem Dichter «den Kopf gewaschen», erst weil er sich nur «tief gerührt» zeigte in der Manier des Berliner romantischen Publikums statt «Zeichen des Beifalls» zu geben, dann wegen seiner devoten Haltung bei der Begegnung mit der kaiserlichen Familie, dürfte allerdings kaum völlig aus der Luft gegriffen sein, auch wenn die Beethoven in den Mund gelegten Worte stark aufgeputzt erscheinen. Wenn sie ihn aber sogar sagen läßt: «Ich gab kein Pardon und hab ihm alle seine Sünden vorgeworfen, am meisten die gegen Sie, liebste Bettine...», so hat man mit Recht auf den Widerspruch hingewiesen, der sie einerseits im Brief an den Fürsten Pückler behaupten läßt: «Nachher kam Beethoven zu uns gelaufen und erzählte uns alles... daß er Goethe'n so geneckt habe», während dieselben Behauptungen im (erdichteten) Briefe Beethovens an sie von «Teplitz, August 1812» stehen, obwohl sich Beethoven im August überhaupt nicht in Teplitz aufhielt. Hier hat sich ihre Phantasie fraglos überschlagen.

Eine Serie von acht munteren Billetts an Amalie Sebald kennzeichnet ein zwar launiges Intermezzo, dem als «Thema» kaum mehr als eine harmlose, herbstliche Schwärmerei zugrunde lag, vielleicht um ein Erlebnis abklingen zu lassen, das ihn in jenen drei Tagen der Herreise überfallen hatte und mit dem erregendsten Dokument seiner Leidenschaftlichkeit in Verbindung zu bringen ist: mit dem Brief an die *unsterbliche Geliebte*. Zwar werden vielerlei Zweifel allein durch die unzulängliche und dazu vielleicht irreführende Datierung genährt. Schon der Umstand, daß sich der Brief zusammen mit sieben Bankaktien und dem Bild der Gräfin Therese von Brunsvik in einem Geheimfach seines Kleiderschranks vorfand, läßt völlig offen, ob er nie abgesandt, ob er zurückgegeben oder unbestellbar war. Die Erwähnung eines *Esterházy*, der mit acht Pferden dieselben mühseligen, aufgeweichten Straßen zurückzulegen hatte wie Beethoven mit nur einem Doppelgespann, Angaben über die Postabfertigung und anderes, dazu die ungestüme, «Werther» nachempfundene Sprache, ekstatischer Ausdruck von Gefühlen – sie geben Rätsel auf, die seit der Auffindung des Briefes die Phantasie nicht müde werden ließen. Nicht verwunderlich, daß es keine Frauengestalt aus den Lebenskreisen Beethovens gibt, die nicht schon als vermutliche Empfängerin in Betracht gezogen worden wäre, obgleich mit der Ergründung nicht allzuviel gewonnen wäre: selbst wenn man sich mit einem nicht viel mehr als unzulänglichen Bilde ihrer Persönlichkeit

*Gräfin Josephine Deym, geb. von Brunsvik.
Miniatur von unbekannter Hand*

zufrieden geben müßte, schließen sich Spekulationen auf die möglichen Auswirkungen in Beethovens Leben und Schaffen vollends aus. Allerdings begegnen in den zuletzt (von J. Schmidt-Görg) veröffentlichten «13 Briefen...» an Josephine Deym, die Schwester von Franz und Therese von Brunsvik, Wendungen wie: *O mögen Sie doch einen Wert darauf legen, durch Ihre Liebe meine Glückseligkeit zu gründen – zu vermehren – o geliebte J.! Nicht der Hang zum andern Geschlecht zieht mich zu Ihnen; nein, nur Sie, Ihr ganzes Ich mit allen Ihren Eigenheiten haben meine Achtung – alle meine Gefühle*

– mein ganzes Empfindungsvermögen – an Sie gefesselt! Datieren sie allerdings aus den Jahren, als Josephine bereits Mutter von vier Kindern und verwitwet war, so bekunden Äußerungen der beiden Schwestern in Briefen und Tagebüchern, daß es sich wohl um mehr als Freundschaft gehandelt haben müsse. Die jüngste, Charlotte, findet es «un peu dangereux», daß Beethoven täglich zur Schwester kommt, zumal ihm enthusiastische Verehrung bereits entgegenschlug, als er 1799 mit der Mutter und den beiden älteren Schwestern bekannt und bei ihnen eingeführt worden war. Etwas überschnell war damals Josephine nach nur vierwöchiger Bekanntschaft mit dem fast dreißig Jahre älteren Grafen Deym verheiratet worden, der sich eines Duells halber jahrelang in Italien aufgehalten hatte und nun als «Hofstatuarius Müller» ein gutbesuchtes Kunstkabinett unterhielt. Sollte schon diese Ehe nicht glücklich werden – und Deym starb 1804 –, so drängte Therese – die nach Aussage einer alten Hausgenossin einst selbst mit Beethoven verlobt gewesen sein soll – darauf, daß Josephine «die Kraft habe, nein zu sagen». Mutterliebe muß sie bewogen haben, am 14. Februar 1810 eine zweite Ehe mit einem in russischen Diensten stehenden Baron Stackelberg einzugehen. Aber gerade kurz vor Beethovens Einkehr in Prag in jenem Juli 1812 war es zu einer Trennung Stackelbergs von Josephine gekommen. So kann wohl der Varnhagen als Entschuldigung, *den letzten Abend in Prag nicht mit Ihnen zubringen zu können* dienende *Umstand, den ich nicht vorhersehen konnte,* im Zusammentreffen mit Josephine bestanden haben. – Sonderbare Vorstellungen über «die Moral der Menschen», eines Künstlers gar, müssen walten, wenn man schließen will, «daß nicht sein kann, was nicht sein darf», wenn man das Dogma für stärker als die alle Vernunft überrennende Kraft der Gefühle hält, «die Triebe des Herzens» – wobei man freilich völlig außer acht läßt, daß es nur Indizien sind, auf denen die Hypothese mit der Folgerung beruht, Josephine müsse die Adressatin jenes Briefes gewesen sein. Zwar war ihr Tiedges Lied *An die Hoffnung* komponiert: *Die du so gern in heil'gen Nächten feierst und sanft und weich den Gram verschleierst, der eine zarte Seele quält,* und dem Fürsten Lichnowsky geriet damals, 1805, versehentlich das Josephine gewidmete Exemplar in die Hände, so daß Beethoven sie deshalb beschwichtigen mußte. – Jetzt, in Teplitz – wenn der Brief hier geschrieben wurde –, gewänne manche der Formulierungen ihre besondere Bedeutung: *Warum dieser tiefe Gram, wo die Notwendigkeit spricht... Kannst du es ändern, daß du nicht ganz mein, ich nicht ganz dein bin... die Liebe fordert alles und ganz mit Recht, so ist es mir mit dir, dir mit mir... wären wir ganz vereinigt... das Übrige müssen die Götter schicken, was für uns sein muß und sein soll... / Du leidest, du mein teuerstes Wesen... / zu dir, meine unsterbliche Geliebte... Leben kann ich entweder nur ganz mit dir oder gar nicht... Sei ruhig, nur durch ruhiges Beschauen unseres Daseins können wir unsern Zweck zusammen zu leben erreichen... ewig dein – ewig mein – ewig uns...* Als man nach Beethovens Tod Therese den

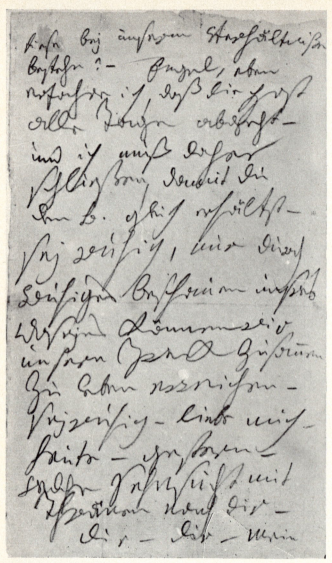

«Brief an die unsterbliche Geliebte»

Brief zeigt, zweifelt sie keinen Augenblick daran, daß er ihrer Schwester gegolten habe: «... was hätte sie nicht aus dem Heros gemacht!», soll sie gesagt haben, «Josephines Haus- und Herzensfreund! Sie waren für einander geboren und lebten beide noch, hätten sie sich vereint.» – Ein Töchterchen, Minona, das am 8. April des darauffolgenden Jahres zur Welt kam, soll sich auffallend von den übrigen

Geschwistern unterschieden haben und in besonderer Weise von Therese betreut worden sein, als sie ein Kinderasyl in Ungarn gründete und schließlich 80 verlassene Geschöpfe versorgte. Und ein Fräulein von Stackelberg – ungewiß, ob es sich um Minona handelt – befaßte sich mit Arrangements zeitgenössischer Klavierwerke. Josephine aber starb bereits 1821. «Ob sie nicht Strafe leidet wegen Luigis Weh», meinte die Schwester. In Beethovens Papieren wieder finden sich die Selbstbekenntnisse: *Ergebenheit, innigste Ergebenheit in dein Schicksal! ... O harter Kampf! ... Du darfst nicht Mensch sein, für dich nicht, nur für andre: für dich gibts kein Glück mehr als in dir selbst, in deiner Kunst ... Auf diese Art mit * geht alles zugrunde.* Und im Mai darauf, 1813: *O schreckliche Umstände, die mein Gefühl für Häuslichkeit nicht unterdrücken, aber deren Ausübung! O Gott ... laß es nicht länger so dauern!* Nach vielen Jahren endlich, ausgelöst durch die Begegnung mit Josephines gleichfalls zeitweise verehrter Cousine Giulietta Guicciardi, steht das bekannte Wort: *Wenn ich hätte meine Lebenskraft mit dem Leben s o hingeben sollen, was wäre für das Edle, Bessere geblieben?* Dann erst hat er die Resignation überwunden und die Unteilbarkeit seines Loses erkannt.

Kaum in Wien angelangt, offenbar von der Krankheit geheilt, die ihn zuletzt am öfteren Zusammensein mit Amalie Sebald gehindert hatte, muß er eine Nachricht vorgefunden haben, die ihn veranlaßte, Freund von Gleichenstein zu fragen: *Wie kann man am geschwindesten und wohlfeilsten nach Linz kommen?* Schon am 5. Oktober wurde dort bekanntgegeben, daß Beethoven, der «Orpheus und größte musikalische Dichter unsrer Zeit», hier eingetroffen sei. Sein Bruder Johann, der Apotheker, hatte die Schwägerin eines in seinem Hause wohnenden Arztes zur Haushälterin genommen; sie hatte aus einer früheren Verbindung bereits eine Tochter. Ob Beethoven zur Hochzeit geladen war oder nur kam, um sie zu vereiteln? Erst viele Jahre später liest man in einem Konversationsheft: *schon meines Bruders Heirat beweist sowohl seine Unmoralität als seinen Unverstand ...* Jedenfalls vermied er hier jeglichen Eklat, musizierte im Hause eines musikliebenden Grafen, schrieb für den Domkapellmeister drei Trauermusiken (Equale) zu Allerseelen und beendete hier die Niederschrift der *Achten Symphonie,* deren Entwürfe noch weit genug von der schließlichen Fassung entfernt waren:

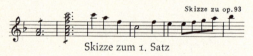

Skizze zu op. 93

Skizze zum 1. Satz

Erst zu Ende des fünfwöchigen Aufenthalts fand dann die Trauung statt, und zwei Tage später war Beethoven nach Wien zurückgekehrt, gewiß nur, um rechtzeitig zum Saisonbeginn am Ort zu sein. Hier hatten sich der Geiger Pierre Rode auf der Rückreise von Petersburg eingefunden und Spohr mit seiner Gattin, der berühmten Harfenistin Dorette Scheidler. Bereits im Dezember kam es im Zu-

Beethoven 1814, Stich von Blasius Höfel nach Louis Létronne

sammenspiel von Rode mit dem Erzherzog zur ersten Aufführung der letzten Violinsonate, op. 96, die alles frühere «an Popularität, Witz und Laune» übertreffen sollte. Daneben harrten inzwischen die beiden neuen Symphonien ihrer Einführung, die dann allerdings überlang auf sich warten lassen sollten. War noch eben die bekannte Büste durch Franz Klein entstanden – Beethoven glaubte bei der Prozedur des Gipsabdrucks ersticken zu müssen –, so galt der letzte Brief in diesem bewegten Jahr einem traurigen Ereignis: der erst einunddreißigjährige Fürst Kinsky war plötzlich umgekommen und die Trauer um ihn traf auch ihn *auf eben so sonderbare als... empfindliche Weise*.

Die nächsten zweieinhalb Jahre gehen nahezu wieder ausschließlich an die «Welthistorie» – von Moskau bis Waterloo –, ohne Beethovens Begleitmusiken dazu unsterblich werden zu lassen. Zunächst fast dauernd krank, hat er nur zu klagen: wegen der ausstehenden Vertragsgelder, wegen einer nicht zustande gekommenen Akademie, und ein plötzliches Fieber führte sogar dazu, daß er einmal *gänzlich ohne Bewußtsein war*. Rechnete er noch mit «Ulysses Wiederkehr», einem Opernbuch Th. Körners, so gestatten die Kriegsereignisse nur Wohltätigkeitsveranstaltungen, zu denen er gelegentlich beiträgt, wie auch zu einem Trauerspiel «Tarpeja», das zum Benefiz von Mozarts Schwager Lange aufgeführt wird. Wenn er glaubte, dem «Vaterland» ein Opfer bringen zu sollen, so mußte er an Mälzel geraten, den ingeniuesen Technikus, Erfinder eines «mechanischen Trompeters» und des «Panharmonikons», eines automatischen Harmoniums, der dauernd auf der Suche nach wirkungsvollen «Tongemälden» war. So schmiedeten sie gemeinsame Pläne, die in einer Kunstreise nach London gipfelten. Ende Mai, von Baden aus, kehrt Beethoven wiederholt in der Steinschen Pianoforte-Fabrik ein, wo Mälzel experimentiert. Dessen Idee war es, «Wellingtons Sieg bei Vittoria» durch Trommelmärsche und Signale der gegnerischen Truppen darzustellen, das «Rule Britannia» sowie den «Marlborough»-Marsch zu verwenden und das «God save the King» zu fugieren. Als Muster konnte er den gerade auf die Walzen übertragenen «Brand von Moskau» vorweisen. Schon im August saß Beethoven über der Komposition für Mälzels Orchestrion. Um die Reise- und Frachtkosten einzubringen, schlug Mälzel eine Akademie vor, zu der der zweite Teil «Sieg» vom Orchester dargeboten werden sollte. Im November hatte Beethoven alles Notenmaterial bereit, und die beiden ersten Aufführungen im Dezember trugen einen Reinerlös von 4000 fl. zugunsten der bei Hanau verwundeten österreichischen Krieger ein. Reiche Einnahmen gewährten auch zwei Wiederholungen im Januar und Februar, und da zur Darstellung der verschiedenen Kriegsgeräte, des «Kanonen- und Gewehrfeuers», allerlei Schlagzeuge zu dienen hatten, war man auf die freiwillige Mitwir-

Büste Beethovens von Franz Klein, 1812

kung von Künstlern angewiesen. Dazu fanden sich keine Geringeren bereit als der greise Salieri, daneben Spohr, Mayseder, Romberg, Pixis, Dragonetti, Hummel, Moscheles, Meyerbeer sowie das Schuppanzigh-Quartett, eine Vereinigung von namhaften Musikern also, die einer besseren Sache wert gewesen wäre. Die allgemeine Siegesfreude, durch die Meldungen von der Schlacht bei Leipzig und dem inzwischen erfolgten Rhein-Übergang erhöht, trug zur Vergrößerung des Jubels bei. Der Beifall muß unvorstellbare Ausmaße angenommen haben, wenn auch Kenner sich ob dieser «Verirrung seiner Muse» höchst verwundert zeigten.

Irgendwelche Mißverständnisse hatten rasch zu einer Entzweiung mit Mälzel geführt, zu einem «Plakatkrieg» sogar, als es jenem hinter Beethovens Rücken gelungen war, sich das Notenmaterial der ganzen «Siegessymphonie» zu besorgen und sie in München zur Aufführung zu bringen. Damit setzte sich Mälzel jedoch in die Lage, seine Reise nach London fortzusetzen. Daß eine dem englischen Prinzregenten gewidmete und rasch übersandte Abschrift trotz unzähliger Bemühungen ohne jegliche Antwort, geschweige

Konzertsaal der Klavierfabrik Streicher in Wien. Lithographie von F. X. Sandmann nach G. Lahn

denn Honorierung blieb, konnte Beethoven zeitlebens nie verwinden. In Wien aber hat er sich ausgerechnet mit diesem Werk eine unvergleichliche Popularität erworben, und Mädchen beispielsweise, denen er vom Baum Kirschen abkaufen wollte, nahmen kein Geld, denn: «Wir haben Sie wohl gesehen im Redoutensaal, als wir die schöne Musik von Ihnen hörten.» Nun reißt man sich um alles, was er komponiert hat, und in Konzertveranstaltungen der Juristen, der Mediziner, der Deutschmeisterkapelle, in Akademien und zu Benefizzwecken kommt es zu ungezählten Aufführungen seiner Werke. Am schönsten sollte sich das derart erwachende Interesse zugunsten des *Fidelio* auswirken, den sich die Hoftheater-Inspizienten zu ihrem Benefiz ausbaten. Beethoven erklärte sich bereit unter der Bedingung, die Oper vorher neu überarbeiten zu können. Dazu liegen zahlreiche Skizzen vor, und ungezählte Billetts an den Regisseur und Theaterdichter G. Fr. Treitschke spiegeln das Ausmaß: ...*die Oper erwirbt mir die Märtyr-Krone? hätten Sie nicht sich so liebe Mühe damit gegeben, und so sehr vorteilhaft alles bearbeitet, wofür ich Ihnen ewig danken werde, ich würde mich kaum überwinden können!* Als Ende Juni der neue Klavierauszug bei Artaria angekündigt wurde, durfte wohl behauptet werden, daß *beinahe kein Musikstück sich gleich geblieben und mehr als die Hälfte der Oper ganz neu componiert worden ist.* Unversehens steigt mit der Wiederkehr der Schaffenskraft das Selbstvertrauen: *Will man mich, so hat man mich, und dann bleibt mir noch die Freiheit, ja oder nein zu sagen. Freiheit!!! Was will man mehr?* Waren es – nach Napoleons Abdankung – abseitige Gelegenheitsgaben: für einen Magistratsbeamten, zu Ehren Dr. Malfattis, zuletzt ein *Elegischer Gesang* für den Hausherrn Pasqualati, so reizt die zweite Jahreshälfte mit ihren Festivitäten zur Verherrlichung des Wiener Kongresses. Erst rafft er sich zu einem Chor auf für die verbündeten Fürsten: *Ihr weisen Gründer glücklicher Staaten*, dann folgt die Kantate *Der glorreiche Augenblick: Europa steht* (die gedruckte Partitur füllt 200 Seiten!), neben Kanons und Liedern.

«Pizarro will Florestan erstechen». Szene aus «Fidelio».
Stich von V. R. Grüner, 1815

Im April erklingen die Uraufführungen der neuen Werke, so durch Schuppanzigh das neue Klaviertrio op. 97: «... wer nicht ganz Kunstkenner ist, wird beinahe durch die Menge der Schönheiten erdrückt.» Klagt Moscheles, nachmals vielgerühmter Pianoforte-Komponist, über den Mangel an Reinheit und Präzision von Beethovens Klavierspiel, obwohl es noch «viele Spuren eines großen Spieles» zu erkennen gebe, so trat dieser künftig nur noch ausnahmsweise am Instrument hervor. Von mancherlei Veranstaltungen abgesehen, war inzwischen zu Ende Mai 1814 *Fidelio* im Kärtnertor-Theater zur Einstudierung gelangt, noch ohne die neue Ouvertüre, die Beethoven nach Angabe seines Arztes Dr. Bertolini im «Römischen Kaiser» auf die Rückseite der Speisekarte entworfen, aber nicht rechtzeitig zu Ende gebracht hatte. Jetzt endlich kam es dahin, daß Beethoven vom ersten Akt an «stürmisch vorgerufen und enthusiastisch begrüßt» wurde; im Oktober zählte man bereits die sechzehnte Wiederholung und einen Monat später kam *Fidelio* unter Carl Maria von Weber in Prag heraus. Neben musikalischen Gelegenheits-Kleinigkeiten war dem Bruder des Fürsten Lichnowsky, dem Grafen Moritz, eine Klaviersonate übereignet, op. 90, die – nach Schindlers Angabe – dessen Liebesroman malte, den «Kampf zwischen Kopf und Herz» und die «Konversation mit der Geliebten». Schließlich, mit Beginn des Kongresses, hob die glanzvolle Reihe von Akademien und Veranstaltungen zu Ehren der anwesenden Fürsten an, auch solcher in den Gemächern des Erzherzogs, wo Beethovens Kantate und die beiden neuen Symphonien ein festliches Publikum und starken Applaus fanden. Verwunderlich trotz der Nachbarschaft ihrer Entstehung die Charakterunterschiede zwischen der «überlegenen» *Siebten* und der «verspielten» *Achten Symphonie* – jene hochoffiziös, feierlich, diese privaterer, intimerer Art –, dennoch sind sie deutlich als Gegenstücke zu empfinden.

Pausenlos geleiteten die Empfänge, Soireen und Bälle in das neue Jahr hinüber, obgleich inzwischen eines der kostbarsten Häuser, das Rasumowskysche, am Tage vor Neujahr nach einem Bankett für 700 Gäste samt allen hier angesammelten Kunstschätzen in Flammen aufgegangen war. Ende Januar wurde der Geburtstag der russischen Kaiserin, einer badischen Prinzessin, mit großem Gepränge in der Burg gefeiert; bei dieser Gelegenheit begleitete Beethoven noch einmal selbst das *Fidelio*-Quartett und überreichte in Privataudienz der Zarin die für sie komponierte Polonaise nebst anderen eigens für sie eingerichteten Werken. Zmeskall hatte zur Verhandlung mit ihren Hofchargen die Weisung erhalten: ... *deutliche Auseinandersetzung, daß man wohl was kann, aber nichts will... sollten Sr. Majestät mich wünschen spielen zu hören, wäre es mir die höchste Ehre, doch muß ich voraus um Nachsicht bitten, da ich mich seit mehrerer Zeit mehr bloß der Autorschaft widmete* ... Im März wurde nochmals sein Oratorium wiederholt. Dann – auf die Nachricht von Napoleons Rückkehr – stob die illustre Gesellschaft auseinander.

Gerade noch hatte Beethoven aus den Zeitungen ersehen, daß *Wellingtons Sieg* in London durch Sir Smart aufgeführt worden sei, was er zum Anlaß nahm, um unter Assistenz seines englischen Korrespondenten, des Bankiers Häring, Angebote an Smart gelangen zu lassen, *das Ergebnis vierjähriger Arbeit*, in der Hoffnung, daß wenigstens einige der elf aufgeführten Werke dort verlegt werden könnten. Häring vermerkt dabei: (Beethoven) «spricht fortwährend davon, nach England zu gehen»; er aber fürchte, daß es ihm seine Taubheit nicht gestatten werde. – Nach Napoleons Niederwerfung beschloß Beethoven den Reigen seiner patriotischen Beiträge mit einem Schlußgesang: *Es ist vollbracht!* zu einem Singspiel Treitschkes, das anläßlich der Feier des Sieges von Waterloo im Sommer aufgeführt wurde. Eine Ouvertüre zum Namenstag des Kaisers war nicht rechtzeitig fertig geworden und erklang daher erst im Dezember zusammen mit *Meeresstille und glückliche Fahrt*, Goethe gewidmet, wobei man

Ursache hatte, die «menschenfreundliche Unterstützung» des Komponisten hervorzuheben, da er die Werke unentgeltlich überlassen hatte.

Damit waren die glanzvollen Tage und Zeiten Wiens ausgeklungen, und die finanzielle Misere des Staates erzeugte in Österreich «die starre Ruhe des Kirchhofs», weit über Beethovens Lebenszeit hinaus. – *Umstände wie Geldaufnehmen*, schon im März, beendigten die Geschäftsbeziehungen zu Breitkopf & Härtel ohne etwa vorausgegangenes Zerwürfnis und zwangen ihn *mit einem Verleger von hier einige Verbindung einzugehen*. Fast gleichzeitig mit jenem Angebot an Smart war es zu einem Übereinkommen mit dem von nun an bevorzugten Verlagshause S. A. Steiner gekommen, von dem im

Beethoven-Porträt von Willibrord Mähler aus dem Jahre 1815

Tobias Haslingers Laden. Aquarell von F. Weigl

April dreizehn Werke übernommen wurden, darunter die *Fidelio*-Partitur und die drei neuen Ouvertüren. Beethoven bescheinigte, daß er *von selbem vollständig befriedigt worden* sei und behielt sich nur die Rechte für England vor. Da in Steiners Geschäft als Musikalienhändler und Verlagsteilhaber bald Tobias Haslinger eintrat, der Beethovens ganz besondere Zuneigung erwarb und sich besser als jeder andere mit ihm zu verständigen wußte, wurde dessen Lokal in der Paternostergasse rasch zum Treffpunkt der «Musikverwandten». Manches hier begonnene Gespräch fand in den benachbarten Gasthäusern und Cafés seine fröhliche Fortsetzung. Wahrscheinlich entsprang es Beethovens Übermut, militärische Dienstgradbezeichnungen des Juxes halber einzuführen – er selbst war der *Generalissimus*, Steiner *General-Lieutenant*, Haslinger *Adjutanterl*, Diabelli *Profoss*, und die ungezählten Billetts an die *Paternostergässler* sind voll Humor und Laune.

Wie schon zur Zeit des Kongresses blieb Wien auch weiterhin das Ziel von Besuchern aus aller Welt, von denen die musikalischen die Stadt nicht verlassen wollten, ohne Beethoven gesehen zu haben. Zeitweise soll Haslingers Laden fünfzig und mehr Besucher gefaßt haben, die dort auf Beethovens Erscheinen warteten, und wenn er auf dem Lande weilte, brachte *Tobias* manch gewichtigen Gast zu ihm. 1815 war er wieder in Baden, wo er die beiden Cellosonaten, vielleicht auch für Klaviertrio die Variationen über W. Müllers Lied «Ich bin der Schneider Kakadu» komponierte – mit einer Kontrast-*Introduzione* tiefsinnigsten Gehaltes. Von Baden aus konnte er die

Gräfin Erdödy im benachbarten Jedlersee, ihrem Sommersitz jenseits der Donau, besuchen, wozu ihm die Gräfin für den Landweg ihre Kutsche zur Verfügung stellte; bezeichnend, daß er das Übersetzen über den Strom vorzog: *Schicken Sie also keinen Wagen – lieber wagen, als einen Wagen!* Schon im Jahre darauf war auch dieses Vergnügen für immer vorüber, da die Gräfin aus nicht durchschaubaren Gründen – Familienkabale? – erst zu einer größeren Reise gezwungen wurde, dann nach Padua und zuletzt nach München verzog. Da im Jahre zuvor Fürst Lichnowsky gestorben war, verließ Beethoven nun den vertrauten Trakt auf der Mölker Bastei. Künftig ist es namentlich Frau Nanette Streicher, die sich seines Haushalts annimmt und ihm schon jetzt eine Wohnung «nach der grünen Bastei» hinaus besorgte, anscheinend in der Nähe des erzherzoglichen Domizils, da er seinem «Herrn mit dem Zaunpfahl winkte»: *Ich nahm die Wohnung, indem ich dachte, daß E. K. Hoheit mir einen kleinen Teil erstatten würden, ohne dieses hätte ich sie nicht genommen.* So sehr ihm nun die Einfälle zuströmen, die er notiert – zu einer Symphonie in h-moll, einem Klavierkonzert, zu Fugen –, die Schaffensliste dieses und des darauffolgenden Jahres 1816 weist nicht viel mehr auf als den Liederkreis *An die ferne Geliebte* sowie die Klaviersonate op. 101, neben Alltagsgezeugtem wie Kanons, dazu schottische Lieder. Vorübergehend hegt er erneut den Wunsch, eine Oper zu schreiben, vielleicht «Bacchus», «Romulus» oder «Pennsylvania». Bei den Notizen finden sich entsprechende Memorial-Vermerke: *Dissonanzen vielleicht in der ganzen Oper nicht aufgelöst; h-moll schwarze Tonart; den ersten besten Satz erfinden, auf Harmonie gebaut.* Schließlich: *Jeden Tag jemanden zum Essen wie Musici, wo man denn dieses und jenes abhandelt.* Insofern mochte ihm der längst annoncierte junge Engländer Charles Neate aus dem Kreis der Londoner Freunde nicht unwillkommen sein; mit ihm durchstreift er dann im Sommer Felder und Wälder. Aus diesen Tagen liest man sein Bekenntnis: *Allmächtiger im Walde, ich bin selig, glücklich im Wald, jeder Baum spricht durch dich ...*

Erst Mitte Oktober kehrt er wieder in die Stadtwohnung zurück, wo zunächst Verlagsangelegenheiten den Vorrang haben. Genau einen Monat später steht er erschüttert an der Bahre seines Bruders Karl, der – erst 38 Jahre alt – nach kurzem Krankenlager an der Schwindsucht starb. Auf Beethovens Anweisung mußte sein Arzt, Dr. Bertolini, nachprüfen, ob das *Ende durch Gift beschleunigt worden* sei. Der Verdacht erwies sich zwar als unbegründet, kennzeichnet jedoch das Mißtrauen gegenüber dieser Schwägerin, der *Königin der Nacht*, wie er sie später nicht ohne Grund nannte. Längst sah ein Testament des Bruders für den Fall seines Ablebens die Einsetzung Ludwigs als *Vormund* für den einzigen Neffen Karl vor, aber im letzten Augenblick hatte er hinzufügen lassen, er wolle durchaus nicht «... daß mein Sohn Karl von seiner Mutter entfernt werde ... daher empfehle ich zum Wohl meines Kindes meiner Gattin Nachgiebigkeit, meinem Bruder aber mehr Mäßigung».

Noten müssen aus Nöten helfen
(Von der *Sehnsucht* bis zu den *Diabelli*-Variationen)

1816—1823 Wenn es Beethoven seinen Zeitgenossen nicht immer leicht machte, sich zu ihm zu bekennen, da jedes neue Werk vor neue Probleme stellte und Rätsel aufgab, so war die persönliche Verständigung mit ihm infolge der völligen Ertaubung nun ganz auf die schriftlichen Mittel beschränkt. Eigenwille, Mißtrauen und Unwirtschaftlichkeit regieren sein *Weltleben*, das nur Alternativen, aber keine Kompromisse kennt. Selbst seine besten Freunde geben ihm zu verstehen, seine Standpunkte seien mit «einer erbärmlichen Welt nicht immer vereinbar». In Geldsachen so unbewandert, daß er sich einen Begriff wie *acceptieren* durch Oliva erläutern lassen mußte, hatte er von Steiner unbeschadet der Honorare ein Darlehen aufgenommen, das schließlich auf 3000 Gulden anwuchs. Dabei waren ihm im Laufe dieses Jahres zufolge der «Dekrets» samt einer Nachzahlung allein über 8000 fl. zugeflossen. Auch in den nächsten Jahren kommt es zu Vorschußleistungen, ohne daß er dahin gelangt, den daran geknüpften Bedingungen zu entsprechen. Zwar wird wiederholt über unehrliches Personal geklagt, von Diebstählen berichtet, und es hat den Anschein, daß sich manche herzudrängten, die dann unrechtmäßig zugriffen, weil ihnen bekannt war, daß es nicht bemerkt würde. Die Umzüge, Doppelkosten für Miete, seine bekannte Großzügigkeit und Hilfsbereitschaft, sie ergeben geradezu das Bild einer Mißwirtschaft, die künftig durch seinen Geiz zugunsten der Versorgung des Neffen noch eine Verschärfung erfahren sollte. Karl war zu diesem Zeitpunkt im zehnten Lebensjahr, und es darf vorweggenommen werden, daß keine einzige aller Bemühungen des Oheims um ihn zu einem Erfolg führte: erst scheiterte der Plan, ihn zum «Künstler» werden zu lassen. Der Reihe nach wechselten seine Berufsziele vom Philologen über den Kaufmannsstand zum Militär, wo er es dann ganze fünf Jahre aushielt. Später verheiratet, Vater eines Sohnes und mehrerer Töchter, versuchte er sich wiederholt erfolglos als Gutsherr und starb 1858, der letzte Namensträger aus dieser Linie schließlich 1917. Damit darf sich das Interesse an diesem umstrittenen *Neffen Karl* auf jene Momente beschränken, die geeignet sind, den Charakter des Oheims und Argumente seines Handelns zu beleuchten.

War zunächst die Mutter als Vormund belassen, so focht Beethoven sofort den Testaments-Nachtrag an und bestand auf der *gänzlichen Ausschließung* der Witwe. Bereits im Laufe des Januar wurde er denn auch als alleiniger Vormund mittels Handschlag verpflichtet und Karl vierzehn Tage später schon in das Institut eines Herrn Giannatasio del Rio gegeben, wo er bis 1819 blieb. Ein inzwischen von der Mutter betriebener Prozeß, der sich in Aktenbelegen wie in romanhaften Darstellungen nachlesen läßt, verdüsterte Beethovens Leben auf Jahre hinaus, bis in den Juli 1820, als die Witwe definitiv abgewiesen wurde.

Ungewollt wird damit der Antritt der Vormundschaft zur Zäsur, zumal Beethoven viele Male bestätigte, wie sehr ihn Aufregungen damit verbundener Art am Schaffen hinderten. Die Werkliste bis zum Ende des Prozesses bestätigt dies völlig. So gibt es schon zu dem 34 Takte umfassenden Liedchen *Sehnsucht,* das 1815/16 entstand, allein sechzehn Ansätze, während daneben außer mancherlei «Spänen» aus der ersten Jahreshälfte lediglich die «Korallen» seines Liederkreises *An die ferne Geliebte* aufleuchten, als Arbeit vom Sommer ab die Sonate *für das Hammerklavier* op. 101, mit der er «eine ganz neue Welt entdeckt» habe. 1817 zeitigt eine Umarbeitung und die Quintettfuge op. 137, 1818 durchweg Untergeordnetes, 1819 die Klaviersonate op. 106, neben den gleichermaßen schleppend anlaufenden Arbeiten an der *Missa* und den *Diabelli*-Variationen; beide wurden 1818/19 begonnen und 1823 erst beendet. Allerdings ist nicht zu verkennen, daß es keineswegs allein die Auswirkungen des Prozesses um den Neffen sind, die das Schaffenstempo dergestalt abbremsten, sondern sich gleichzeitig ein stilistischer Prozeß vollzieht. Ein Blick auf die rund hundert Briefe und Zettel von 1816 lehrt, daß ein erstes Fünftel an Steiner und Haslinger geht, stets mit finanziellen Forderungen verkoppelt, ein zweites an den Londoner Kreis, ausnahmslos auf Erwerb zielend, ein drittes Haushaltsmiseren bloßlegt, ein viertes die Familie del Rio betrifft, wo Karl wohnt. Nur der bescheidene Rest erhebt sich über die Tagessorgen, in Worten an seine «Leonore», die Sängerin Milder, an die Gräfin Erdödy und die Frankfurter Brentanos; dort in der Hoffnung auf ein Libretto von de la Motte Fouqué, hier um den mysteriösen Tod des jungen Erdödy, der nachgehends die Gerichte beschäftigt, wozu sein Trostwort fällt: *Wir endliche mit dem unendlichen Geist sind nur zu Leiden und Freuden geboren und beinahe könnte man sagen, die ausgezeichnetsten erhalten durch Leiden Freude...* Nun läßt sich sein Humor ins Wortspiel verdrängen, gewürzt mit Sarkasmus, oft sogar «komponiert» wie *Tobias Paternostergäßlerischer, bierhäuslicher musikalischer Philister, Ich bin der Herr von zu, Du bist der Herr von von.* Im Hause del Rio richtet er einen Gratulationskanon so ein, daß nach den Worten: *Glück fehl Dir vor allem, Gesundheit auch* eine Pause entsteht, die die Hausfrau sagen läßt, das sei gerade kein schöner Wunsch, worauf er endete: *...niemalen!* Die Bildhaftigkeit seiner Schreibweise setzt sich überall durch: *Meine Haushaltung sieht einem Schiffbruch beinahe ganz ähnlich,* die del Rios werden gefragt, *wieviel Ellen Kasimir mein wohlgelaufener Herr Neffe zu einem schwarzen Beinkleide nötig* habe, und zumal Frau Streicher, geb. Stein, muß allerlei über sich ergehen lassen: *Welcher Streich von Frau von Streicher!... spielen Sie Ihrem Männchen keine Streiche – sondern heißen Sie lieber... Frau von Stein, Wo sind meine Bettdecken?*

Hauschka, Mitbegründer der Gesellschaft der Musikfreunde, liest statt dessen *Musikfeinde,* und so geht es bis in die letzten Jahre hinein, als der Geiger Holz sein Faktotum ist: *Bester Span! Bestes Holz Christi! Holz, Holz geigt Quartette so, als ob sie Kraut eintreten!* Noch unverblümter gibt er sich im Gespräch, bei dem aus dem Vormundschaftsgericht ein *Arschmundschaftsgericht* wird, und die Konversationshefte kargen nicht mit Beispielen, die alle Grenzen der Derbheit überschreiten. Tagebuchartige Selbstgeständnisse erläutern seine Praktiken. Im selben Atemzug mit der Feststellung: *Es ist am mehrsten hinderlich, von andern zu erlangen, wenn man als Lügner erscheint,* steht da: *Gegen alle Menschen äußerlich nie die Verachtung merken lassen, die sie verdienen, denn man kann nicht wissen, wo man sie braucht.* In die Editionspraxis übertragen ergibt sich: *Alle Werke ... behältst du dir vor, dem Verleger den Tag der Herausgabe zu bestimmen, ohne daß die Verleger in London und in Deutschland* (d. h. Leipzig) *sozusagen keiner vom andern weiß, weil sie sonst weniger geben, es auch nicht nötig ist; du kannst zum Vorwand geben, daß jemand anders die Komposition bei dir bestellt hat.* Nach diesem Grundsatz hatte er soeben dem nach London zurückkreisenden Neate an Stelle von drei «neuen» Ouvertüren bereits aufgeführte mitgegeben – zu *König Stephan,* zu den *Ruinen von Athen* und zur *Namensfeier,* worauf Neate eingeschärft wird, «... ja nichts von Beethoven zu kaufen». Birchall, der Verlagskompagnon von Smart, hielt diese Ouvertüren für so unbedeutend, daß er äußerte: «Ich würde sie nicht drucken, wenn Sie mir dieselben umsonst gäben!» – Und Neate hatte dafür bare 75 Guineen bezahlt! Selbst Ries, Beethovens Schüler und Freund, hielt eine davon «seiner unwürdig». Als Birchall vier Werke übernahm, für die der Preis bereits hinterlegt war, forderte Beethoven 5 £ Sterling für Kopie- und Portokosten nach und ließ viele Monate verstreichen, bis er die zur Herausgabe notwendige Eigentumsbescheinigung übersandte, so daß Birchalls Nachfolger keinen Wert auf weitere Beziehungen zu Beethoven legte. Läßt eine Kostenliste allerdings erkennen, daß von den 3400 fl. der Dekret-Einnahme allein 1100 für Miete, 900 für den Bedienten und um 1100 für Karl aufgewendet wurden, so macht dies Spekulationen verständlich wie: *Du mußt ein Kapital haben ... ein Bauerngut, dann entfliehst du deinem Elend. Zum Leben und Aushalten ein Haus in der Vorstadt, auf dem Lande gehts nicht mit Karl.* Hatte er einst dem Bruder unterstellt: *... Sein Leben ist ihm sehr lieb, so wie ich das meinige gern verlöre,* so kennzeichnet es seine jetzige Lage, wenn er niederschreibt: *Alles, was Leben heißt, sei der Erhabenen geopfert und ein Heiligtum der Kunst! Laß mich leben, sei es auch mit Hülfsmitteln! Wenn sie sich nur finden!*

Beim Erzherzog entschuldigte er sich einmal damit, daß ihm in der Stadt, als er ihn gerade aufsuchen sollte, ein Chor einfiel, so daß er sofort nach Hause eilte, ihn niederzuschreiben: es sei seine *üble Gewohnheit von Kindheit an ... erste Einfälle gleich niederschreiben zu müssen, ohne daß sie wohl nicht öfters mißrieten!* Tatsächlich findet sich unter den Skizzen aus diesem Jahr viel Liegengebliebenes, dann. aber doch auch mancher Entwurf zum Liederkreis *An die ferne Geliebte*. Obgleich die Inangriffnahme dieser Komposition spontan auf den «Fund» der Texte hin erfolgte, glaubt man doch wiederum, eine «Gestalt aus Fleisch und Blut» sei angesprochen, vielleicht Rahel Levin, der schon in Teplitz sein Blick und «geheimes Spiel» gegolten hatte. Ein letztes Mal war er ihr im Jahr vor dieser Komposition in Baden begegnet. Rahels Andeutung: «Er hatte geirrt und sich im Ergreifen verwirrt», setzt nur Fragezeichen. Sollen innere Zusammenhänge bestehen, müßten es die locker gefaßten Töne sein, die etwa *Leichte Segler in den Lüften* pastellhaft zart dahingleiten lassen, in der gleichen *innigsten Empfindung* und *sehnsuchtsvoll* wie die der *liebenswerten Dorothea-Cäcilia*, Frau von Ertmann, gewidmete Klaviersonate op. 101. Ein aus der «Ilias» exzerpierter Satz leitet einen neuen Schaffensauftrieb ein: «Daß nicht arbeitslos in den Staub ich sinke noch ruhmlos, nein, erst Großes vollende, wovon auch Künftige hören.» So zwingt er sich nun, *immer von halb 6 bis zum Frühstück* zu arbeiten und *alles abends durchzusehen*. Fast bedauernd bekennt er: *Die genaue Zusammenhaltung mehrerer Stimmen hindert im großen das Fortschreiten einer zur andern.* Während man in seiner Umgebung der Auffassung huldigte, die Taubheit habe seinen Kontakt zur Klangvorstellung zerstört, erweist genaueres Hinhören das Gegenteil, und sein strenger, selbstkritischer Konzentrationswille folgt konsequent eigenen Erkenntnissen: *Wie der Staat eine Konstitution haben muß, so der einzelne Mensch für sich selber eine.* Aus Kants Schriften notiert er sich Analogien, die «Ordnung aus allgemeinen Naturgesetzen», den «Zusammenlauf der Atome», «die vorteilhafte Anlage des Baus», die also von Proportionen und Kräften handeln, wie er sie in der Entsprechung zusammenzwingt. Datiert man etwas konstruktiv den nun ansetzenden «dritten Stil» mit der Arbeit an der «Ertmann»-Sonate, so ist allerdings zu verspüren, wie er sich stärker als zuvor um die Zusammenstimmung aller die Musik umgreifenden Elemente müht. Nun synchronisiert er den melodischen Ablauf mit der metrischen Struktur, der rhythmischen Pointierung, der klanglichen Entwicklung und den dynamischen Abschattierungen, ohne das feste Fundament der überkommenen Form preiszugeben. Dazu kommt ihm dann Diabellis Bitte um e i n e Variation seines Walzers – eines *Schusterflecks*, wie ihn Beethoven einer gewissen Primitivität halber nannte – im richtigen Augenblick. Unbeschadet der Köstlichkeit des Zyklus-Ganzen, bot sich die Arbeit dar wie ein Versuchsfeld, als ein unbegrenztes Übungsgelände. Gleichzeitig mitaufgefordert wurden die beiden Czerny, Förster, Hummel, K. Kreutzer, Moscheles, Mozarts Sohn, Schenk, der Erzherzog und andere. Seine Kunst der Auslegung, die Vielzahl der darin begegnenden Idiome, die man bald für das «Empire» oder «Biedermeier», bald für Klassik oder Romantik beanspruchte, wiewohl sie alle im gleichen Boden wurzeln, präsentiert nichts anderes als den unvergleichlichen Reichtum seiner

In diesem Haus wohnte Beethoven im Sommer 1818 und 1819

Phantasie und der ihm untertan gewordenen Ausdrucksweisen. Nach dem uralten Gesetz, auf daß sich der Wille die ihm gemäße Technik bereite, ringt er um die Verdichtung seines Satzes. Es ist nur naheliegend, daß er von «seinem» Instrument ausgeht, dem Klavier, nun aus Marotte beinahe *Hämmerflügel* getauft, um aus dem Spiel der zehn Finger später das zu vier Stimmen werden zu lassen und dazwischen den «Dom» seiner *Missa* und das «Odeion» seiner *Neunten* zu errichten.

In welch scharfem Kontrast steht der Welt seines ungeminderten «inneren Ohrs» das kümmerliche, ärgervolle Leben gegenüber, das sich seinen Augen darbietet. *In drangvollen Jahren geschrieben*, erscheint in den Jahren darauf, 1817/18, als Hauptarbeit die *Große*

Sonate für das Hammerklavier op. 106, und inmitten des Skizzenchaos liest man abermals: *Ein kleines Haus allda so klein, daß man allein nur ein wenig Raum hat... nur einige Täge in dieser göttlichen Briel... Sehnsucht oder Verlangen, Befreiung oder Erfüllung...* Mit ihren weit über 1000 Takten eine «Monstre»-Sonate eigener Art – deren Format ihn sogar auf diesen oder jenen Satz beim Vortrag verzichten läßt, wenn nur die *fuga a 3 voci, con alcune licenza* bleibt: die «Unvergleichlichgroße» (nach R. Schumann), erst durch Liszt im Konzertsaal heimisch gemacht und in Paris eingeführt, von Richard Wagner bewundert: «Was könnte man dem an die Seite setzen?» Liegen ihr (nach Schering) Szenen aus der «Jungfrau von Orleans» zugrunde? Unantastbar, ist sie nur dem zugänglich, der sie umwirbt.

Eine erneute Festsetzung der Geldwerte hat von den einstigen 4000 fl. 1360 in Silber übriggelassen. Der heranwachsende Neffe versteht bereits die zwischen Vormund und Mutter bestehende Rivalität zu seinem Vorteil auszunutzen und erweist sich beim Landschulbesuch als derart unverträglich, daß er aus der Schule entfernt werden muß. In kritischen Augenblicken flieht er zum Entsetzen des pädagogisch ahnungslosen Ohms zur Mutter, wo als Kind wahrscheinlich eines Untermieters neuerdings eine Halbschwester aufwächst. Trotz allen Mißtrauens gegenüber der *Königin der Nacht* gerät Beethoven ins Schwanken zwischen starrer Ablehnung und menschlichem Entgegenkommen, übernimmt Schulden für sie und erwägt sogar, sie zu unterstützen. Ohrenmaschinen, mit denen er sich abmüht – *die Mälzelsche... ist die stärkste* –, helfen nicht mehr. Gespräche werden nicht mehr von ihm gehört. Als er sich mit Czernys schwerhörigem Vater unterhalten will, lacht er lauthals: *Haha, zwei Taube wollen einander etwas erzählen!* Wechselnd, wie Ebbe und Flut, verbringt er seine Tage: winters in der Stadt, meist kränklich, sommers auf dem Land, wohlgelaunt. Im Frühjahr 1816 treffen ihn die del Rios in Baden, nach einem Auftritt mit seinem Diener, im Gesicht zerkratzt; im Jahr drauf erst in Mödling, dann in Heiligenstadt, im Spätherbst in Nußdorf an der Donau. 1818 zieht er mit Sack und Pack nach Mödling, vergißt unterwegs die Fuhre, so daß sein Transporteur die ganze Habe auf dem Marktplatz ablädt; als er endlich herbeikommt, bringt ihm übermütige Jugend seine Siebensachen bei Mondenschein in das Haus. Aber hier wie dort dreht sich alles um das Mündel, um Karl. Sensibel und kapriziös, kann dieser nach gewiß nicht unberechtigten, aber jäh vorgebrachten Vorwürfen «nicht essen, bevor ich mich nicht ausgeweint habe, es wäre Gift». Von allen, die ihm begegnen, für begabt gehalten, fehlt es ihm durchaus nicht an Interesse, aber an Fleiß und Beharrlichkeit. Er hat stets tausend Ausreden bereit und weiß, daß er «mit dem Onkel machen kann, was er will». Der ist oft in *Verzweiflung* und möchte sein *Leben endigen: Ich betrachte mich so gut wie verloren. Dich zu retten ist kein anderes Mittel als (weg) von hier: nur, dadurch kannst du wieder so zu den Höhen deiner Kunst entschweben, wo du hier in Ge-*

Beethoven um 1818. Ölgemälde von Ferdinand Schimon

meinheit versinkst. Nur eine Sinfonie und dann fort, fort, fort! Derweilen die Gehalte aufgenommen, welches selbst auf Jahre geschehen kann... Dadurch kannst du das große Werk für deinen armen Neffen vollführen. Später Italien, Sizilien durchwandern mit einigen Künstlern. 1818 hatte er vor: *Auf den Leipziger Oktober (zum Tag der Völkerschlacht) ein Nationallied schreiben und dieses alle Jahr aufführen! NB jedes Volk mit seinem Marsch und dem Te deum laudamus.* Immer eindringlicher werden seine Lamentationen: *O höre, stets Unaussprechlicher: höre mich, deinen unglücklichen, unglücklichsten aller Sterblichen! Opfere noch einmal alle Kleinigkeiten des gesellschaftlichen Lebens deiner Kunst!* – Abermals ist es ein Heiligenstädter Produkt, ein Brief an die Gräfin Erdödy, mit dem er im Juni 1817 ausführlich die unhaltbaren Zustände seines Lebens darlegt: die seit Oktober anhaltende Krankheit, die er zeitweise für Schwindsucht hält, den hoffnungslosen Gehörzustand, seine Sorgen um Karl. Die Aussicht, die Gräfin in der (kroatischen?) Heimat besuchen zu können, gibt ihm einige Hoffnung auf Verbesserung seines «Gemütszustandes». Vom eigenen Schaffen – kein Wort!

Zwar müht er sich wie ein Sklave um die schottischen Lieder und wählt unter Texten die *Resignation* eines Grafen Haugwitz: *Lisch aus, mein Licht!* Nur im Mödlinger Sommer 1819 erfindet er – wie zwei Dutzend Jahre vorher – elf Walzer, Menuette und Ländler, auf Bitten der Harmoniemusiker im Gasthaus «Zu den drei Raben», und es ist, als ob er Strauss'sche Effekte vorwegnehme:

Vielleicht war es, nach dem Ärger mit Birchall, der Brief von Ries aus London, der für die Philharmonische Gesellschaft dort zwei Symphonien bestellt und ihm damit neuen Auftrieb gibt. Kurz zuvor hatte ihm die *Prometheus*-Ouvertüre und seine *Achte* in einem Wohltätigkeitskonzert der Juristen enthusiastischen Beifall eingetragen. Große Pläne bewegen ihn weiterhin: die solenne *Messe* zur Inthronisation des Erzherzogs Rudolf als Erzbischof von Olmütz, das von den Wiener Musikfreunden bestellte Oratorium, eine «Bach»-Ouvertüre. Aber statt dessen verkrallt er sich in Fugen, arbeitet er an von niemanden bestellten Klaviersonaten, experimentiert er an Liedvariationen für Klavier *avec accompagnement,* und erst nach der Ouvertüre zur Eröffnung des Josefstädter Theaters greift er die Entwürfe zusammen zur Symphonie, die seine *Neunte* werden soll.

Man muß schon zwei Bilder wie das von Létronne und jenes von Kloeber oder Waldmüller vergleichen, um zu erkennen, was er hinter sich gelassen hat. Von nun an konnte man ihn häufig stark vernachlässigt antreffen, zumal zu Hause, wo er absichtlich seine ältesten Anzüge aufträgt, um Karl – allerdings vergeblich – ein Beispiel zu geben. Die feudalen Vertrauten von einst – Kinsky, Lichnowsky, Lobkowitz – sind tot; Brunsvik lebt auf seinen Gütern, Zmeskall ist selbst häufig krank, Gleichenstein weggezogen, Wald-

1823. Gemälde von Ferdinand Waldmüller

stein entfremdet – ... *Ich kann sagen, ich lebe beinahe allein in dieser größten Stadt Deutschlands* ... Korrespondenzen ersetzen ihm die Freunde nicht. Dankesworte an E. T. A. Hoffmann für *einigen Anteil an mir* lösen keine Weiterungen aus. Der Brieftausch mit den rheinischen Freunden fällt dem Zufall anheim. Breuning ist verstimmt, weil Beethoven seine Ratschläge zur Entlastung vom Joch der Vormundschaft abgelehnt hatte. Selbst Oliva, der ihm ins Gesprächheft schrieb: «Ich war nie auf Sie aufgebracht. Manches aber hat mir wehe getan, weil ich es nicht verdiente», kommt nur noch auf Geheiß. Fast scheint ihm nicht unwillkommen, wenn ihn Fremde aufstöbern, Fragen stellen, die er gar nicht erst abwartet, um munter draufloszusprudeln: *Gewalt, die eins ist, vermag alles gegen die Mehrheit, die es nicht ist* ... *Abgeschlossen soll der Bürger von höheren Menschen sein, und ich bin u n t e r sie geraten* ... *Ich bin gar nichts, aber der Adel hat mehr Respekt vor mir als ich vor ihm* ... *Für wahre Kunst haben die Großen kein Geld* ... Der Neffe, inzwischen sein «Sekretär», rät einmal: «Der Baron... ist Kammerherr beim Kaiser; ich meine nur, du sollst nichts gegen die Regierung sagen...» Die gleichen Konversationshefte werden zu Zeugen mancher Aufregung: irgendwer «hat eben einen abscheulichen Mißbrauch daraus gemacht, daß Sie nicht hören» ... «Ich wollte Sie schon so oft bitten, die Brieftasche besser zu verwahren. War viel drin? Vermissen Sie keine Manuskripte?»

Aber es ist nicht Tristesse allein, die hier das Wort führt. Seine Vorliebe für gute Mahlzeiten, für Delikatessen zumal, kreuzt viele Male auf: «Dies Wirtshaus ist bloß für Leckermäuler» ... «Es heißt nicht, die Kunst geht nach Brot, sondern... nach Wein» ... «Oesterreichische Poesie sind Knödl, Rehrücken mit Himbeer-Salsen.» Kunterbunt stehen hier Notizen beisammen: *Regenschirm, Stiefel, Musik, Weinkeller, Mantel, Landstraße Wohnung von 4 Zimmern.* Oft geht es um die Haushaltung, *die einem Allegro di Confusione ganz ähnlich sieht.* Und die über 60 Schreiben an seine «Samariterin», Frau Streicher, handeln vom Küchenmädchen, das beim Holztragen ein *schiefes Gesicht macht*, obgleich *unser Erlöser auch sein Kreuz auf Golgatha geschleppt hat*, bis herunter zum fehlenden *Abwischfetzen.* Das ist die tägliche Szenerie, die Kulisse, auf die sein Blick fallen muß, wenn er vom Skizzenbuch aufblickt, und *Noten sind besser als Nöte.* Noch hat er zur Kette der *Diabelli*-Variationen das Schlußstück nicht gefunden. Die längst den Verlegern angebotene *Missa* ist noch weit von der endgültigen Gestalt entfernt. Die Bagatellen op. 119 greifen auf uralte Entwürfe zurück und sind nur in Arbeit, weil sie leichter fertigzustellen sind als die «Monstre-Œuvres». Die Klaviersonaten op. 110 und 111 (seit 1821) kann er sich um seinetwillen nicht schenken. Die im November 1822 an ihn ergangenen Aufträge zu Quartetten für Neate und den russischen Fürsten Galitzin aber fesseln ihn mehr als alles andere. Im Frühjahr 1823 endlich sind die Variationen – ein «chef-d'œuvre» nach Galitzin – so weit, daß sie – obwohl längst anderen Verlegern angeboten – Diabelli zum Druck übergeben werden konnten. Als langwierige Korrekturen, durch ein schmerzhaftes Augenleiden Beethovens verzögert, beendigt waren, schätzte sich der Verlag (Cappi-Diabelli-Peters) «glücklich, mit der Ausgabe eines Tonwerkes eröffnen zu können, das in seiner Art einzig ist und ... es auch bleiben wird». Hatte man in Leipzig zuletzt nur noch von seiner Arbeit an den Schottischen Liedern und von Bagatellen gehört, so daß man schloß, er scheine «für größere Arbeiten ... gänzlich abgestumpft zu sein», so lachte er darüber: ...*wartet nur, ihr sollet bald eines andern belehrt werden!* Im Freundeskreise viel erörtert wurde das Oratorienprojekt, das seit 1815 schwelte, durch Zmeskall vermittelt.

Drei Jahre später wurde Hauschka auf die direkte Anfrage, ob Beethoven bereit ist, es für die Gesellschaft der Musikfreunde zu komponieren, geantwortet:

Es mochte ihm dabei so unlieb nicht sein, daß Bernard, der den Text dazu schreiben sollte, damit noch lange auf sich warten ließ. Das von ihm gewählte Sujet – der «Sieg des Kreuzes» – verursachte immer wieder Einwendungen Beethovens und neue Aufschübe, blieb ein dankbares Gesprächsthema bis in das letzte Jahr seines Lebens, ohne daß es je in Angriff genommen wurde. *Wie soll ich mich dafür begeistern!*, soll er gesagt haben.

Gleichfalls noch in die Zeit des Vormundschafts-Prozesses reichen die Anfänge der *Missa solemnis* zurück. Waren Erörterungen seiner *Nicht-Adligkeit*, Vorwürfe «wegen überspannter Ideen und Ergreifung verkehrter Mittel», die man gegen ihn erhob, nicht zur Förderung seiner Schaffensfreude angetan, so stehen die ersten Skizzen zur Messe bei denen zu den *Diabelli*-Variationen und zur Klaviersonate op. 106, die aus dem Frühjahr 1819 datieren. Im Spätjahr, das Beethoven in Mödling verbrachte, will ihn Schindler hier aufgesucht haben: «In einem Wohnzimmer bei verschlossener Tür hörten wir den Meister über der Fuge zum Credo singen, heulen, stampfen.» Nach längerer Zeit ward die Tür geöffnet und «Beethoven stand vor uns mit verstörten Gesichtszügen... seine ersten Äußerungen waren confuse» und seine ersten Worte: *Saubere Wirtschaft, alles ist davongelaufen, und ich habe seit gestern mittag nichts gegessen.* Kurz darauf wollte ihn auch Zelter besuchen, um «den Mann noch einmal in diesem Leben von Angesicht zu sehen, der so vielen Guten... Freude und Erbauung verschafft»; aber es kam nur zu zufälliger Begegnung auf der Landstraße. Sprechende Eindrücke von Beethovens Erscheinung geben die Gemälde von F. Schimon und J. K. Stieler, die zur Zeit der *Missa*-Komposition entstanden sind. Nun, im neuen Jahr (1820), nach gewonnenem Prozeß, noch mit der festen Absicht, die *Missa* rechtzeitig überreichen zu können, war weder mit der Inangriffnahme neuer Werke noch mit der Veranstaltung einer Akademie zu rechnen. Man kennt die Listen der 1818/19 aufgeführten Werke Beethovens und ist erstaunt, darunter wiederholt sogar die *Schlachtsymphonie*, das *Tripelkonzert*, die Chorfantasie, daneben freilich alle Ouvertüren im Verlaufe von 36 Konzerten nachgewiesen zu sehen, wobei Quartettveranstaltungen ebenso unberücksichtigt erscheinen wie solche in den Palais. Längst gehörten seine bedeutenden Werke auch andernorts zum ständigen Repertoire. Es trifft also nicht zu, wenn Beethoven gleich darauf Rochlitz, dem Herausgeber der «Leipziger Musikzeitung», sagt: *Von mir hören Sie hier gar nichts!* Vorerst bestätigte sich, was

Czerny kurz vor dem Prozeßende in das Gesprächsheft eingetragen hatte: «Es ist bekannt, daß Sie nur das beste des Karls wollen, und daß es Ihnen viel Zeit raubt und viel Geld kostet.» Daneben wieder modelliert er Kanons, *Hol euch der Teufel! Bernardus war ein Sankt* (auf den Oratorien-Dichter), *Bester Magistrat, ihr friert* nach dem *Schiffbruch der Magistratischen Brigantine. Signor Abate,* wobei nicht gewiß ist, ob er sich damit an den ohrenheilkundigen Pater Weiß wandte oder den Abbé Stadler ansprach, einen fachkundigen Freund Haydns und Mozarts, den er im Laden Haslingers übermütig um seinen Segen bat, worauf dieser über ihm das Kreuz schlug und dazu murmelte: «Nutzt's nix, so schadt's nix.» Der gewonnene Prozeß läßt dann stürmisch *zur Muse zurückkehren*. Nun entstehen in rascher Aufeinanderfolge die drei letzten Klaviersonaten, op. 109 bis op. 111, «Poeme» reinster Art.: Die E-dur-Sonate, eine «Apotheose des Tanzes», über Motive, die sich tief einprägen – die in As voll überströmender Güte und Empfindung, in Satzgestalten von makellosem Ebenmaß, von intuitiver Eindringlichkeit –, die dritte wie zu einer «Inthronisation seiner selbst als Monarch im Reiche der Töne». Wie unbeschreibbar, unübersetzbar in die Sprache der Buchstaben sie sind, bezeugen wieder Deutungen der 109., die von «verdrießlicher Laune» bis zum «Wunder an Grazie, an Schwung, an Genie» differieren; nicht minder sei die letzte nach den einen «ein langer Blitzstrahl», nach anderen «ein Nirwana», «die Nacht mit ihrem Mysterium und ihrem Schrecken», ganz und gar «Meditation». – Daneben, nach längst vollzogener feierlicher Einsetzung des Erzherzogs zu Olmütz, reift, zeitweise gehindert durch vermehrte Kränklichkeit (Gelbsucht), die *Missa,* schon seit 1820 Gegenstand von Publikations-Spekulationen, zu einer Zeit also, als im entferntesten die Beendigung noch nicht abzusehen war.

Obwohl Beethoven gerade damals den Kauf eines Hauses in Mödling erwog, wozu er die Mittel besaß, so ließ er sich durch Steiner davon abbringen. Statt dessen bezog er in den nächsten vier Jahren – die Sommeraufenthalte eingerechnet – nicht weniger als 15 Wohnungen. Da der Neffe inzwischen nach mancherlei Versuchslösungen im Institut des Pestalozzi-Schülers Blöchlinger untergebracht war, wählte der Oheim tunlichst eine Wohnung in seiner Nähe. Trotz gelegentlicher Beunruhigung durch des Knaben Mutter, die sich nicht scheute, Beethovens Personal zu bestechen, um Karl gegen den Willen Beethovens sehen zu können, kehrte unverkennbar mehr Ordnung im Haushalt ein, seit Anton Schindler – damals halb so alt wie Beethoven – an die Stelle Olivas getreten war, unbezahlter Sekretär, Faktotum, geschäfts- und musikkundiger *Freund,* wie ihn Beethoven zeitweilig selbst bezeichnete. Ein Botengang hatte ihn sechs Jahre vorher zufällig in sein Haus geführt; polizeiliche Schwierigkeiten in Brünn trugen ihm die Anteilnahme des Komponisten ein.

Anton Schindler, Beethovens Adlatus

*Nicolas Simrock.
Lithographie von Weber*

In der Kanzlei von Beethovens Rechtsbeirat gewann er Einblicke in die persönlichen Verhältnisse des von ihm bewunderten «Meisters». Nebenher war er Theatergeiger, später Konzertdirigent, als der er sich nachhaltig für Beethovens Schaffen einsetzte. Schon bald durfte er es sich erlauben, zu mahnen: «Nicht so schwankend sein!» oder: «Sorgen Sie nicht um die Briefe, denn wenn Sie nur Kompositionen haben, greift die ganze Welt gierig darnach!» Es ist auch nicht zu bezweifeln, daß manches von ihm überlieferte Wort fahrlässig irreführte oder mystifizierte, daß ihn sein Gedächtnis vielfach getäuscht haben muß: als er sich unvorhergesehen an Stelle von Rochlitz und Holz berufen sah, die erste Biographie Beethovens zu schreiben, war er dadurch fraglos überfordert. Gewiß ist, daß im engeren, wechselnden Kreise von Beethovens Umgebung beständig rivalisiert und intrigiert wurde, nicht zuletzt auf Kosten von Beethovens Taubheit. Zeigt das einzige von Schindler erhaltene Bild den wohl bereits in den sechziger Jahren stehenden, verhärmten «Tyrannen», der im Wahn lebte, allein über die Aufführungs-Tradition befinden zu können, so sprechen doch zahlreiche Billette Beethovens an ihn zu seinen Gunsten, auch die aufopfernde Hingabe, mit der er seinen «Meister» in seiner schwersten Zeit betreute. Es mag nicht zu entschuldigen sein, daß er über 260 der 400 beim Tode Beethovens noch erhaltenen Gesprächsnachweise vernichtete, zumal er intelligent genug war, ihre Bedeutung ermessen zu können. Im übrigen aber kann nicht verschwiegen werden, daß Beethovens Verhältnis zu ihm nicht weniger schwankte als zu Oliva und den eigenen Brüdern; es war gewiß nicht leicht, seinen wechselnden Wünschen und Absichten zu entsprechen.

Fast gleichzeitig mit Schindler trat aber auch der *Bruder Apotheker* wieder in Beethovens Gesichtskreis, da er auf Grund guter Geschäfte in der Lage war, sich ein Landgut bei Krems, den «Wasserhof» bei Gneixendorf, zu erwerben und zum Winter meist ein Quartier im Wiener Elternhaus seiner Frau zu beziehen; ja zeitweise wohnte später auch Beethoven da. Wie der Neffe Karl galt auch er als «talentiert und etwas eingebildet auf den Ruhm des Komponisten». Dazu gaben Aussehen, Haltung, seine auffällige Art sich zu kleiden, das Ausfahren in eigener Equipage ihm das Air einer Großspurigkeit, die ihm den Titel «Chevalier» eintrug. Ohne Verständnis für die Besonderheit von seines Bruders Schaffen, sah er nur die Hilflosigkeit seines Daseins, aufrichtig bestrebt, ihm gut zu raten, um seine Lage zu verbessern. «Rossini...» – schreibt er 1822 in ein Gesprächsheft – «ist reich durch seine Opern, ich glaube daß du auch mehr Opern schreiben solltest.» Hatte er einmal durch ein Darlehen ausgeholfen, so weigerte er sich beim zweitenmal, da er als kühler Rechner nicht einsah, warum er des Bruders Aktienbesitz schonen sollte. Beethoven selbst, der ihn in raschem Wechsel bald *Bruder Kain*, bald *Liebstes Brüderl* nennt, trug ihm schließlich von sich aus die Übernahme verschiedener Werke an, damit er sie mit Gewinn an die Verleger *verschachern* könne. *Übrigens bist du als Kaufmann immer ein guter Ratgeber.* Dornen in seinen Augen aber waren nur Johanns Frau und deren Tochter, und am liebsten wäre ihm gewesen, Johann hätte sich von ihnen lösen und mit ihm zusammenziehen können. Manches abschätzige Wort über ihn ist nicht wörtlich zu nehmen – so wenn er an Ries im Zusammenhang mit der Ouvertüre *Die Weihe des Hauses* schreibt: *Er kaufte sie von mir um damit zu wuchern, wie ich merke, o frater...* Am deutlichsten zeigen die Verhandlungen um die Vergebung der *Missa*, wie Beethoven verfuhr oder verfahren mußte, um einigen Gewinn zu erzielen. Nachdem erste Notierungen kaum vor der Mitte des Jahres 1819 erfolgt waren, bot Beethoven die Messe Simrock bereits im Februar 1820 an und forderte im März 100 Louisdor, später 200 Dukaten. Franz Brentano wird eingeschaltet, und Simrock weist eine Summe als Vorschuß an, jedoch in Friedrichsdors, die Beethoven nicht anerkennen will. Schon reut Beethoven das voreilige Anerbieten, und da *auch von anderen Seiten mehrere Nachfragen um die Messe* eingehen, gedenkt er Simrock auf andere Weise zu entschädigen. Zwei Jahre später ist die Messe noch nicht fertig, sondern hat inzwischen Ausmaße angenommen, die Beethoven selbst nicht voraussehen mochte und ihn eines Tages bekennen ließen: *So halte ich sie doch für mein größtes Werk*. Inzwischen war sie der Reihe nach Peters, Schlesinger, Artaria, Steiner und Diabelli angeboten worden, mit der Absicht, ein höheres Honorar zu erzielen – der Preis war bereits auf 1000 fl. geklettert. Hatte Beethoven dem Bruder schon vorher wegen vorübergehender «Klemmen» einige Werke gegen Vorschuß angeboten, *wodurch sich für dich ein vorteilhaftes Geschäft machen ließe*, so verschanzte er sich schließlich den drängenden Verlagen gegenüber hinter den Anrechten des Bruders; einige Zeit ist sogar von weiteren Messen die Rede, die er komponieren wolle. Im März 1823 endlich hielt der Erzherzog sein Exemplar in Händen. Eine vorübergehende Entzweiung mit dem Bruder führte zum Plan, sie nicht im Druck, sondern nur in handschriftlichen Exemplaren den großen Potentaten zu offerieren, die Kopie zu 50 Dukaten. Anerbieten ergingen Mitte 1823 an die meisten deutschen Fürsten, außerdem nach Toscana und Paris, meist über die Gesandtschaften, und

Beethoven wandte sich gleichzeitig brieflich an Persönlichkeiten, die von Einfluß waren, so an Goethe, Cherubini, Spohr, Zelter. Das Ergebnis war die Abnahme von zehn Exemplaren. Goethes Weimarer Hof schwieg, zur nicht geringen Enttäuschung Beethovens, der nicht wissen konnte, daß der vierundsiebzigjährige Dichter auf den Tod erkrankt war. Obwohl in einigen der Briefe zu lesen war, eine Veröffentlichung der Messe werde nicht erfolgen – im Schreiben an Goethe hieß es vorsichtiger: *noch nicht* –, wurde Beethoven bereits im Jahre darauf mit dem Mainzer Verlag Schott handelseinig. Ein Subskriptionsangebot durch den Verlag führte 1825 zu 210 Vorbestellern, unter ihnen der Schullehrer von Warnsdorf bei Zittau, I. V. Richter, dem die Ehre zufällt, als erster (im Juni 1830) eine vollständige Aufführung gewagt zu haben. Zögerte sich schon die Übersendung des Manuskripts – 3 Bände mit 440 Seiten – an den Verlag bis in den Januar 1825 hinaus, so gingen die letzten Bogen Anfang März 1827 in Druck, und «ungefähr gleichzeitig mit dem Todestag des unvergleichlichen Tonmeisters hat obiges Werk... bei uns die Presse verlassen», lautete die Mitteilung des Verlages, als das Erscheinen angezeigt wurde. «Es ist ein Werk der Ewigkeit!» (Konversationsheft, Februar/März 1823)

Mancherlei eigenartige Worte, oft bloß am Rande vermerkt, in Briefe verklausuliert, lassen vage genug nur vermuten, was in den dreieinhalb Jahren seines Werkens an diesem «größten und bewunderungswürdigsten» Opus seinen Geist bewegte. Ein vom Geiger und Freunde Holz überlieferter Satz Beethovens weist die Richtung: *Eine Fuge zu machen ist keine Kunst, ich habe deren zu Dutzenden in meiner Studienzeit gemacht. Aber die Phantasie will auch ihr Recht behaupten, und heut zu Tage muß in die althergebrachte Form ein anderes, ein wirklich poetisches Element kommen.* Suchte er sich aus der Bibliothek des Erzherzogs einmal das ihm *Tauglichste* aus, so erläutert er: *Die Hauptabsicht ist das geschwinde Treffen. Allein Freiheit, Weitergehen ist in der Kunstwelt, wie in der ganzen großen Schöpfung Zweck, und sind wir Neueren noch nicht so weit als unsre Altvordern in Festigkeit, so hat doch die Verfeinerung unsrer Sitten auch manches erweitert.* Besucher charakterisieren seine Arbeitsweise übereinstimmend: «Er führt beständig ein kleines Schreibbüchlein bei sich... In dieses Büchelchen zeichnet er sogleich, obgleich es nicht liniiert ist, jede musikalische Idee auf, die ihm gerade einfällt... Nur er allein hat in seinem Gedächtnis den Faden, mit welchem er aus diesem Labyrinth von Punkten und Kreisen die reichsten und bewundernswertesten Harmonien zu entwickeln versteht... Er hört nur mit den Ohren des Geistes...» (Sir Russell) Rochlitz zitiert bezeichnende Geständnisse aus Beethovens Munde: *Seit einiger Zeit bring ich mich nicht mehr leicht zum Schreiben. Ich sitze und sinne und sinne: ich habs lange, aber es will nicht aufs Pa-*

Missa solemnis, Autograph der ersten Seite des Kyrie (1822)

Franz Grillparzer. Anonymes Porträt

pier... Bin ich drin, da gehts wohl... Der Schauspieler Anschütz sieht ihn «mystische Runenzüge... auf ein Notenblatt eingraben», während er dazwischen mit den Fingern trommelt. Schlösser, der ihm die Vorbestellung der *Missa* durch seinen hessischen Landesherrn mitzuteilen hat, überliefert, was er sofort nach der Unterhaltung wörtlich aufgezeichnet habe: *Ich trage meine Gedanken lange, oft sehr lange mit mir herum, ehe ich sie niederschreibe. Dabei bleibt mir mein Gedächtnis so treu, daß ich sicher bin, ein Thema, was ich einmal erfaßt habe, selbst nach Jahren nicht zu vergessen. Ich verändere manches, verwerfe und versuche aufs neue so lange bis ich damit zufrieden bin; dann aber beginnt in meinem Kopfe die Verarbeitung in die Breite, in die Enge, Höhe und Tiefe; und da ich mir bewußt bin, was ich will, so verläßt mich die zu Grunde liegende Idee niemals, sie steigt, sie wächst empor, ich höre und sehe das Bild in seiner ganzen Ausdehnung, wie in Einem Gusse vor meinem Geiste stehen, und es bleibt mir nur die Arbeit des Niederschreibens, die rasch von statten geht, je nachdem ich die Zeit erübrige, weil ich zuweilen mehreres zugleich in Arbeit nehme, aber sicher bin, keins mit dem anderen zu verwirren. Sie werden mich fragen, woher ich meine Ideen nehme? Das vermag ich mit Zuverlässigkeit nicht zu sagen; sie kommen ungerufen, mittelbar, unmittelbar, ich könnte sie mit Händen greifen, in der freien Natur, im Walde, auf Spaziergängen, in der Stille der Nacht, am frühen Morgen, angeregt durch Stimmungen, die sich bei dem Dichter in Worte, bei mir in Tönen umsetzen, klingen, brausen, stürmen, bis sie endlich in Noten vor mir stehen.* Verheimlicht er dabei zwar seinen übermenschlichen Kampf um die hohe Kunst des Satzes, so läßt sich ein anderer Gast durch Schubert bestätigen: «Das ist so seine Art: er bezeichnet sich gewöhnlich mit Worten den Ideengang für dieses oder jenes Tonstück und setzt höchstens einige Noten dazwischen... Ihm ist die Kunst bereits Wissenschaft geworden: er weiß, was er kann, und die Phantasie gehorcht seiner unergründlichen Besonnenheit... Der kann alles, wir aber können noch nicht alles verstehen, und es wird noch viel Wasser die Donau dahinwogen, ehe es zum allgemeinen Verständnis gekommen... Beethoven begreift niemand so recht, er müßte denn recht viel Geist und noch mehr Herz haben und entsetzlich unglücklich lieben oder sonst unglücklich sein.»

Aber es war auch bekannt, daß man ihn «unbefangener und fröhlich sehen» könne, wobei er «mitunter höchst possierlich derbschlagende Witzworte... aufregende Kombinationen und Paradoxien» herausschleuderte, «der Mann, der Millionen nur Freude bringt» (Rochlitz). In die gleiche Zeit fällt ein wohl durch den Bruder vermitteltes Zusammentreffen mit Rossini, der ebenso anerkennend über Beethovens Quartette sprach, wie dieser für das leichtfüßige Talent des in Wien stürmisch gefeierten Rossini Verständnis zeigte. In eben jenen Tagen hatte Schubert seine «Variationen über ein französisches Lied» Beethoven gewidmet und überreicht; es darf als gewiß gelten, daß sie einander weitaus vertrauter waren, als es nachweisbar und von Schindler bestätigt ist. Mehr als die Scheu seiner Verehrung war es die schwierige Konversation und sein Verständnis für Beethovens Eigenart, die Schubert offenbar von ihm zurückhielt.

Daneben dürfen es Gelegenheitsprodukte sein, mit denen er sich vor der Herausgabe der Variationen, der *Missa* und der großen Klaviersonate op. 111 in dieser Phase bemerkbar machte: mit einer ersten Fassung des *Opferliedes,* dem *Bundeslied,* mit Beiträgen *Zur Weihe des Hauses* anläßlich der Eröffnung des Josefstädter Theaters unter dem von ihm geschätzten Direktor Hensler, dem er gleich hinterher zum Geburtstag ein *Gratulationsmenuett* für Orchester widmet.

Allein von der Ouvertüre *Zur Weihe des Hauses* bleibt zu sagen, daß sie weit über das Beiläufige hinausragt und sein Format bestätigt: hier breitet sie eine wahrhaft weihevolle Stimmung aus, wobei er ein Thema von Bachscher Klarheit kristallisiert, dem er Händelschen Glanz verleiht, in einem Maß, auf das allein der von ihm im gleichen Jahr an Ries geschriebene Satz paßt: *Denn Beethoven kann schreiben, Gott sei Dank, sonst freilich nichts in der Welt!* – Zur Wiederaufnahme des *Fidelio* – mit der noch sehr jungen, erst später berühmt gewordenen Wilhelmine Schröder-Devrient – wollte er sich mit Ignaz Umlauf in die Direktion teilen. Aber schon bei den Proben kam es zu völligem Fiasko. Da er als einzige Ursache sein Nichthören erkannte, verlangte es ihn im Vertrauen auf «das bessere linke Ohr» ein letztes Mal nach ärztlicher Konsultation, zumal der Bruder «Zehntausend Gulden Belohnung dem Arzt versprochen, der ihn heilt!». Dem Arzt selbst – Dr. Smetana – war dabei wohl bewußt, daß nichts zu Illusionen berechtigte. Eine weitere Kur, zu der er sich in die Hände des heilkundigen Paters Weiß begab, führte zu Öleinspritzungen, die zwar linderten, aber keine Heilung erzielen konnten, so daß er die Behandlung abbrach: das

Schaffensfieber hatte ihn wieder gepackt, wie die Skizzenhefte kundtun.

Ich hoffe noch einige grosse Werke zur Welt zu bringen
(Von der *Neunten Symphonie* bis zum unvollendeten Quintett)

1823–1827 Mit der Übergabe der *Diabelli*-Variationen, der Messe, der neuen Ouvertüre sowie der drei letzten Klaviersonaten war ein gewaltiges Pensum abgeschlossen. Abermals fühlt er sich verlockt, eine Oper zu schreiben, und außer dem Bruder ist es vor allem Graf Moritz Lichnowsky, der ihn dazu bereden möchte. Voltaires «Zaïre», die «Jungfrau von Orleans», eine «Merope», eine «Phädra» werden erörtert, eine Dame schlägt «Alfred der Große» vor. Lichnowsky setzt sich besonders für Grillparzers «Melusine» ein, eigens für Beethoven geschrieben, nachdem ein böhmischer Stoff «Drahomira» bereits zwischen dem Hofintendanten und Grillparzer zur Debatte gestanden, aber nicht angesprochen hatte. Der Oratorien-Plan kommt wieder aufs Tapet, Bernard soll ändern oder neue Vorschläge machen. Dr. Bach, der Rechtsbeistand, mischt sich mit dem Hinweis auf Schillers «Fiesco» ein, und Beethoven selbst äußert resigniert: *Ich schreibe nur das nicht, was ich am liebsten möchte, sondern des Geldes wegen, was ich brauche. Es ist deswegen nicht gesagt, daß ich doch bloß ums Geld schreibe – ist diese Periode vorbei, so hoffe ich endlich zu schreiben, was mir u. der Kunst das Höchste ist – Faust.* Und um die Komposition gleich in Gang zu bringen, schlägt der wieder versöhnte Bruder vor: «Das beste wär, daß du mit mir anfangs Mai aufs Gut gingest und da die Oper gleich anfängst...» Finden sich in den gleichen Konversationsheften, die von der Erörterung all dieser Pläne zeugen, abstruse Einfälle wie zum Beispiel «Beethoven als Fürst oder Herzog» adeln zu lassen, so ist es wohl Schindler, der ihm antwortet: «Sie haben nicht den österreichischen, sondern den europäischen Adel!» Dann wiederum ist es der Bruder, der ihn auf die Stelle eines kaiserlichen Hofkomponisten, des verstorbenen Anton Teyber, hinweist. Ein andermal empfiehlt er, Haydns Stelle – mit jährlich 1000 fl. und freier Wohnung – anzustreben. Besucher tragen ihre Komplimente ein: «Jede Composition von ihnen hat einen eigenen Charakter. – Ein Freund aus London schrieb mir: Beethoven ist der Gott der Musique. – Ich versichere Sie, daß man im ganzen Reich glaubt, daß Sie in den glänzendsten Umständen seien. – Sie werden, wenn Sie es auch nicht glauben, verherrlicht, weil Ihre Music Religion.» Naiv erkundigte sich Grillparzer: «Sie werden nie heurathen?», obgleich er selbst der Auffassung huldigte: «Die Geister unter den Weibern haben keine Leiber und die Leiber keine Geister.» Auch Dr. Bach tröstet: «Verheiratet sein ist das höchste Glück, wenn man gut gefunden hat, aber die Hölle, wo der Teufel drin ist, wenn man schlecht gewählt hat.» Selbst Karl, der gerade «Hamlets Monolog» bei Blöchlinger auf eng-

*Giulietta Guicciardi, Beethovens Schülerin.
Miniatur von unbekannter Hand*

lisch zu deklamieren präpariert, weiß trotz seiner 17 Jahre schon in dieselbe Kerbe zu hauen: «Ein deutscher Autor sagt: Mit Recht bildeten die Alten die Grazien und zugleich die Furien in weiblicher Gestalt.» Eine Erwähnung Gallenbergs läßt Beethoven über dessen Gemahlin, Giulietta Guicciardi, gestehen: *J'étois bien aimé d'elle...,* um dabei einzusehen: *... wenn ich hätte meine Lebenskraft mit dem Leben s o hingeben wollen, was wäre für das Edle, Bessere geblieben?* Aus dem sprunghaften Wirrwarr der Gesprächseinträge geht Beethovens Beschäftigung mit Grillparzers «Melusine»-Text im Frühjahr 1823 hervor, die den wiederholten Besuch des Dichters zur Folge hatte. Im April schon war der zwölfjährige Franz Liszt bei ihm erschienen, um ihn zum Besuch eines seiner Konzerte zu bewegen, und so findet sich da sein ungelenker Eintrag: «... die hohe Bekanntschaft mit ihnen zu machen und bin sehr erfreut, daß es jezt seyn kan.» Ein zeitgenössisches Bild stellt die Umarmung Liszts durch Beethoven im Konzertsaal dar; während Schindler die Anwesenheit Beethovens abstreitet, will sich Liszt später an sein Vorspiel bei ihm in einer Wohnung erinnern, die Beethoven zu dieser Zeit noch gar nicht bewohnte. Zusammenhanglos reihen sich Notizen aneinander, die Lichter auf die wechselnden Interessen werfen – *gläserne Kaffee-Brenn-Maschine*, «die kleine Alte ist da und erbietet sich zu helfen, bis jemand anderer kommt, die kleine Bebetta»; «ein Warzenmittel»; «eine Würsteverkäuferin», die eine Schwester von Karls Mutter sei.

Franz Liszt, 1824. Lithographie von Villain nach einer Zeichnung von A. X. Leprince

Dann erscheint als Besucher ein Baron, der Beethoven seine Villa in Hetzendorf zum Sommer vermietet. Hier wohnen sie dann – auch der Bruder und der Neffe sind dabei – «angenehmer als der Herr Baron selbst», «ein wahres Paradies». Schindler, der belehrt wird: *Gnaden braucht es keine, sondern Gesetze und Recht entscheiden hier ohne Rücksicht,* erhält Anweisung, niemanden zu schicken. Aber bald sind es seitens des Hausherrn der «Gnaden» zu viele, so daß Beethoven mit Schindlers Hilfe nach Baden übersiedelt. Hier allerdings fand sich der neue Vermieter wegen früherer Zusammenstöße erst bereit, als sich Beethoven zur Beschaffung neuer Fensterladen verpflichtete, da die von ihm im vorigen Jahr vollgeschriebenen alten als – «Souvenirs» an Sommergäste verkauft worden waren. Zu Beethovens Katarrh und *Gedärmentzündung* war inzwischen noch ein lästiges *Augenübel* getreten, das beim Korrigieren der *Missa*-Kopien stark behinderte. Bäder, Spaziergän-

Beethoven 1819/20. Gemälde von Joseph Karl Stieler

ge, mancherlei Begegnungen und die Beschäftigung mit der neuen Symphonie erfüllten in Abwesenheit Karls und des Bruders die Tage. Unter den Besuchern aber ragt C. M. von Weber hervor, den Beethoven mit den Worten begrüßte: *Da bist du ja, du Kerl! du bist ein Teufelskerl! Grüß dich Gott!*

Wie lange bereits geht es um eine neue, um die *Neunte Symphonie*! Schon neben den Skizzen zur *Achten*, zehn volle Jahre zuvor, findet sich eingestreut: *Freude schöner Götterfunken Tochter Ouvertüre ausarbeiten*. Als *3. Sinf. in d-moll* figuriert sie in den Korrespondenzen. Schon früh findet die Fuge des zweiten Satzes ihre Form –

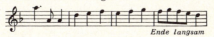

Ende langsam

Aber die textierten Entwürfe lassen die Entscheidung noch offen –

Entwürfe zu op. 125

Freu-de schö-ner Göt-ter-fun-ken Freu-de schö-ner Göt-ter-fun-ken

Dazu erscheinen gleich nach Beendigung der *Missa* die Ansätze zu einem neuen Streichquartett in Es-dur (op. 127), zu neuen Bagatellen (op. 126), zu einer Messe in cis-moll, die nicht weitergedieh, neben Kanons und einer *Lobkowitz-Kantate* von 43 Takten.

Reicht die Absicht, Schillers Ode in Töne umzusetzen, sogar schon in Bonner Tage zurück, wie noch Schiller selbst erfuhr, so läßt sich der Entstehungsprozeß der *Neunten*, soweit er in die Zeit vor 1823 fällt, nur aus Andeutungen erkennen. Von 1818 etwa datiert der Plan: *Adagio Cantique. Frommer Gesang in einer Sinfonie in den alten Tonarten* usw., der in ein *Allegro Feier des Bachus* ausläuft. Man kann ihn im Werkpaar 123 und 125 erfüllt sehen: in der *Missa* das *Herr Gott Dich loben wir – alleluiah...*, in der Symphonie die Schlußpartikel *...wobei alsdann erst die Singstimmen nach u. nach eintreten – im Adagio Text griechischer Mithos Cantique ecclesiastique – im Allegro Feier des Bachus.* Gemessen an der schließlich gewonnenen Gestalt, drängt sich der Eindruck auf, daß Beethoven selbst das Anschwellen beider Pläne zu derartigen Komplexen nicht vorausgesehen habe. So konnte es geschehen, daß die *Missa* weit über ihren «Gelegenheitszweck» hinauswuchs und eines Tages die Person, die Würde und der Ort, denen sie galt, völlig unwesentlich werden ließ. Ja, über die Offenbarung seines «privaten Glaubensbekenntnisses» hinaus gelang es ihr, zeitlos erscheinendes Sinnbild überkonfessionell *religieuser Empfindungen* zu werden. *Von Herzen – Möge es wieder zu Herzen gehn!*, des Komponisten Worte zum Kyrie! Wenn Beethoven Wert darauf legt, daß sie *auch als Oratorium gleichfalls aufzuführen* sei, wie man im Brief an Goethe liest, so läßt er über sein Verhältnis zu den Restaurations-Ideen der Liturgiker nicht im unklaren. Ist doch seine eigene Religiosität nicht vom *Josephinischen Aufkläricht* zu trennen, mindestens zeitweise auch beeinflußt vom Maurertum, wiewohl es außer einigen «Maurer»-Briefen keine Beweise seiner Zugehörigkeit zu einer Loge gibt. Andererseits reichen weder die meist recht unbestimmten Äußerungen aus seiner Feder noch die ihm in den Mund gelegten Worte aus, um etwas Gültiges über sein Verhältnis zur Kirche und zu den kirchenmusikalischen Bestrebungen seiner Zeit auszusagen. Die auf eine «Palestrina-Renaissance» zielenden Veröffentlichungen des Münchner Freiherrn von Tucher, die 1827 Beethoven gewidmet wurden, kamen zu spät heraus, um eine Stellungnahme auszulösen. Wenn sich später die Meinung durchsetzte: «Haydn, Mozart und Beethoven sind für die Liturgie nicht zu retten», so wurde die *Missa* damit keineswegs deklassiert, sondern gewann dadurch gerade ihre transzendente, beispiellose Bedeutung. Nietzsches Anschauung, ihr Autor «habe Musik über Musik» gemacht und die Verwendung irgendwelcher Texte – wie selbst der Odenworte Schillers in der *Neunten Symphonie* – stelle einen Rückfall dar, ist fast identisch mit Wagners Meinung, die *Missa* sei «ein rein symphonisches Werk des echtesten Beethoven». Im Verein mit *Fidelio* bieten sich somit die drei populärsten Werke als «Trilogie» dar, der die Urthemen allen menschlichen Sinnens zugrunde liegen, ob man sie mit Paulus «Glaube, Hoffnung, Liebe» nennen will oder in Beethovenschen Begriffen *Innigste Ergebenheit in dein Schicksal* (*Missa*); *die Ausgezeichnetsten erhalten durch Leiden Freuden* (*Neunte Symphonie*); *Kann unsre Liebe anders bestehen als durch Aufopferungen* (*Fidelio*). Wenn in der *Missa* das Konventionelle, Herkömmliche nicht mehr als nur nebensächliche Behandlung erfahren konnte, so ist es kein Zufall, wenn von den 24 Vierzeilern Schillers nur neun, und selbst sie nicht in der authentischen Reihenfolge, durchkomponiert sind. Die «Unterordnung des Wortes» im *Fidelio* schließlich ergibt sich aus dem Vergleich der ersten Fassung mit der letzten.

1823. Stich nach einer Tuschzeichnung von Martin Tejcek

Der Neumarkt in Wien

Um so bedeutsamer ist die den Instrumenten zufallende Aufgabe, im Vokalpart anhebende Linienführungen in Höhen fortzuführen, die den Stimmen infolge ihrer Begrenzung versagt waren, so daß man sich der Vorstellung hingeben kann, die menschliche Stimme sei in allen drei Werken «als Klangfarbe» eingesetzt.

Da die Zensurstelle die Aufführung einer Messe im Rahmen eines Konzerts nicht erlaubte, umging Beethoven dieses Verbot dadurch, daß er drei Teile – Kyrie, Credo und Agnus Dei – als *Hymnen* deklariert auf das Programm setzte. So erklangen sie zusammen mit der Ouvertüre *Die Weihe des Hauses* und der *Neunten Symphonie* erstmals im Mai 1824. Aus Verärgerung über den «Rossini-Rummel» der Wiener war er ursprünglich entschlossen, die ersten Aufführungen der neuen Werke nicht hier, sondern in Berlin zu veranlassen. Als die Freunde davon erfuhren, scharten sie sich zusammen und beschworen ihn unter Überreichung einer ehrenvollen Adresse, «die Aufführung der jüngsten Meisterwerke» ihnen nicht vorzuenthalten; unter den Unterzeichnern befanden sich viele adelige Musikfreunde, alle namhaften Wiener Verleger, außer Zmeskall auch der Abbé Stadler und Streicher. Dann aber ergaben sich doch wieder die «normalen» Schwierigkeiten: hohe Saalmiete, Rivalitäten in Fragen der Direktion und Besetzung. Ungewöhnliche Kosten schmälerten die Reineinnahme derart, daß Beethoven bei der Bekanntgabe des Kassenrapports eine Ohnmacht erlitt. Dabei hatte das Konzert trotz unzulänglicher Vorbereitung Beifallsstürme hervorgerufen wie kaum zuvor. Eine Wiederholung, zwei Wochen später, führte sogar zu einem Defizit. Am meisten verblüfft zeigten sich die Kenner, da nach K. Czernys Worten «Beethoven auf die frappanteste Art Jeden überraschte, welcher fürchtete, daß nach zehnjähriger Gehörlosigkeit nur noch trockne, abstrakte, fantasieleere Sätze hervorgebracht werden könnten. Seine neue Sinfonie atmet größtenteils einen so frischen, lebendigen, ja jugendlichen Geist, so viel Kraft, Neuheit und Schönheit, als je etwas aus dem Kopfe dieses originellen Mannes» kam. Als Ries im Jahre darauf die *Neunte Symphonie* mit 422 Mitwirkenden beim niederrheinischen Musikfest in Aachen zum Erfolg geführt hatte, bekannte auch er seinem alten Meister: «Es ist ein Werk, dem man keines an die Seite setzen kann,

und hätten Sie nichts wie das geschrieben, so hätten Sie sich unsterblich gemacht...»

Im Alltag aber dominierte Sorge, wie sie unverhüllt aus seinem Seufzer spricht: *...mit dem weltleben verdine schwer für mich.* Schulden bei Brentano, Simrock und Steiner bedrücken ihn. Seinem Rechtsberater schreibt er: *Der Tod könnte kommen, ohne anzufragen...,* womit er die Abfassung eines Testaments eingeleitet haben wollte. Neuerdings ließ ihn wieder sein *zugrunde gerichteter Unterleib,* sein *katarrhalischer Grundzustand* befürchten, daß *der Lebensfaden bald zerschnitten* werde oder ihn der Schlag treffen könne wie einst seinen Großvater. Zwar hoffe er *auf Apoll und die Musen, denn noch so vieles bin ich ihnen schuldig...was mir der Geist eingibt und heißt vollenden.* Bald nach jenen beiden Konzerten begibt er sich aufs Land, diesmal nach Penzing, von wo ihn Gaffer rasch vertreiben, so daß er sich nach Schloß Guttenbrunn bei Baden begibt. Karl, der nur gelegentlich bei ihm weilt, erntet Vorhaltungen und wehrt sich: «Raube mir die Hoffnung nicht und drücke mich nicht ganz nieder; ich bin es ohnehin genug.» Streicher bekennt ihm: «Ich habe schon sehr oft über Ihre Lage nachgedacht und besonders darüber, wie und auf welche Art Sie größere Vorteile aus Ihrem außerordentlichen Talente ziehen könnten...»; er schlägt ihm die Veranstaltung von jährlich sechs Abonnementskonzerten vor, außerdem die Herausgabe seiner gesamten Werke. Allerdings hatte es auch dazu seit den Jahren der ersten *Fidelio*-Aufführung immer wieder Vorstöße gegeben, die sich ausnahmslos zerschlugen.

Wieder suchen ihn neugierige Reisende heim, die später, meist erst nach seinem Tode, über die Begegnung aus unzuverlässig gewordener Erinnerung berichten oder vielfach phantasievoll ergänzen. In diesem Jahr ragen aus der Menge Schlösser und der Publizist Sporschil heraus, daneben der Engländer E. Schulz, C. M. von Weber und Franz Liszt, 1824 verstand es ein nach London ausgewanderter thüringischer Harfenfabrikant, S. A. Stumpff, besonders, seine Sympathien zu erwerben und sich ihm verständlicher zu machen als andere, ohne allerdings mehr als vom Tagesleben berichten zu können: von Spaziergängen, gemeinsamen Mahlzeiten, Beethovens Vorliebe für Fischspeisen. Eine ehrliche Freude bereitete er ihm jedoch durch die Reparatur seines englischen Flügels, eines Geschenkes, das ihm einige Jahre zuvor von Broadwood, dem Fabrikanten, zugesandt wurde. Entschuldigte Beethoven sein Ausbleiben bei Stumpff einmal mit dem *ziemlichen Beobachten des «Nulla dies sine linea»*, der Gewohnheit, namentlich in den frühen Morgenstunden bereits zu skizzieren, so ging es noch immer um das erste Streichquartett für Galitzin. Er hatte es wieder vorschnell schon im März Schott angeboten, obwohl es ihn bis zum Februar darauf beschäftigen sollte. Erst Anfang November kehrte Beethoven nach Wien zurück, wo er die erste Wohnung wegen lärmender Szenen mit dem Neffen und seines zu geräuschvollen Klavierspiels halber gegen eine andere, dürftige und unbehagliche wechseln mußte. Hier erreichte ihn die Einladung der Londoner Philharmonischen Gesellschaft, gegen vorteilhafte Bedingungen im Februar nach London zu kommen. Unschlüssigkeit, die Nachforderung von Reisegeld und der schlechte Gesundheitszustand machten auch diesen Plan zunichte. Bald nach der Messe erhielt Schott dann das Streichquartett op. 127, nachdem es von Schuppanzigh ohne allen Erfolg aus der Taufe gehoben war; erst eine zweite Interpretation durch den einfühlsameren Geiger Böhm führte zu gemäßem Verständnis und zu Beifall. Häufiger als sonst verliert er sich nun an Gelegenheitskanons und Stammbuchbeiträge, zu denen sogar Entwürfe zwischen den Skizzen der nächsten Streichquartette stehen, daneben aber auch eine Bemerkung wie *alle 4 stimmen auf eine jede un altrum cantum – bei jeder Wiederholung alle 4 Stimmen umgewandt*, was also auf einen vierfachen Kanon hinauszulaufen scheint, wie man ihn in den Quartetten allerdings vergebens sucht. Wohl aber ist jedem Kenner und Hörer bewußt, daß diese «Quinterne der letzten Beethovenschen Quartette» ihresgleichen nicht hat, daß sie «den kostbarsten und unvergänglichsten Besitz allen Quartettspielens» darstellt (Heimeran). So wirr sich manche Sätze auf dem Papier ausnehmen und wohl den meisten Liebhaberquartetten unerreichbar bleiben mögen, so einfach erweist sich bei genau-

Zeichnung von Stefan Dekker, 1824

*Der Quartettgeiger und Adlatus Karl Holz.
Miniatur auf Elfenbein von Barbara Fröhlich*

erem Hinsehen die Motivsubstanz, spielerisch locker und verlockend
wie das Thema des ersten Satzes von op. 127 Allegro.

Trotz der raschen Aufeinanderfolge der allein ihrem äußeren Umfang nach riesigen fünf Quartette, im wesentlichen das Werk zweier Jahre, setzt die Eigengesichtigkeit jedes einzelnen in allerhöchstes Erstaunen. In ihnen «Abstrakta» zu erkennen, geht nur an, wenn man damit den Grad ihrer kompositorischen Reinheit, die Vollendung ihres Liniengewebes und die Unbenennbarkeit ihrer Inhalte bezeichnen will, indem sie «jede Anschaulichkeit, überhaupt das gesamte Reich der empirischen Realität völlig beschämen» (Nietzsche). In die Nachbarschaft ihrer Höhen reichen nur noch Schuberts großes G-dur-

Opus sowie dessen Quintett op. 163, die ohnedies nicht weniger «klassisch» als irgendein Œuvre Beethovens sind – dazu, wie aus einer anderen Welt – die «letzten» Haydnschen und Mozartschen, «ragende Gipfel» eines andersartigen «Stil-Massivs», alle gemeinsam makellos und bewunderungswürdig. Mag sein, daß sich Beethoven dabei wieder durch Poesie inspirieren ließ – Schering glaubt an Programme wie «Die lustigen Weiber von Windsor», den «Sommernachtstraum» und «Hamlet», für die allerletzten an «Faust»! Viel bezeichnender darf scheinen, daß sich schon Böhm gedrungen sah, das von ihm erstmals vorgespielte Quartett, wohl op. 127, am gleichen Abend zu wiederholen: nur so, durch abermaliges Hören bei eigener Aufnahmebereitschaft kann es gelingen, das «von Herzen gekommene» Werk «wieder zu Herzen gehen» zu lassen. In schlichtesten Formen sprechen abermals die ersten Notierungen zur *Danza tedesca* und zur *Cavatina* aus op. 130 den Hörer an, beide der endgültigen Fassung erstaunlich nahe –

Unvorstellbar, daß sich die ihnen innewohnende motorische Kraft nicht ins Miterleben übertragen, mitteilen könne, als Gestik, als laut sprechendes Symbol! Manchem aber, dem fürs erste der Zugang verschlossen erscheint, mag es tröstlich sein, «das offene Geständnis fast aller Zuhörer, Professoren sowohl als Liebhaber» zu vernehmen, daß sie 1825 beim ersten Anhören des op. 127 «wenig oder garnichts von dem Gange des Tongedichts verstanden hätten...»

Daneben wirken Gelegenheitsgaben fast wörtlich wie Almosen: zwei Walzer und eine Ecossaise zugunsten eines notleidenden Schauspielers, der sie herausgeben darf, dazu Kanons, teils noch zu enträtselnder Art, wie *Ich war hier, Doktor* für seinen Dr. Braunhofer. Notenscherze verwischen die Sorge um den verringerten *Mut, auch bei allen Schwächen des Körpers* den Geist herrschen zu lassen, wie er es sich vor dreißig Jahren zugerufen hatte. Die *Gedärmentzündung* hält bis in den Mai 1825 an und gibt Anlaß zur Kur in Baden. Karl besucht inzwischen das polytechnische Institut. Hatte ein etwas plumper Scherz das gute Einvernehmen mit Haslinger empfindlich getroffen, so hatte Beethoven seinerseits mit Schindler gebrochen. Vorerst entschädigte der Besucherstrom mit mancher anregenden Begegnung. Ein Brief Zelters führt den jungen Dichter Rellstab heran, der einen Opernstoff in petto hat. Ein junger Musikstudent wallfahrtet zu Fuß von Breslau her zu ihm, dazu Reichardt, ein Holländer, ein Nordamerikaner, die Tochter des berühmten Burney, der Verleger-Sohn Schlesinger, und mitunter kommt es dabei zu ausgedehnten Gelagen. Einmal war Beethoven anderntags sogar unsicher, was er wohl *gestern für eine Schweinerei niedergeschrieben habe,* obwohl ihn vielleicht nur der Satz gereizt hatte:

uns geht es kan - ni - ba - lisch wohl als wie fünf-hun-dert Säu-en.

Hier, in Baden, auch soll ihm beim Spaziergang der Wind den Hut entführt haben, so daß er anfänglich erst hinterdreinlief, dann abgelenkt wurde und doch unversehens weitermarschierte, bis er nach vielstündigem Marsch einem Ortspolizisten verdächtig vorkam, so daß der ihn festnahm. Auf seine Angabe, er sei Beethoven, meinte jener: «Warum nicht gar! So sieht der Beethoven nicht aus! Ein Lump sind Sie!» Nachdem er erst im Arrestlokal polterte, gelang es nach Stunden, einen am Ort wohnhaften Musiklehrer herbeizuschaffen, der ihn aus dieser Lage befreite, ihm Nachtquartier gab und anderntags mit der Staatskutsche des Bürgermeisters nach Baden zurückbringen ließ. Von hier aus lud er auch den Bruder zu sich ein: *Ich ersuche Sie / euch / ihn / jetzt baldigst sich hierher zu begeben, da es unmöglich weiter mit dieser alten Hexe, die vor 200* (Jahren) *gewiß verbrannt wäre worden, es auszuhalten.* Wobei der Zufall will, daß eine direkte Vorfahrin eben zu jener Zeit diesen Tod erlitt! Um den Bruder zum Kommen zu bewegen, nutzt er geschickt die zwischen Schindler und dem Bruder bestehende Animosität: wenn er nicht komme, sei er wieder auf jenen angewiesen. *Ich möchte aber gerne wieder, wie die Wiener, sagen «ich küß die Hand» zum Hrn. Scheiserl ... wenn ich schon doch* (jemand) *um mich haben muß, so hat mein Bruder immer die nächste Anwartschaft.* Da der Bruder offenbar absagte, wurde nun Holz eingeladen, zunächst zum folgenden Freitag, da *an diesem Tage der Teufel keine Gewalt* über die besagte Hexe habe. Dessen kraftmeierische Art muß wohl als Gegengewicht gegen empordrängende Melancholie besonders willkommen gewesen sein, und Beethoven empfindet sofort: *voilà quel homme de langue la moi.* Er sprudelt an Kraftworten zusammen, was das Zeug hält: *... in meiner schlaraffen Haushaltung ... welcher Höllenhund mein Gehirn beleckt ... Hiha, aber bester, wir müssen sehn, daß alle diese neugeschaffenen Wörter bis ins dritte, vierte Glied unsrer Nachkommenschaft sich erhalten ...* Zu Höhepunkten seiner Geselligkeit werden die Tage um den 10. September, als im Wiener Hotel «Zum wilden Mann» vor einem geladenen, intimen Kreis das a-moll-Quartett durch das Ensemble Schuppanzighs wiederholt erklingt, dann das letzte Klaviertrio und im Anschluß daran er selbst frei fantasiert. Schlesinger, dem das neue Werk überlassen wurde, lud die ganze Gesellschaft zu üppigem Mahl und ausgedehntem Gelage ein. Unter den Teilnehmern befand sich endlich auch Sir Smart aus London, dazu der mit Beethoven wohlbekannte Tuch-

Beethovens letzte Wohnung, das Schwarzspanierhaus in Wien

händler Wolfmayer, unter den Damen eine Tochter von Kozeluch, eine verwitwete Sängerin, von der Schlesinger zu wissen glaubte, daß Beethoven sie hätte heiraten wollen. Smart begleitete hernach Beethoven wieder nach Baden zurück, wo abermals getafelt wurde und er ihm seine Diamantnadel verehrte. Erst Mitte Oktober wieder drängte es Beethoven nach Wien zurück, wo er eine Wohnung in der Nähe Breunings bezog, die seine letzte werden sollte, im Schwarzspanierhause. Gerade hatte es wieder Verwirrung um den Neffen gegeben, der plötzlich verschwunden und wohl bei der Mutter war. Prasselte es zuvor harte Vorwürfe und Klagen: *Der Geldsack L. v. B. ist ja bloß dafür da... verwöhnt, wie du bist... bey deinem listigen Betragen... wieder gelogen... wozu die Heuchelei...* Nun, nach der Affäre seiner Flucht, wird ihm versichert: *Mein Ehrenwort keine Vorwürfe... tausendmal umarme ich dich... nicht meinen verlorenen, sondern neugeborenen Sohn.* Während er zum Winter wieder bei einer Familie in der Nähe seines Instituts untergebracht wird und sich Holz seiner annimmt, sitzt Beethoven bereits über dem dritten für Galitzin bestimmten Quartett, das dann im November fertig vorlag. Verleiten Worte, wie sie sich in op. 132 finden: *Heiliger Dankgesang eines Genesenen an die Gottheit! – Neue Kraft füh-*

Skizzen zum Streichquartett op. 130

lend, dazu, das Programm wörtlicher zu nehmen, als es gemeint sein kann, so gilt auch hier wieder: *Jede Malerei, nachdem sie in der Instrumentalmusik zu weit getrieben, verliert.* Zwar bringen die wechselnden Tempi die fühlbare Unruhe in das Geschehen, das in ein Finale voll Schubertscher Sanglichkeit mündet; die bis in die letzten kleinsten Notenwerte reichende Ziselierung setzt «feinste Ohren» voraus, um die Erhabenheit des Linienverlaufs ermessen zu lassen. Nicht geringerer Vertrautheit bedarf das letzte dieser Reihe, op. 130, um sich seinem Hörer zu erschließen. Von seinen vier absteigenden Halbtönen an, in immer neuer Abwandlung über Presto, Danza und Cavatina, an die sich ursprünglich die dann als op. 135 verselbständigte Fuge mit ihren 741 Takten anschloß – wer wollte angesichts ihrer «Allgültigkeit» analysieren, «sezieren»? Irgendwo fand Beethoven den Satz, den er sich notierte und den man hier umspielt empfinden darf: «Ich bin, was da ist.»

War inzwischen eine «Genesung» erfolgt, so blieb doch weiterhin ärztliche Betreuung unumgänglich. Schon vor der Fahrt nach Baden hatte Dr. Braunhofer einen in Dialogform gebrachten Brief erhalten: *Wie gehts, Patient? – Wir stecken in keiner guten Haut ... Es würde mir lieb sein, wieder mit einigen Kräften an meinem Schreibpult sein zu können,* und ein beigefügter Kanon verdeutlichte den Wunsch:

Nun, im Februar 1826 diktiert die Laune Karl den Satzanfang in die Feder: «Es ist aber das letzte Jahr...» Obgleich erneut Dr. Braunhofers Hilfe erforderlich wurde und er befahl: «Kein Wein, kein Kaffee und das Essen nach meiner Anweisung...», wurden Akademieveranstaltungen erwogen. Es kam indes nur zur Aufführung des op. 130 durch Schuppanzigh, und «alles, was Wien an Quartett-Musik-Freunden besessen, hatte sich versammelt». Presto und Danza mußten auf stürmisches Begehren wiederholt werden, während man die Fuge nicht «verstand» und als zu lang empfand. Aber erst auf Drängen Artarias ersetzte sie Beethoven durch einen neuen Satz. Dabei, vielleicht im Hinblick auf Läufe, deren Eigenwilligkeit auch den besten Primarius *aus dem Ton werfen* konnte, mag Schuppanzigh

*Beethovens Brief an Dr. Karl von Smetana,
seinen Neffen Karl betreffend, 1826*

das Wort an den Kopf geworfen worden sein: *Glaubt Er, daß ich an seine elende Geige denke, wenn der Geist zu mir spricht?* Beethovens Lieblingssatz soll die Cavatina gewesen sein, die er selbst nicht ohne tiefe Bewegung und Tränen anhören konnte. In ihr findet sich jene eigenartig-beklommene Stelle, die er mit *Beklemmt* bezeichnete, aus der man das Erlebnis eines erlittenen Herzanfalls vernehmen wollte – kaum zu Recht: das Wort «Herz» begegnet weder im «ärztlichen Rückblick» Dr. Wawruchs noch jemals bei Beethovens Krankheitsbeschwerden. Ergreifend ist das Schicksal der Handschrift dieses Quartetts: in Einzelsätze aufgeteilt, liegen drei davon in Berlin, je einer in Paris und Washington; die Danza ist verschollen. – Noch war das Werk nicht aufgeführt, da keimte bereits ein neues, in cis-moll, vielleicht Neate zugedacht. Es erstand als einziger, riesenhafter siebenteiliger Satz, voll der «zwei Prinzipe» (nach Schindler). Kaum je wieder wurde Themen so viel Abwandlung, Umkehrung, Verengung und Erweiterung zuteil wie hier, und es kann nicht Zufall sein, wenn im *Ritmo di tre battute* die Große Fuge fast wörtlich zitiert wird: abermals müssen es Urgewalten sein, mit denen er sich auseinanderzusetzen sucht, vielleicht *Das moralische Gesetz in uns und der gestirnte Himmel über uns!* Wenn Stephan von Breunings Sohn Gerhard in jugendlicher Unbekümmertheit den bereits Bettlägerigen hernach einmal auf einen Gesprächseintrag anspricht: «Ihr gestern von Schuppanzigh aufgeführtes Quartett hat nicht angesprochen», und er kurz abgefertigt wird: *Wird ihnen schon einmal gefallen!*, kann es auf dieses cis-moll oder auf das letzte in F-dur gemünzt sein. Auch dies der Monolog eines Einsamen, der bekennt: *...allein bin (ich) aber nie, wenn ich auch allein bin...* und als Lesefund eine ägyptische Tempelinschrift notiert: *Es ist einzig von ihm selbst, und diesem Einzigen sind alle Dinge ihr Dasein schuldig.*

Immer wesenloser werden demgegenüber die Berührungen mit der Außenwelt. Der Geiger Holz will den Hinweis vernommen haben: *Sie werden eine neue Art der Stimmführung bemerken, und an Phantasie fehlts, gottlob, weniger als je zuvor!* Ein letztes Mal stehen frühere Projekte zur Debatte: durch Bernards Anwesenheit «Der Sieg des Kreuzes», durch Kuffner «Die Elemente» und «Saul». Wolfmayer hatte bereits 1000 fl. als Anzahlung für ein versprochenes «Requiem» gegeben. Grillparzers «Melusine» ist noch nicht abgetan, wiewohl Goethes «Claudine» oder «Faust» weitaus näherlägen. Die Skizzenbücher nehmen Entwürfe zu einer *im Kopf fertigen 10. Symphonie* auf. Die Bach-Ouvertüre spukt in mancherlei Anläufen, so –

Artaria fragt nach den Fugen, von denen er gehört habe. Inzwischen riet der Arzt zu einem «kräftigeren» Bad. Ischl und Gastein werden erwogen. Aber neuerliche Zusammenstöße mit dem Neffen, mit dem es sogar zu Tätlichkeiten kommt, lähmen die ohnedies verringerte Entschlußkraft. Schon bestand Ursache, an Karl zu schreiben: *...mache ja keinen Schritt, der dich unglücklich machen u. mir das Leben früher raubte.* Noch kann Holz einen Versuch des Neffen, sich zu ertränken, vereiteln, und Karls Logisgeber hatte ihm bereits eine Pistole samt Munition abgenommen. Jetzt verkauft er seine Uhr, um zwei Pistolen zu erwerben. Ende Juli, nachdem er mehrere Briefe geschrieben hatte, brachte er sich auf der Ruine Rauhenstein bei Baden zwei Schüsse bei, deren erster vorbeiging, während der andere die Knochenhaut an der Schläfe verletzte. Ein Fuhrmann, der ihn entdeckte, bringt ihn auf seinem Wagen zur Mutter. Der Schreck des sofort benachrichtigten Oheims läßt sich ausmalen. Nach der Behandlung durch einen Wundarzt ließ sich die Einweisung ins Spital nicht umgehen, obgleich sich rasch herausstellte, daß Lebensgefahr nicht bestand. Ein Geistlicher hatte sich auf polizeiliche Anweisung um seine «Bekehrung» zu bemühen, und nun konnte Karl endlich die Zustimmung erhalten, sein Unterkommen beim Militär zu suchen. Breuning vermittelte seine Annahme als Kadett in einem Iglauer Regiment des Barons von Stutterheim, und Beethoven widmet *großer Verbindlichkeiten halber* diesem – statt dem Freunde Wolfmayer – das so hochgehaltene Quartett op. 131. Um dem Neffen weitere Scherereien zu ersparen, begibt er sich mit ihm Ende September nach Gneixendorf, auf das Gut des Bruders. Dieweil Karls Wunde behandelt wird, zieht er summend, brummend und notierend durch die Felder, wobei es nicht ausbleiben konnte, daß man ihn für einen Irren hielt, zumal durch seine Gestikulation das Ochsengespann eines Bauern scheute. Langsam stellt sich sein um einige Nuancen galliger gewordener Humor wieder ein. *Ich hoffe noch einige große Werke zur Welt zu bringen;* wenn er *die Muse schlafen lasse,* geschehe es nur, *damit sie desto kräftiger erwacht!* Haslinger wird um Honorarüberweisung gebeten, *denn es ist nicht alles eins, ob wir Geld haben oder keins.* Schott erhält die Metronom-Bezeichnungen zur *Missa,* wobei man den Autor auf Unstimmigkeiten aufmerksam machen muß, die vielleicht auf dem Schwanken seines Pulses beruhen: *Hol der Teufel allen Mechanismus!* Nun skizziert er als Ersatz für die große Fuge das neue Finale zu op. 130 und bringt es im Laufe des Oktober und November ins reine. Da Gneixendorf zum Aufenthalt im Winter völlig ungeeignet ist, drängt der Bruder auf die Rückkehr nach Wien, die unter denkbar ungünstigem Stern steht: auf offenem Wirtschaftswagen gelangen sie bei naßkalter Witterung zu einem Dorfwirtshaus, in dem ein ungeheiztes Quartier zur Übernachtung dient. Fieberfrost mit Husten und Seitenstechen überfallen ihn, und völlig erschöpft bringt man ihn in seine Wohnung. Mißverständnisse verzögern die rechtzeitige Heranziehung eines Arztes, und an Stelle der ihm vertrauten Doktoren Braunhofer und Staudenheim übernimmt Professor Wawruch die Behandlung, zunächst einer akuten Lungenentzündung. Nach vorübergehender Besserung ereignet sich ein Rückfall, durch den das Grundleiden, die Leberzirrhose, als «Wassersucht» diagnostiziert, zum offenen Ausbruch kommt. Längst sollte sich Karl zu seinem Regiment verfügen, aber er vertrödelt seine Tage, und während an Stelle des inzwischen verheirateten Holz nun wieder Schindler eintritt, erweist er dem auf den Tod kranken «Freund» in untadeliger Treue jeden erforderlichen Dienst. Wawruch hatte bald Ursache zu erschrecken, als statt der Besserung Gelbsucht und Brechdurchfall auftreten. Es kommt zu nächtlichen Erstickungsanfällen, und außerordentliche Wasseransammlungen zwingen zur operativen Entnahme des Ascites, vom Patienten noch mit Humor kommentiert: der Wundarzt komme ihm vor *wie Moses in der Wüste.* Kehrt auf Schwäche Hoffnung wieder, so diktiert er Briefe, schreibt er Noten, zuletzt ein Streichquintett in C-dur, das es auf 24 Takte bringt, indes der Haushalt noch immer wieder erschüttert wird: ein Gneixendorfer Mädchen muß wegen Unredlichkeit entlassen werden. Sofort springen Nachbarn und Freunde vielfältig ein: von Breuning, selbst schwerkrank, schickt den Sohn mit erlesenen Speisen; Frau Streicher und Baron Pasqualati wetteifern um seine Versorgung. Nachdem

Franz Gerhard Wegeler, 1826

Karl um die Jahreswende endlich abgereist ist, lebt der Oheim auf, wenn ein Brief von ihm kommt, frißt sich Sorge und Verzweiflung in sein Herz, wenn die Post ausbleibt. Man zieht Dr. Malfatti hinzu, und das von ihm verordnete Punscheis bewirkt: *Wunder, Wunder, Wunder!... nur durch seine Wissenschaft werde ich gerettet.* Aber es ereignet sich nur ein Aufschub; bald wird ein dritter, ein vierter Eingriff erforderlich. Schon ahnt man im Kreise der Getreuen die Hoffnungslosigkeit seines Zustandes. Briefe aus der alten Heimat, Wegelers und seiner Frau, erwecken wehmütige Erinnerungen. Haslinger stellt sich mit den Freunden ein. Auf Schreiben an Stumpff, Moscheles und Smart zögern die Londoner Freunde keinen Augenblick, ihm 100 £ Sterling als Vorschuß auf eine zu seinen Gunsten geplante Akademie anzuweisen. Neue Gäste, alte Getreue treten an sein Lager, unter ihnen Franz Schubert, Graf Lichnowsky, Gleichenstein, der zufällig in Wien weilt, die Quartettisten, Diabelli, Sängerinnen, die ihn mit ihrer Kunst unterhalten wollen, auch Holz. Freund Wolfmayer scheidet von ihm unter Tränen mit dem Seufzer: «Der große Mann! Ach! Ach! Ach!» Noch im März wird Moscheles einer Symphonie versichert, *die schon skizziert in meinem Pult liegt.* Hatte er im Dezember noch an Wegeler geschrieben: *Ich hoffe, noch einige große Werke zur Welt zu bringen und dann meine Laufbahn zu beschließen,* so sollte es ein Kanon für Holz über den tiefgründigen Sinnspruch Lichtenbergs sein, der den Schlußpunkt zu seinem Schaffen setzte:

Die Zuversicht der Ärzte ist dahin; sie gewähren zu genießen, wonach ihn gelüste. Schott schickt auf seine Bitte ein Fäßchen Rüdesheimer von 1806 und Bouteillen nebst Heiltränken, Pasqualati Champagner und Wildbret. Unter den letzten Besuchern werden Hummel und Hiller zu Zeugen seines raschen Zerfalls. Am 23. März liegt er «matt und elend, zuweilen tief seufzend» da, «kein Wort mehr entfiel seinen Lippen». Zu einem Nachtrag im Testament ringt man ihm eine letzte Unterschrift ab – sie besiegelt, daß Karl zwar den Nutzen des Erbes genieße, nicht aber das Kapital angreifen könne, das ihm in Höhe von 10 000 Gulden zufiel. – Dann läßt Wawruch einen Geistlichen kommen, und die Intimi werden sich nachgehends nicht einig, ob sein Wort *Plaudite amici, comoedia finita est* im Anschluß daran oder schon früher gefallen war. Am Abend des 24. März begann der Todeskampf. Anselm Hüttenbrenner, dem Schüler Salieris und Freund Schuberts, war es beschieden, ihm die Augen zu schließen, am 26. März gegen 6 Uhr am Spätnachmittag, während ein Gewitter über Wien herniederging.

> Und der Mann war ein Mensch wie wir
> Und an der Menschheit zugeteilten Plagen
> Hatte er weit schwerer als wir zu tragen...

Unversehens gewinnt das nachkomponierte Finale zu op. 130 als letzter zu Ende geführter Satz das Air eines «Totentanzes» über den trommelnden gebrochenen Oktaven –

Von der Menge des Ungenutzten, sagt Nottebohm, hätten wenigstens fünfzig Symphonien entstehen können. Auf den Kanon *Es muß sein* stellte er selbst, im Quartett für Wolfmayer, nochmals die Frage: *Muß es sein? Mußte es s o sein?*, ist die Frage aller Freunde seiner Musik gewesen, als man von den Aufregungen mit dem Mündel und vom Verlauf der Krankheit erfuhr. Zuletzt noch hatte er an Wegeler geschrieben: *Alles Üble führt manchmal Gutes herbei!*: nun hatte sein *unglücklicher Zustand* geendet.

Kaum bedarf es, der Begräbnisfeierlichkeiten ausführlich zu gedenken: eine auf zwanzigtausend Menschen geschätzte Menge folgte seinem Sarge, unter ihnen Franz Schubert, mit brennender Kerze. Klänge der in Linz komponierten *Equale* sowie des Trauermarschs *sulla morte d'un Eroe*, zu den Exequien das Requiem Mozarts, zwei Tage später in der Karlskirche das von Cherubini, mochten ähnliche

Empfindungen lebendig werden lassen, wie sie Beethoven beim Tode seines Bruders Karl in die Worte faßte: *O sieh herab, Bruder! Ja, ich habe dich beweint und beweine dich noch...*

SO HAT DAS VERGANGENE DOCH DAS GEGENWÄRTIGE HERVORGEBRACHT

(Aus Beethovens Aufzeichnungen, 1815)

Kein anderer als Beethoven selbst beschwor die Ortung *seines Platzes in der Kunstgeschichte*: aus seiner Anschauung heraus mochte er nichts anderes erwarten als die Anfügung seines Namens an die Reihe *Händel, Bach, Gluck, Mozart, Haydn*. Daß er für den größten Komponisten seiner Zeit Cherubini hielt und sich 1822 bereits durch Rossini überspielt wähnte, verdeutlicht, daß er sich weder der Zeitenwende bewußt war, noch der eigenen Funktion, die ihn zum Begründer einer neuen, noch andauernden Ära werden ließ.

Das in rascher Aufeinanderfolge, zum Teil sogar gleichzeitige Wirken der vier Wiener Meister Haydn, Mozart, Beethoven und Schubert läßt leicht verkennen, daß sie keineswegs einer, sondern geradezu v i e r Generationen zugehören: in Mozarts Geburtsjahr war Haydns Ausbildung beendet und dessen erstes Streichquartett schon geschrieben; als Beethoven getauft wurde, komponierte der zwar blutjunge «Salzburger Konzertmeister» immerhin sein viertes Musikdrama; und als Schubert über seinen ersten Versuchen saß, stand von Beethovens Symphonien allein noch die *Neunte* aus. Obgleich keiner von ihnen «waschechter Wiener» war, «erfand» man eigens für sie die «Wiener klassische Schule», wiewohl es nicht gelingen will, als gemeinsame Wesensmerkmale mehr denn «Einfachheit, Klarheit, Bündigkeit» zu benennen. Abgesehen von der herrschenden Überbewertung der Bau-Schemen, die in der Behauptung gipfelt: «Die Seele der Musik ist ihre Form», ist längst erwiesen, daß es andere Kräfte waren, die aus dem «ein-dimensionalen» Gebilde Corelli-Vivaldischer Herkunft das «zwei-dimensionale» der Mannheimer Schule hatten werden lassen, als «Sonatensatz» von den Wiener Meistern angetroffen, ohne von ihnen entscheidend verändert zu werden.

Um so mehr darf zu denken geben, daß man noch heute für die Musik der vorhergegangenen 200 Jahre, von Peris «Dafne» bis fast zur «Zauberflöte», mit dem Begriff «Barock» zurechtkommt, während sich für die Nuancen der Erscheinungen in Beethovens Lebenszeit die Termini türmen: von Rokoko und Empfindsamkeit über Louis-seize, Vor-, Früh-, Hochklassik, Empire, Klassizismus, Neugotik, Biedermeier bis zu den Spielarten der Romantik. Sie sollen hier nichts anderes bezeugen als das offenbar stürmische Temperament, mit dem sich der Übergang der Kunstpflege aus den Händen des Adels in die der Bürger vollzogen hat. Nach dem auslösenden

Moment ist nicht lange zu suchen: die Französische Revolution. Unvorstellbar, daß sich Haydn ihr in die Arme geworfen hätte! Ist Mozarts «Figaro» kein Beweis für seine politische Gesinnung, spricht kein Wort Schuberts von Sympathien für die Verfechter der Menschenrechte, so wurde allein Beethoven mit elementarer Wucht davon erfaßt. Wie sollte er sich auch nicht begeistern für die Ideen der Humanität, des Nationalstaats und der wahren Menschenwürde, als deren Vorkämpfer er Bonaparte verehrte! Daß sich als «Phantom» entlarvte, was er für ein «Fanal» gehalten hatte, enttäuschte ihn bekanntlich so tief, daß er sich von nun an *dem geistigen Reich* als *der liebsten aller Monarchien* zuwandte. Als infolge der Aufhebung der zahlreichen geistlichen und kleinen weltlichen Höfe auch deren Hofkapellen aufgelöst wurden und die entlassenen Musiker in den neuerrichteten Theatern, Stadtkapellen und Musikschulen unterkamen, hub «draußen im Reich» verheißungsvoll die «neue» Konzert- und Oratorienpflege an.

In Wien aber vollzog sich der Wandel gemächlich, geradezu unter kaiserlichem Patronat. Beethoven gar, nach dem Tode seines Kurfürsten «in die Freiheit gestoßen», wurde nicht lange danach erneut, auf Lebenslänge, an das «Erzhaus» gekettet. Nachdem ihm das Vaterhaus und die Lehrmeister nicht viel mehr mitgegeben hatten als *die Kunst, musikalische Gerippe zu erschaffen*, ist nicht zu bestreiten, daß das musikalische Klima Wiens in vielfacher Weise zu seiner Prägung beitrug. Aber das Spezifische, sein allerhöchst-privates «Arcanum», erwuchs völlig aus ihm allein: das auch heute noch

Die Hände Beethovens. Nach Josef Danhauser

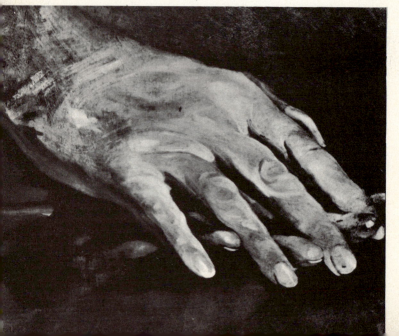

*Beethovens Sarg wird zur Einsegnung
in die Dreifaltigkeitskirche zu Wien getragen.
Sepiazeichnung von Franz Xaver Stöber*

«ganz Unbegreifliche». Davon gilt unverändert, was in seiner Handschrift, eigens gerahmt, auf seinem Schreibtisch zu lesen stand: «Kein Sterblicher hat meinen Schleier aufgehoben.»

Bis zu dieser Zeit hatte Beethoven, wie zuvor sein Vater und sein Großvater, mit nichts anderem zu rechnen als mit der Abnutzung und Überalterung des Musizierguts, bedingt durch *das Weitergehen in der Kunstwelt*. So las man im Jahr der *Fidelio*-Premiere: «Die leichtere Klaviermusik eines Pleyel, Wanhal, Kozeluch ist ganz aus der Mode.» In diesem Augenblick lagen von Beethoven nahezu hundert Drucke vor, unter ihnen außer Variationswerken allein 20 Klaviersonaten, zuletzt die für Waldstein, so daß nicht schwer zu erraten ist, wodurch die «leichtere Klaviermusik» hinweggefegt worden war. Von nun an ereignete sich erstmals in der Musikgeschichte das Ungewöhnliche, daß in erregender Gleichzeitigkeit Neues und wiederentdecktes Altes immerzu in das Repertoire einfloß wie in einen «Stausee», ohne weiterhin das konstante Veralten des Programms von Generation zu Generation zu bewirken. Nicht als ob alles von Bestand geblieben sei, was sich seither anbot: Wie vieles gebärdet sich nur eintags! Immerhin sieht sich der Interessent heute einer Programmbreite gegenüber, die volle «zweitausend Jahre klingenden Musikschaffens» umfaßt, vom vorchristlichen Liedchen des Seikilos bis zur jüngsten «Schallexzentrik», Stellungnahme heischend mindestens von der Musik Bachs bis Bartóks. Wird der Tonkunst noch heute zugestanden, daß sie «die größte Zahl und zugleich die Besten ergreift», jedoch «im Unterschied von der Baukunst auch am rückhaltlosesten in der Reproduktion des Vergangenen» sei, ja daß «der Kern ihrer Wirkung» darauf fuße (Jaspers), so bedarf es freilich keines Nachweises, um den hohen Anteil der vier Wiener Meister an der musikalischen Praxis unserer Tage glaubhaft zu machen. Obgleich das Ohr an Neuem geschult, durch Kühneres gewitzigt ist und weder vor der «Schönheit des Häßlichen» noch vor der Begegnung mit Perfektioniertem und Seriellem zurückschreckt, bestätigt die Beobachtung, daß «das Nebenwerk des Großen uns wichtiger ist als das Hauptwerk des Kleinen» (A. Einstein). Sieht man von denjenigen Werken Beethovens ab, die er selbst als *Jugendsünden* bezeichnete und den wenigen, die kritische Zeitgenossen schon als «Verirrung seiner Muse» empfanden, so dürfte es kaum einen zweiten Komponisten geben, von dem ein so hoher Anteil seines Gesamtschaffens im Bewußtsein der musikalischen Welt weiterlebt. Zwar blieb nicht unversucht, «Kontrapositionen» zu sammeln, Einwände, «Unlustgefühle gegenüber dem Überkommenen», als sei etwa «Beethoven der Exponent der Terz, der Sexte, des Leittons, der Dur- und Moll-Tonalität und sonst nichts». Als fragte der Betrachter eines Bildes nach den chemischen Formeln der dazu verwendeten Farben! Als ginge es einem Hörer um die akustische Palette! Ein «Maß für Größe» aber zu gewinnen erscheint mit Argumenten menschlicher Logik nicht darstellbar, zumal es offenbar eingeboren ist «im Gefühl der Verhältnisse, die allein schön und von Ewigkeit sind, deren Hauptakkorde man beweisen, deren Geheimnisse man nur fühlen kann» (Goethe, 1772). Man hat die «Hauptakkorde» nachgemessen, angefangen bei den Intervallen mit ihren ureinfachen «Bruchwerten» der Saitenteilung – bis zu den Proportionen von Beethovens Symphonie-Bauplänen; und die Ergebnisse erlauben, daraus zu schließen, daß ihre «Schönheit» auf ihrer «Ordnung» beruhe und sie «den weisesten Verstand zur Quelle haben» müsse. Man hat sogar den Satz gewagt: Beethoven sei «der größte Musiker, nicht obwohl, sondern w e i l er taub war». Und damit sei der Blick auf das umstrittene Bild seines Lebens gelenkt, das nicht minder anziehend und rätselhaft geblieben ist als das Werk seinerseits. Viele Male gewandelt, befreit von romantischer Verbrämung, entmythisiert und entzaubert, ja verleumdet und in widerlicher Weise angegriffen, gelang es doch nicht, es ernsthaft zu entweihen. Gestattet der Glaube an die «Unteilbarkeit seines Schicksals» keinerlei Spekulationen, wie sie sich verführerisch in verschiedenen Stationen seines Lebens anbieten, so gibt es abermals keinen zweiten Komponisten, bei dem wir uns so völlig außerstande sehen, das Bild seines Menschentums von der Wirkung seiner Tondichtungen zu trennen. Unklärbar erscheint die Frage, inwieweit poetische Stoffe darin verschlüsselt sind, und elastisch, flexibel, individuell mögen sie gedeutet oder stumm verstanden werden: «Und wenn es nun ge-

schieht, daß wir den einen oder andern Gedanken formen... dann ist das genau der, den der Komponist uns hat mitteilen wollen. Und wenn es geschieht, daß wir an sehr verschiedene Dinge denken, dann deshalb, weil er tatsächlich jedem von uns sehr verschiedene und manchmal sogar widersprüchliche Dinge hat sagen wollen...»
(Georges Duhamel)

Im Hinblick darauf eine «Beethoven-Krise» für möglich zu halten, hieße einmal die harte und unmißverständliche Sprache der «Konsum-Tendenz» und der «Frequenz-Summen» zu überhören; zum anderen hieße es übersehen, daß sein Werk das Fundament prägte, zu dem alles, was seither und bis heute Tongestalt gewann, auf irgendeine Weise in unlösbarem Verhältnis steht, wie denn – was er schuf – tief wurzelt im unteilbaren Ganzen der abendländischen Kultur. Echter Avantgardist, der er sein Leben lang war, unaufhörlich bemüht um *Weitergehen* und *Verfeinerung*, um *Freiheit... wie in der ganzen großen Schöpfung*, um *reellen Kunstwert*, ist er unverändert, «der Mann, der Millionen nur Freude bringt», wozu er die Kraft *vom großen Tonmeister oben* erbat:

Meinen erhabensten Gedanken leihe Hoheit,
führe ihnen Wahrheiten zu, die es ewig bleiben!

(1813)

ZEITTAFEL

1712	5. Januar: Lodewyk van Beethoven (der Großvater Beethovens) in Mecheln geboren
1733	Übersiedlung als Hofmusiker nach Bonn. 7. September: Vermählung mit Maria J. Poll aus Kölner Land
um 1740	Johann van Beethoven (Beethovens Vater) in Bonn geboren
1752	Aufnahme in die Hofkapelle
1761	Ernennung des Großvaters zum Kapellmeister
1767	12. November: Vermählung Johanns mit Maria Magdalena Leym, geb. Keverich, aus Ehrenbreitstein
1770	17. Dezember: Taufe Ludwig van Beethovens in Bonn
1773	24. Dezember: Tod des Großvaters
1774	Beginn der Musikunterweisung durch den Vater
1778	26. März: Erstes Auftreten in einem Kölner Akademiekonzert
1781	Reise nach Rotterdam mit der Mutter
1782 – 1783	Beginn des Unterrichts bei Neefe; erste Kompositionen. Veröffentlichung der «Kurfürsten»-Sonaten. – November 1783: Konzert im Haag
1784	Wahl des Erzherzogs Maximilian Franz zum Kurfürsten von Köln. – Ernennung Beethovens zum 2. Hoforganisten
1787	April: Aufenthalt in Wien, Besuch (und Unterricht?) bei Mozart
1790	Bekanntschaft mit dem Grafen Waldstein. – Komposition des *Ritterballetts* für ihn (Aufführung 6. März 1791)
1791	Reise mit der Kapelle nach Bad Mergentheim; in Aschaffenburg Besuch Sterkels. – 5. Dezember: Tod Mozarts
1792	November: Zweite Reise Beethovens nach Wien. Unterricht bei Haydn, Schenk und Salieri. – *Streichtrio op. 3*
1793	Mit Haydn beim Fürsten Esterházy in Eisenstadt
1794	Unterricht bei Albrechtsberger. – Haydn in London
1795	Frühjahr: Beendigung der Ausbildung. Mitwirkung in Konzerten vom 29.–31. März. – Herausgabe seines op. 1: Klaviertrios
1796	Februar: Reise nach Prag, Dresden, Leipzig, Berlin. Begegnungen mit dem preußischen König, Prinz Louis Ferdinand, Zelter. Konzert am 23. November in Preßburg. – Komposition der *Adelaide*
1797	6. April: Aufführung des *Quintetts op. 16* durch Schuppanzigh. – 31. Januar: Franz Schubert geboren
1798	Beginn des Gehörleidens. – *Sonate pathétique*
1800	Streichquartette op. 18; erste eigene Akademie am 2. April: *Erste Symphonie, Septett op. 20* und ein Klavierkonzert. 18. April: Konzert mit dem Hornisten Punto: *Hornsonate*. Legat des Fürsten Lichnowsky
1801	28. März: *Die Geschöpfe des Prometheus* im Hofburgtheater uraufgeführt. Juni: Tod des Kurfürsten Maximilian Franz
1802	C. Czerny und F. Ries werden seine Schüler. Oktober: *Heiligenstädter Testament*
1803	5. April: Akademie: *Zweite Symphonie, Drittes Klavierkonzert* und *Oratorium*. – *Kreutzer-Sonate*. – Aufenthalt in Ofen. Opernauftrag von Schikaneder
1804	Beginn der Unterrichtung des Erzherzogs Rudolf (?). Komposition der *Eroica*

1805	Begegnung mit Cherubini und dem Abbé Vogler. – 7. April: *Eroica*-Aufführung. – 20. November: *Fidelio* (1. Fassung)
1806	29. März: *Fidelio* (2. Fassung). – 23. Dezember: Erste Aufführung des *Violinkonzerts*. *Streichquartette op. 59*
1807	Komposition der Messe für Esterházy, Aufführung am 13. September. – Subskriptionskonzerte bei Fürst Lobkowitz: *Vierte Symphonie, Viertes Klavierkonzert, Coriolan*-Ouvertüre
1808	Mai: *Tripelkonzert*. Berufung durch König Jérôme nach Kassel. – 22. Dezember: Große Akademie: *Fünfte und Sechste Symphonie, Chorfantasie* und Teile der *Messe op. 86*
1809	Februar: Vertrag mit den Fürsten. – Mai: Beschießung Wiens. – Tod Haydns und Albrechtsbergers. – *Fünftes Klavierkonzert, Streichquartett op. 74*
1810	Heiratsprojekt mit Therese Malfatti. – Musik zu *Egmont*, 15. Juni erste Aufführung. – Begegnung mit Bettina Brentano. – Frédéric Chopin und Robert Schumann geboren
1811	Brief an Goethe. Erster Aufenthalt in Teplitz, Begegnung mit Tiedge und Varnhagen van Ense; Heimreise über Grätz (?) und Aufführung seiner *Messe* in Troppau
1812	9. Februar: Aufführungen der Schauspielmusik zu *Ruinen von Athen* und *König Stephan* (Kotzebue) in Pest. – Zweiter Aufenthalt in Teplitz. Zusammentreffen mit Goethe. Brief an die *Unsterbliche Geliebte* (?). – Komposition der *Siebten und Achten Symphonie*. – Aufenthalt in Linz bei seinem Bruder Johann
1813	Begegnung mit Mälzel, Moscheles, Meyerbeer. – 8. Dezember: *Wellingtons Sieg*, zusammen mit den neuen Symphonien. – Tod Kinskys. Richard Wagner und Giuseppe Verdi geboren
1814	23. Mai: Wiederaufnahme des *Fidelio* (3. Fassung); *Klaviertrio op. 97*; Ouvertüre zur *Namensfeier*. – Tod des Fürsten Lichnowsky
1815	Konzerte zum Wiener Kongreß. – Tod des Bruders Karl. – Übernahme der Vormundschaft für den Neffen. – 25. Dezember: *Meeresstille und Glückliche Fahrt* (Goethe)
1816	Prozeßbeginn wegen der Vormundschaft. – Liederkreis *An die ferne Geliebte*. – Tod des Fürsten Lobkowitz
1817	Besuch Marschners bei Beethoven. – Gespräche mit Grillparzer. – *Quintettfuge op. 137*
1818	Schenkung des Broadwood-Flügels an Beethoven. – *Schottische Lieder*
1819	Völlige Taubheit, Konversationshefte. Schindler als Adlatus. Beginn der *Missa solemnis*. – Bitte Diabellis um eine Variation seines Walzers
1820	Vormundschaftsprozeß zu Beethovens Gunsten entschieden. Begegnung mit Zelter. Häufiges Zusammensein mit seinem Bruder Johann. Angebot der *Missa solemnis* an Simrock. – Schuberts «Forellenquintett»
1821	Gelbsucht. – *Klaviersonate op. 110*. – Erste Aufführung des «Freischütz». – Schuberts «Erlkönig»
1822	Rochlitz bei Beethoven, Begegnung mit Rossini und Carl Maria von Weber. – Ouvertüre *Die Weihe des Hauses* zur Eröffnung des Josefstädter Theaters am 3. Oktober. – Große Erfolge Rossinis. – Schuberts «Unvollendete»
1823	Grillparzer schreibt für Beethoven «Melusine»; Beendigung

	der *Missa solemnis* und der *Diabelli*-Variationen. – Subskriptionsangebot der *Missa* an die großen Höfe, Briefe an Goethe, Cherubini, Spohr und andere. Erste Erfolge des Wiener Walzers. Konzerte von Franz Liszt in Wien
1824	7. Mai: Große Akademie: *Neunte Symphonie* und Teile der *Missa*. *Streichquartett op. 127*. – Bruckner geboren. – Übernahme des Drucks der *Missa* durch Schott (Mainz)
1825	Freundschaft mit Karl Holz. – Letzte Streichquartette. Aufführung der *Neunten Symphonie* durch Ries in Aachen. – Aufführungen der *Quartette op. 127* und *132* durch Schuppanzigh und Böhm
1826	21. März: *op. 130* durch Schuppanzigh aufgeführt. – Selbstmordversuch des Neffen. Fahrt nach Gneixendorf zum Bruder. Letzte Komposition: *Finale* zu op. 130. Plan einer zehnten Symphonie. Heftige Erkrankung
1827	Leberzirrhose, vier Eingriffe. Zahlreiche Besucher, unter ihnen Franz Schubert. Erscheinen der *Missa*. Tod am 26. März spätnachmittags
1840	Erste Biographie von Anton Schindler
1846	Aufführung der *Neunten Symphonie* durch Richard Wagner in Dresden
1890	Gründung eines Beethoven-Vereins
1927	Gründung des Beethoven-Archivs in Bonn

ZEUGNISSE

JOHANN WOLFGANG VON GOETHE

Zusammengefaßter, energischer, inniger habe ich noch keinen Künstler gesehen. Ich begreife recht gut, wie er gegen die Welt wunderlich stehen muß.

An seine Frau. 19. Juli 1812

ERNST THEODOR AMADEUS HOFFMANN

Beethovens Musik bewegt die Hebel der Furcht, des Schauers, des Entsetzens, des Schmerzes und erweckt eben jene unendliche Sehnsucht, welche das Wesen der Romantik ist. Er ist daher ein rein romantischer Komponist, und mag es nicht daher kommen, daß ihm Vokalmusik, die den Charakter des unbestimmten Sehnens nicht zuläßt, sondern nur durch Worte bestimmte Affekte, als in dem Reiche des Unendlichen empfunden, darstellt, weniger gelingt?

Beethovens Instrumentalmusik, Kreisleriana I. Bamberg, 1814

FRANZ GRILLPARZER

Ein Künstler war er, aber auch ein Mensch, Mensch in jedem, im höchsten Sinne. Weil er von der Welt sich abschloß, nannten sie ihn feindselig, und weil er der Empfindung aus dem Wege ging, gefühllos... Er floh die Welt, weil er in dem ganzen Bereich seines liebenden Gemüts keine Waffe fand, sich ihr zu widersetzen. Er entzog sich den Menschen, nachdem er ihnen alles gegeben und nichts dafür empfangen hatte. Er blieb einsam, weil er kein zweites Ich fand. Aber bis an sein Grab bewahrte er ein menschliches Herz allen Menschen, ein väterliches den Seinen, Gut und Blut der ganzen Welt.

Aus der Grabrede

RICHARD WAGNER

Nicht also das Werk Beethovens, sondern jene in ihm enthaltene unerhört künstlerische Tat des Musikers haben wir hier als den Höhepunkt der Entfaltung seines Genius festzuhalten, indem wir erklären, daß das ganz von dieser Tat belebte und gebildete Kunstwerk auch die vollendete Kunstform bieten mußte, nämlich diejenige Form, in welcher, wie für das Drama, so besonders auch für die Musik jede Konventionalität vollständig aufgehoben sein würde. Dies wäre dann zugleich auch die einzige, dem in unserem großen Beethoven so kräftig individualisierten deutschen Geiste durchaus entsprechende, von ihm erschaffene rein-menschliche, und doch ihm original angehörige neue Kunstform, welche bis jetzt der neueren Welt, im Vergleiche zur antiken Welt, noch fehlt.

Beethoven. 1870 (Ges. Schrift. 1898. Bd. 9)

ROMAIN ROLLAND

O Beethoven! Andere haben vor mir die Größe deines Künstlertums gepriesen, du aber bist mehr als der erste unter allen Musikern, du bist die Verkörperung des Heldentums in der ganzen modernen Kunst, du bist der größte und beste Freund der Leidenden, der Kämpfenden. Wenn das Elend der ganzen Welt uns überwältigt, dann nahst du dich uns, wie du dich einer trauernden Mutter nahtest, dich wortlos ans Klavier setztest und der Weinenden Trost reichtest in dem Gesang deiner ergebenen Klage... Du gibst uns deine Tapferkeit, deinen Glauben daran, daß der Kampf ein Glück ist, dein Bewußtsein der Gottähnlichkeit.

L. v. Beethoven, 1903. Vorrede

FERRUCIO BUSONI

Befreiungslust erfüllte einen Beethoven, den romantischen Revolutionsmenschen, daß er einen kleinen Schritt in der Zurückführung der Musik zu ihrer höheren Natur aufstieg; einen kleinen Schritt in der großen Aufgabe, einen großen Schritt in seinem eigenen Weg.

Entwurf einer neuen Ästhetik der Tonkunst. 1907

RUDOLF LOUIS

Man kann den Wert der symphonischen Musik des späteren 19. Jahrhunderts noch so hoch einschätzen, das eine wird auch ihr begeistertster Lobredner nicht leugnen wollen: daß die Symphonie in Beethoven einen Höhepunkt der Entwicklung erreicht hat, über den hinaus zwar gewiß eine Steigerung nach verschiedenen Richtungen hin noch möglich, aber notwendigerweise auch zu erkaufen war mit einer Störung des harmonischen Gleichgewichts im Balancement einander widerstreitender Tendenzen, das der Beethovenschen Symphonie den Charakter der Klassizität verleiht.

Die deutsche Musik der Gegenwart. 1909

ARTHUR HONEGGER

Doch hatte die Taubheit keinerlei Einfluß auf das Wesentliche seiner Gedanken. Ich wäre versucht, zu behaupten, daß die Taubheit, die ihn in sich selbst einmauerte, der Konzentration seines Genies förderlich war und ihn vor Abgeschmacktheiten und Banalitäten seiner Zeit bewahrte.

Ich bin Komponist. 1952

THOMAS MANN

Ebenso, wie das durch hundert Schicksale, hundert Welten rhythmischer Kontraste gehende Thema [der Arietta aus op. 111] sich selbst überwächst und sich endlich in schwindelnden Höhen verliert, ebenso hat auch Beethovens Künstlertum sich selbst überwachsen: aus wohnlichen Regionen der Überlieferung stieg es vor erschrocken nachblickenden Menschenaugen in Sphären des ganz und gar noch Persönlichen auf, in ein vom Sinnlichen isoliertes Ich und einsames Geisterreich, von dem nur noch fremde Schauer selbst auf die willigsten Zeitgenossen ausgingen.

Dr. Faustus

WILHELM FURTWÄNGLER

Beethoven begreift in sich die ganze, runde, komplexe Menschennatur. – Niemals hat ein Musiker von der Harmonie der Sphären, dem Zusammenklang der Gottesnatur, mehr gewußt und mehr erlebt als Beethoven.

Wort und Ton. 1954

GEORGES DUHAMEL

Das Adagio des ersten Quartetts von Beethoven trägt die Bezeichnung affettuoso e appassionato. Mehr braucht es nicht, um einem das ganze Drama vorzustellen... Von den ersten Takten an umschlingt uns ein ergreifender Schmerz, oder im Gegenteil, Freude, Jubel oder gar Sorglosigkeit lösen alle Fibern unseres Seins. Wir verfolgen die Entwicklung und die Veränderungen solcher Seelenzustände, als würden sie uns in der klarsten und deutlichsten Sprache aufgezeigt.

Trost der Musik

HANS VON DETTELBACH

Beethoven gehört zu den ganz wenigen Exemplaren der Menschheitsgeschichte, durch welche der Mensch selbst für alle Zeiten gerechtfertigt erscheint. Er zählt zu den großen Künstlern, die wie Homer, Michelangelo, Shakespeare und Goethe nie veralten können, weil sie über den Zeiten, Strömungen, Stilen und Moden stehen.

Breviarium Musicae. 1958

WERKVERZEICHNIS

Werke ohne Opuszahl (WoO): Nr. 1–205 (nebst Nachträgen)
Werke mit Opuszahlen: Nr. 1–138

1. Geistliche Musik

Oratorium op. 85: *Christus am Ölberg*. Entstehungszeit: 1803. (Erste Aufführung: 1803; Erste Veröffentlichung: 1811)
Messe C-dur op. 86 (für Fürst Esterházy) 1807 (1807; 1812)
Missa solemnis op. 123 (für Erzherzog Rudolf). 1819–1823 (1824; 1827)
3 Equale für 4 Posaunen. Linz 1812 (?; 1827). – WoO 30

2. Musikdramatische Werke

Oper *Leonore (Fidelio oder die eheliche Treue)* op. 72. 1805 (1805; 1905)
  mit Ouvertüren Nr. 1 und 2
  Zweite Fassung: 1806 (mit Ouvertüre Nr. 3) (1806; 1810 [Klavierauszug])
  Dritte Fassung: 1814 (mit Ouvertüre Nr. 4) (1814; 1814 [Klavierauszug]; 1826 [Partitur])

SCHAUSPIELMUSIK
  Zu Johann Wolfgang von Goethes Trauerspiel «Egmont» op. 84. 1810 (1810; 1810)
  Zu August von Kotzebues Festspiel «König Stephan» op. 117. 1811 (1812; 1826)
  Zu dessen «Ruinen von Athen» op. 113. 1811 (1812; 1823)

BALLETTMUSIK
  Ritterballett (für Graf Waldstein) Bonn 1791. – WoO 1
  Die Geschöpfe des Prometheus op. 43. 1800/01 (1801; 1801)

EINZELBEITRÄGE
  Zu Kuffners «Tarpeja». 1813. – WoO 2
  Zu Dunckers «Leonore Prohaska». 1815. – WoO 96
  Zu Meisls «Die Weihe des Hauses» Ouvertüre op. 114. 1822. – WoO 98
  9 Szenen, Arien, Duette. 1790–1803 [darunter *Ah perfido* op. 65. Prag 1796; und *Tremate, empi, tremate* (Terzett op. 116). 1814]

3. Chor- und Liedwerke

CHORKOMPOSITIONEN
  Chorphantasie für Klavier, Chor und Orchester op. 80. 1808 (1808; 1811)
  Meeresstille und Glückliche Fahrt (Goethe) op. 112. 1815 (1815; 1822)
  Opferlied op. 121 b. 1824 (1824; 1825)
  Bundeslied op. 122. 1822 (–; 1825)
LIEDERKREISE UND -ZYKLEN: 6; davon *6 Lieder von Gellert* op 48. 1803; *Drey Gesänge von Göthe* op. 83. 1810; *An die ferne Geliebte* (Texte von Jeiteles) op. 98. 1816
EINZELNE LIEDER: 52; daraus *Adelaide* (Matthisson) op. 46. 1796; *An die Hoffnung* (Tiedge) 2 Fassungen op. 32 von 1805 und op. 94 von 1813; *Zärtliche Liebe*: Ich liebe dich, so wie du mich (Herrosee) WoO 123. 1797; *Neue Liebe, neues Leben* (Goethe) WoO 127. 1798/99; *Der Wachtelschlag* (Sauter) WoO 129. 1803; *Sehnsucht* (Goethe) 4 Fassungen WoO 134. 1807/08; *Abendlied unterm gestirnten Himmel* (Goebel) WoO 150. 1820

VOLKSLIEDBEARBEITUNGEN: op. 108 und WoO 152–158; 168 Gesänge mit Begleitung von Klavier, Violine und Cello [besonders Schottische und Irische Lieder 1810–1818]

4. ORCHESTERWERKE

SYMPHONIEN
1. op. 21 C-dur (für Freiherr van Swieten). 1799 (1800; 1801)
2. op. 36 D-dur (für Fürst Lichnowsky). 1802 (1803; 1804)
3. op. 55 Es-dur *Eroica* (für Fürst Lobkowitz). 1804 (1805; 1806)
4. op. 60 B-dur (für Graf Oppersdorf). 1806 (1807; 1808)
5. op. 67 c-moll *Schicksalssymphonie* (für Fürst Lobkowitz). 1808 (1808; 1809)
6. op. 68 F-dur *Pastorale* (für Graf Rasumowsky). 1808 (1808; 1809)
7. op. 92 A-dur (für Graf Fries). 1812 (1814; 1816)
8. op. 93 F-dur (ohne Widmung). 1812 (1814; 1817)
9. op. 125 d-moll (für König Friedrich Wilhelm III. in Preußen). 1824 (1824; 1826)

SOLOKONZERTE
Konzert für Klavier, Violine und Violoncello (*Tripelkonzert*) op. 56 C-dur (für Fürst Lobkowitz). 1804 (1808; 1807)
Konzert für Klavier: WoO 4 Es-dur. Bonn 1784 (–; 1890)
1. op. 15 C-dur (Odescalchi). 1798 (1798?; 1801)
2. op. 19 B-dur (Nickelsberg). 1798 (?; 1801)
3. op. 37 c-moll (Prinz Louis Ferdinand). 1800 (1803; 1804)
4. op. 58 G-dur (Erzherzog Rudolf). 1806 (1807; 1808)
5. op. 73 Es-dur (Erzherzog Rudolf). 1809 (1811?; 1811)
Konzert für Violine op. 61 D-dur (Stephan von Breuning). 1806 (1806; 1808)
Romanzen für Violine und Orchester op. 40 G-dur, op. 50 F-dur 1802 (–; 1803–1805)
Tanzsätze (Menuetts, deutsche Tänze, Contretänze, Ecossaisen) zu Ballveranstaltungen WoO 3, 7–17, 21–23, 42 [darunter Elf Tänze (sog. «Mödlinger») für 7 Instrumente 1819]

5. KAMMERMUSIK OHNE KLAVIER

Oktett op. 103 Es-dur 1792 für Bläser (und Rondino WoO 25)
Septett op. 20 Es-dur (Maria Theresia). 1800
Sextett op. 71 Es-dur für Bläser 1796
 op. 81 b Es-dur 1794/95 (Streichquartett und 2 Hörner)
Quintett op. 29 C-dur (Graf Fries). 1800/01 (1. Ausg. 1802)
 op. 137 D-dur Fuge 1817 (1. Ausg. Herbst 1827)
STREICHQUARTETTE
 op. 18 in F, G, D, c, A, B (Lobkowitz). 1798–1800 (–; 1801)
 op. 59 in F, e, C (Rasumowsky). 1805/06 (?; 1808)
 op. 74 Es-dur (Lobkowitz). 1809 (?; 1810)
 op. 95 f-moll (Zmeskall). 1810 (1814; 1816)
 op. 127 Es-dur (Galitzin). 1822–1825 (1825; 1826)
 op. 132 a-moll (Galitzin). 1825 (1825; 1827)
 op. 130 B-dur (Galitzin). 1825/26 (1826; 1827)
 op. 131 cis-moll (Baron Stutterheim). 1826 (?; 1827)
 op. 135 F-dur (J. Wolfmayer). 1826 (1828; 1827)
 op. 133 B-dur (Erzherzog Rudolf) [ursprünglich Finale von op. 130]. 1825 (1826; 1827)

STREICHTRIOS (für Violine, Viola, Violoncello)
 op. 3 Es-dur. Bonn 1792 (?; 1796)
 op. 8 D-dur-Serenade. 1796/97 (?; 1797)
 op. 9 G-dur, D-dur, c-moll (Graf Browne). 1798 (?; 1798)
TRIOS in anderer Besetzung
 op. 25 D-dur (Flöte, Violine, Viola). 1795 [?] (?; 1802)
 op. 87 C-dur (2 Oboen, Englischhorn). 1794
DUOS WoO 26 G-dur für 2 Flöten. 1792
 WoO 27 3 Duos für Klarinette und Fagott. um 1800
 WoO 32 Es-dur: *Duett mit zwei obligaten Augengläsern.* um 1798 (1. Ausg. 1912; Minuetto 1952)
 ferner WoO 34/35

6. KAMMERMUSIK MIT KLAVIER

Quintett op. 16 Es-dur (Schwarzenberg). Klavier und Bläser. 1797
Quartette WoO 36: 3 von 1785
Klaviertrio (außer WoO 38 und 39)
 op. 1 in Es, G, c (Lichnowsky). 1793/94 (–; 1795)
 op. 70 in D-dur, Es-dur (Erdödy). 1808 (–; 1809)
 op. 97 B-dur (Erzherzog Rudolf). 1811 (1814; 1816)
Klarinettentrio op. 11 B-dur (Gräfin Thun). 1798 (–; 1798)
Duosonaten mit Violine: 10 Sonaten op. 12, 23, 24, 30, 47 (*Kreutzer*), 96. 1797–1812
Violoncell-Sonaten (5): op. 5, 69, 102. 1797–1815
Hornsonate op. 17 F-dur (Baronin Braun). 1800 (1800; 1801)

7. KLAVIERMUSIK

ZU 4 HÄNDEN: op. 6, 45, 134, WoO 67, WoO 74
ZU 2 HÄNDEN:

 Klaviersonaten (36): op. 2, 7, 10, 13 (*pathétique*), 14, 22, 26, 27 (*quasi una Fantasia*), 1–2, 28, 31, 49, 53 (*Waldstein*), 54, 57 (*Appassionata*), 78, 79, 81 (*Das Lebewohl – Abwesenheit – Das Wiedersehn*), 90, 101, 106 (*Große Hammerklavier-Sonate*), 109, 110, 111 [unter den früheren Sonaten die «Kurfürsten»-Sonaten WoO 47]
 Variationswerke für Klavier: op. 34, 35, 76, 120 (*33 Veränderungen über einen Walzer von Diabelli*), WoO 63–66, 68–73, 75–80
  mit Violine: op. 105 und 107
  mit Violoncello: op. 66, WoO 45, 46
  mit Violine und Violoncello: op. 44, 121a (*Ich bin der Schneider Kakadu*)
 Klaviersätze bzw. Bagatellen: op. 119 [11 Bagatellen], op. 126 [6 Bagatellen]. 1823/24; op. 129 *Rondo a capriccio* [fälschlich ‹Die Wut über den verlorenen Groschen› benannt]; WoO 48–49, 52–57, 59, 81–86 (darunter WoO 54 *Lustig-traurig*). 1798; WoO 59 *Für Elise* [richtiger: ‹Für Therese›]. 1810 (–; Ecossaisen, Walzer, Polonaise; op. 32 2 Präludien durch alle Dur-Tonarten. 1789; op. 33, 51, 77 (Große Fantasie). 1809; WoO 62 *Letzter musikalischer Gedanke* [nach einem geplanten Streichquintett]

8. Zeitgeschichtlich bedingte Gelegenheitswerke

1790 WoO 87: Kantate auf den Tod Kaiser Josephs II. (Text Averdonk)
1790 WoO 88: Kantate auf die Erhebung Leopolds II. zur Kaiserwürde (Text Averdonk)
1796 WoO 121: *Abschiedsgesang an Wiens Bürger* [zum Auszug des Wiener Freiwilligencorps] (Text Friedelberg)
1797 WoO 122: *Kriegslied der Österreicher* (Text Friedelberg)
um 1809 WoO 18: Marsch für die *Teutschmeister* (später für die ‹Böhmische Landwehr›, zuletzt *Yorck*'scher Marsch gen.) F-dur Nr. 1
WoO 19: Marsch F-dur Nr. 2 für Erzherzog Anton (*Zapfenstreich*)
WoO 20: Marsch C-dur für Militärmusik (*Zapfenstreich Nr. 2*)
WoO 21–23: Polonaise und 2 Ecossaisen für Militärmusik
WoO 29: Marsch B-dur (*Granadirs*-Marsch)
1813 op. 91: *Wellingtons Sieg oder Die Schlacht bei Vittoria* für Orchester (für Mälzels ‹Panharmonikon›) dem Prinzregenten von England gewidmet (1813; 1816)
1814 WoO 94: *Germania* [Schlußgesang zu Treitschkes Singspiel «Die gute Nachricht»] (Baß, Chor, Orchester)
WoO 95: Chor auf die verbündeten Fürsten (Text Bernard)
op. 136: Kantate *Der glorreiche Augenblick: Europa steht* für 4 Solostimmen, Chor, Orchester (Text Weissenbach). (1814; 1835)
1815 WoO 143: *Des Kriegers Abschied* (Text Reissig) Lied mit Klavier: Ich zieh' ins Feld (Druck 1815)
WoO 97: Schlußgesang *Es ist vollbracht* zu Treitschkes Singspiel «Die Ehrenpforten» (Baß, Chor, Orchester). (1815)
1816 WoO 24: Marsch für Militärmusik [für das Bürgerliche Artillerie-Corps Wien]. (1. Druck 1827)

9. Gelegenheitswerke und Stammbucheinträge

zahlreich, u. a. WoO 100, 101, 106; op. 118: *Elegischer Gesang* für 4 Stimmen mit Streichquartett: Sanft wie du lebtest. 1814 (1814; 1826)
Kanons und Rätselkanons: ca. 50, darunter WoO 162: Ta ta ta ... (auf Mälzel)
Notenscherze: zahlreich in Briefen

10. Eigene Arrangements

op. 4 Streichquintett Es-dur (nach dem Oktett für Blasinstrumente op. 103)
op. 14 Streichquartett F-dur (nach der Klaviersonate op. 14,1 in E-dur)
op. 61 Klavierkonzert (nach dem Violinkonzert op. 61)
op. 104 Streichquintett (nach dem Klaviertrio op. 1,3)
op. 134 Fuge für Klavier zu 4 Händen (nach dem Streichquartett op. 133)

BIBLIOGRAPHIE

Die nachstehende Auswahl aus dem unübersehbaren Schrifttum stellt (jeweils nach dem Erscheinungsdatum) den ältesten Quellen die neueste Literatur gegenüber, unter weitgehender Auslassung nicht mehr greifbarer Darstellungen. Aufsatztitel aus Fachzeitschriften, Gedenkbüchern, Kongreßberichten, Festgaben der Verlage u. a. lassen sich aus den allgemeinen und speziellen bibliographischen Werken entnehmen.

1. Bibliographien

a) Allgemeine

ABER, ADOLF: Handbuch der Musikliteratur. Leipzig 1922 [Sp. 241 ff]
Repertorium der Musikwissenschaft (hg. im Auftrage der Gesellschaft für Musikforschung). Kassel-Basel 1953
Bibliographie des Musikschrifttums (hg. im Auftrage des Staatlichen Instituts für deutsche Musikforschung). Leipzig (später: Frankfurt a. M.)
SCHAAL, R.: Verzeichnis der deutschsprachlichen musikwissenschaftlichen Dissertationen 1861–1960. Kassel-Basel 1963
SCHMIDT-GÖRG, J.: Beethoven. In: Musik in Geschichte und Gegenwart. Bd. I, Sp. 1509–65. 1949 ff

b) Titelsammlung

KASTNER, E.: Bibliotheca Beethoveniana [von 1827–1913 erschienene Werke]. 2. Aufl. hg. von TH. V. FRIMMEL. 1925 [Fortsetzungen in: Neues Beethoven-Jahrbuch. 1924 ff]

c) Periodische Schriften

Beethoven-Jahrbuch. Serie I 1908/09; II (Neues Beethoven-Jahrbuch) 1924–1942; III seit 1954
Veröffentlichungen des Beethoven-Hauses in Bonn. Seit 1920
Beethoven und die Gegenwart. Festschrift für L. Schiedermair. Bonn 1937

2. Werke und Dokumente

a) Verzeichnisse

KINSKI, GG. (und H. HALM): Das Werk Ludwig van Beethovens. Thematisch-bibliographisches Verzeichnis seiner sämtlichen Kompositionen. München-Duisburg (1955). XXII, 808 S.
HESS, W.: Verzeichnis der nicht in der Gesamtausgabe veröffentlichten Werke Ludwig van Beethovens. Wiesbaden 1957

b) Gesamtausgaben

Gesamtausgabe. Hg. von S. BAGGE, F. DAVID, F. ESPAGNE, E. MANDYCZEWSKI, G. NOTTEBOHM, C. REINICKE, E. F. RICHTER, J. RIETZ. Leipzig 1862–1888 [25 Serien mit Nachtrag]
(Neue) Gesamtausgabe. Hg. vom Beethoven-Archiv Bonn [J. SCHMIDT-GÖRG]. München-Duisburg 1960 ff [im Erscheinen]

Vom Geld ist die Rede, von wem noch?

Genau so viele Noten ...

... als nötig sind, erwiderte der junge Musiker dem Kaiser, der bemängelt hatte, in dieser einen Komposition seien aber «gewaltig viele Noten». Auf den Mund gefallen war er nicht, der Herr Trazom, wie er sich in seiner Vorliebe für Wortverdrehungen gelegentlich nannte. Und von den hohen Herren ließ er sich nicht alles gefallen. Er war bei einem Erzbischof in Diensten, für 500, dann für 400 Gulden. Aber der Geistliche ärgerte ihn nicht minder als die Lakaien (der Oberstküchenmeister gab ihm einmal einen Fußtritt), und so quittierte er den Dienst. Seine Eminenz nahm das mit nicht druckbaren Worten zur Kenntnis.

Der Musiker war eben erst 21 Jahre alt und verdiente seinen Lebensunterhalt nun durch Konzerte und Klavierstunden, die er haßte: «Zu einer gewissen Stunde in ein Haus gehen zu müssen, oder zu Hause auf einen warten zu müssen, das kann ich nicht, und sollte es mir auch noch so viel einbringen, das ist mir ohnmöglich», hatte er einmal geklagt. Trotzdem: Schlecht ging's ihm nicht. Der junge Virtuose und anerkannte Compositeur hatte bereits den größten Teil Europas bereist und war vom Papst geadelt worden. Nur mit Geld umzugehen hatte er, der auch nie eine Schule besuchte, nicht gelernt. Das Wirtschaften hatte ihm der Vater abgenommen, und nun, da er auf eigenen Füßen stand, warf er das Geld mit vollen Händen hinaus, wie es hereinkam. Mit 22 heiratete er, und seine Frau war ebenso geschickt im Geldausgeben und unerfahren im Sparen wie ihr Ehemann. Aber sie lebten ja in ausreichendem Wohlstand. Seine Stücke wie «Der bestrafte Bösewicht» oder «Schule der Liebhaber» wurden begeistert aufgenommen. Er komponierte, musizierte, dirigierte, gab Unterricht, tanzte gern, kegelte gern, und aufs Reiten verzichtete er nur aus Angst vor Verletzungen. Und der Kaiser besoldete ihn mit 800 Gulden im Jahr. Doch als er die 30 überschritten hatte, kamen die Krankheit und das Elend. Er starb überraschend, vergiftet, wie die Witwe behauptete, die ihn um fünf Jahrzehnte überlebte. Sie war beim Tod ihres Mannes zusammengebrochen, und als sie Tage später zum Friedhof gehen konnte, fand sie das Grab nicht mehr – niemand hatte den Sarg begleitet. Von wem war die Rede?

(Alphabetische Lösung: 13–16–26–1–18–20)

Pfandbrief und Kommunalobligation

Meistgekaufte deutsche Wertpapiere - hoher Zinsertrag - schon ab 100 DM bei allen Banken und Sparkassen

Verbriefte Sicherheit

c) Skizzen

NOTTEBOHM, G.: Ein Skizzenbuch von Ludwig van Beethoven. Leipzig 1865
NOTTEBOHM, G.: Beethoveniana I/II. Leipzig 1872 und 1887
NOTTEBOHM, G.: Ein Skizzenbuch Beethovens aus dem Jahr 1803. Leipzig 1880
MIES, P.: Die Bedeutung der Skizzen-Bücher zur Erkenntnis seines Stiles. Leipzig 1925
WEISE, D.: Ein Skizzen-Buch zur Chorphantasie op. 80. Bonn 1949 [Diss.]
SZABO, E.: Ein Skizzen-Buch Beethovens aus den Jahren 1798/99. Bonn 1951 [Diss.]
SCHMIDT-GÖRG, J.: 3 Skizzen-Bücher zur Missa solemnis. [Bonn] 1951
HECKER, J. v.: Untersuchungen aus den Skizzen zu op. 131. Freiburg i. B. 1956 [Diss.]
HECKER, J. v.: Ein Skizzen-Buch zur Pastoralsymphonie. 2 Bde. Bonn 1961

d) Briefe

Hg. von A. C. KALISCHER, z. T. neu bearbeitet von TH. V. FRIMMEL. 5 Bde. Berlin 1908–1911
Hg. von F. PRELINGER. 5 Bde. Wien und Leipzig 1910–1911
Hg. von E. KASTNER, Neuausg. von J. KAPP. Leipzig 1923
Hg. von E. ANDERSON, London 1961 [1570 Briefe, 82 Dokumente]
Letters in America. Hg. von O. G. SONNECK. New York (1927)
13 unbekannte Briefe Beethovens an Josephine Gräfin Deym geb. Brunsvik. Hg. von J. SCHMIDT-GÖRG. Bonn 1956

e) Konversationshefte

Hg. von W. NOHL. Bd. I. 1. Lief. München 1923–1924
Hg. von G. SCHÜNEMANN. Bd. 1–3 [Konversations Hefte 1–37]. Berlin 1941–1943

f) Varia

Beethovens Stammbuch. Hg. von H. GERSTINGER. 2 Bde. Bielefeld 1927
Entwurf einer Denkschrift (1820), Faksimile u. Übertragung. Hg. von D. WEISE. Bonn 1953
HÜRLIMANN, M.: Briefe und Gespräche. 2. Aufl. Zürich 1946
RUTZ, H.: Dokumente seines Lebens und Schaffens. München 1950
LEITZMANN, A.: Briefe und persönliche Aufzeichnungen. Leipzig 1952
NOTTEBOHM, G.: Beethovens Studien. Leipzig und Winterthur 1873
LEY, ST.: Beethovens Leben in authentischen Bildern und Texten. Berlin 1925
MIKULICZ, K. L.: Ein Notierungsbuch von Ludwig van Beethoven. Leipzig 1927

g) Bilder

FRIMMEL, TH. v.: Beethoven im zeitgenössischen Bildnis. Wien 1923
PETZOLD, R.: Ludwig van Beethoven, sein Leben in Bildern. Leipzig 1957
VALENTIN, E.: Beethoven – Eine Bildbiographie. München 1957
BORY, R.: Ludwig van Beethoven. Sein Leben und sein Werk in Bildern. Zürich 1960

3. Darstellungen

SCHLOSSER, J. A.: Ludwig van Beethoven. Prag 1828
WEGELER, F. G., und F. RIES: Biographische Notizen. Koblenz 1838 – Neuausg. hg. von A. CHR. KALISCHER. 1906
SCHINDLER, A.: Biographie. Münster 1840 – Neuausg. hg. von A. CHR. KALISCHER. 1909 – Von ST. LEY. Bonn 1949
BREUNING, G. v.: Aus dem Schwarzspanierhause. Erinnerungen aus meiner Jugendzeit. Wien 1874 – Neuausg. hg. von A. CHR. KALISCHER. 1907
THAYER, A. W.: Ludwig van Beethovens Leben, deutsch bearbeitet und weitergeführt von H. DEITERS, ergänzt und hg. von H. RIEMANN. 5 Bde. Leipzig 1866–1908 – Engl. Neuausg. von E. FORBES. Princeton, N. J. 1964. 2 Bde.
BEKKER, PAUL: Beethoven. Berlin 1921
BÜCKEN, E.: Ludwig van Beethoven. Potsdam 1934
RIEZLER, W.: Beethoven. Zürich 1939 – Neuaufl. 1962
GRÜNINGER, FR.: Einführung in den Geist seiner Persönlichkeit und Werke. Heidelberg 1947
HERRIOT, É.: La vie de Beethoven. Paris (1945) – Dt.: Karlsruhe 1951
LEY, S.: Wahrheit, Zweifel und Irrtum in der Kunde von Beethovens Leben. Wiesbaden 1955
HESS, W.: Beethoven. Zürich 1956
NETTL, P. K.: Encyclopedia. New York (1956)

4. Studien und Beiträge zur Stilistik und Kompositionstechnik

LENZ, W. v.: Eine Kunststudie. Cassel 1855 – Neuaufl. Berlin 1922
BECKING, G.: Studie zu Beethovens Personalstil. Das Scherzothema. 1921
MERSMANN, H.: Die Synthese der Stile. Berlin 1922
SCHMITZ, A.: Beethovens zwei Prinzipe. Berlin 1923
DEUTSCH, F.: Die Fugenarbeit in den Werken Ludwig van Beethovens. Wien 1925 [Diss.]
SCHMITZ, A.: Das romantische Beethoven-Bild. Berlin-Bonn 1927
SENN, W.: Die Hauptthemen der Sonatenform in Beethovens Instrumentalwerken. Wien 1927 (Studien zur Musikwissenschaft. 16/1929) [Diss.]
NAUMANN, E.: Strukturkadenzen bei Beethoven. Leipzig 1931 [Diss. 1929]
SCHERING, A.: Beethoven in neuer Deutung. Leipzig 1934
BROEL, W.: Die Durchführungsgestalt in Beethovens Sonatensatz. Bonn 1937 [Diss.]
WEBER, F.: Harmonischer Aufbau und Stimmführung in den Sonatensätzen der Klaviersonaten Beethovens. München 1940 [Diss.]
FISCHER, K. v.: Die Beziehung von Form zu Motiv in Beethovens Instrumentalwerk. Strasbourg 1948
MISCH, L.: Beethoven-Studien. Berlin 1950
BECK, H.: Studien über das Tempoproblem bei Beethoven. Erlangen 1955/56 (Neues Beethoven-Jahrbuch) [Diss. 1954]
SCHERING, A.: Humor, Heldentum, Tragik bei Beethoven. Mit Vorwort von H. OSTHOFF. Strasbourg 1955 (Mit Übersicht der Beethoven-Literatur Scherings)
MISCH, L.: Die Faktoren der Einheit in der Mehrsätzigkeit der Werke Beethovens. Bonn 1958
UNVERRICHT, H.: Die Eigenschriften und die Original-Ausgaben von Werken Beethovens in ihrer Bedeutung für die moderne Textkritik. Kassel 1960

GRUNDMANN, H., und P. MIES: Studien zum Klavierspiel Beethovens und seiner Zeitgenossen. Bonn 1966 (Abhandlungen zur Kunst-, Musik- und Literaturwissenschaft. 36)

5. Beiträge zu einzelnen Gattungen

a) Kirchenmusik

COENEN, F.: Beethovens Kirchenmusik im deutschen Urteil des 19. Jahrhunderts. Bonn 1949 [Diss.]
WEBER, W.: Beethovens Missa solemnis. München 1903
DIKENMANN-BALMER, L.: Beethovens Missa solemnis und ihre geistige Grundlage. Zürich 1952

b) Fidelio

HESS, W.: Beethovens Oper Fidelio und ihre drei Fassungen. Zürich 1953 (nebst ausführlicher Fidelio-Literatur)

c) Lied

BOETTCHER, H.: Beethoven als Liedkomponist. Augsburg 1928
LEDERER, F.: Beethovens Bearbeitung schottischer und anderer Volkslieder. Bonn 1934 [Diss.]

d) Symphonien

PROD'HOMME, J. G.: Les symphonies de Beethoven. Paris 1906 – Neuausg. 1949
SCHENKER, H.: Beethovens IX. Symphonie. Wien 1912
NEF, K.: Die 9 Symphonien Beethovens. Leipzig 1928
COLOMBANI, A.: Le nove sinfonie di Beethoven. 4. Aufl. Milano 1947.
BARTHA, D.: (Beethovens neun Symphonien). Budapest 1956

e) Ouvertüren

BRAUNSTEIN, J.: Beethovens Leonore-Ouvertüren. Leipzig 1927
WOHNHAAS, TH.: Studien zur musikalischen Interpretationsfrage (Coriolan-Ouvertüre). Erlangen 1958 [Diss.]

f) Kammermusik

MERSMANN, H.: Die Kammermusik Beethovens. Leipzig 1930
RIEMANN, H.: Beethovens Streichquartette. Berlin o. J.
HELM, TH.: Beethovens Streichquartette. 3. Aufl. Leipzig 1921
WEDIG, H. J.: Beethovens Streichquartett op. 18,1 und seine erste Fassung. Bonn 1921 (Veröffentlichungen des Beethoven-Hauses Bonn. 2) [Diss.]
MASON, D. G.: The quartets of Beethoven. New York 1947

g) Violinsonaten

RIEMANN, H.: Beethovens sämtliche Violinsonaten. 3 Bde. Berlin 1918–1919
SZIGETI, J.: Beethovens Violinwerke. Hinweise für Interpreten und Hörer. Freiburg i. B. 1965

h) Klavierliteratur

Nagel, W.: Beethoven und seine Klaviersonaten. 2 Bde. Langensalza 1903–1905
Prod'homme, J. G.: Die Klaviersonaten 1782–1823. Wiesbaden 1949
La Goutte, J. de: Les sonates de Beethoven. Genf (1951)
Kremlev, J. A.: Fortepiannye sonates Beethoven. Moskva 1953
Rosenberg, R.: Die Klaviersonaten. Studien über Form und Vortrag. 2 Bde. 1957
Huber, A.: Beethoven-Studien (zur Klavier-Musik). Zürich 1961
Erfmann, H.: Formuntersuchungen an den Bagatellen Beethovens. Münster 1942 [Diss.]
Klauwell, O.: Ludwig van Beethoven und die Variationsform. Leipzig 1901
Beling, R.: Der Marsch bei Beethoven. Bonn 1960 [Diss.]
Löw, H.: Die Improvisation im Klavier-Werk Beethovens. Saarbrücken 1961 [Diss.]
Fischer, E.: Beethovens Klaviersonaten. Frankfurt a. M. 1966 (Insel-Bücherei. 853)

6. Begegnungen und Beziehungen

Kalischer, A. Chr.: Beethoven und seine Zeitgenossen. 4 Bde. Berlin 1910

a) zu Bonn

Gal, J.: Die Stil-Eigentümlichkeiten des jungen Beethoven und ihr Zusammenhang mit dem Stil seiner Reife. Wien 1913 (Studien zur Musik-Wissenschaft. 4/1916)
Prod'homme, J. G.: La jeunesse de Beethoven. Paris 1921
Schmid-Knickenberg: Das Beethoven-Haus in Bonn und seine Sammlung. 2. Aufl. Bonn 1927
Ley, St.: Beethoven als Freund der Familie Wegeler–von Breuning. Bonn 1927
Heer, J.: Der Graf Waldstein und sein Verhältnis zu Beethoven. Bonn 1932 (Veröffentlichungen des Beethoven-Hauses Bonn. 9) [Diss.]
Schiedermair, L.: Der junge Beethoven. 3. Aufl. Bonn 1951
Brümmer, E.: Beethoven im Spiegel der zeitgenössischen rheinischen Presse. Würzburg 1932 [Diss.]

b) zu Wien

A. Schindlers Tagebuch aus den Jahren 1841/43. Hg. von M. Becker. Frankfurt a. M. 1939
Koch, B.: Beethoven-Stätten in Wien und Umgebung. Leipzig 1912
Kobald, V.: Beethoven. Seine Beziehungen zu Wiens Kunst und Kultur, Gesellschaft und Landschaft. Zürich-Leipzig-Wien 1946
Huber, A. G.: Beethovens Schüler und Interpreten. Wien 1953

c) zu Dresden

Volkmann, H.: Beethoven in seinen Beziehungen zu Dresden. 2. Aufl. Dresden 1942

d) zu Frankreich

SCHRADE, L.: Beethoven in France. New Haven 1942

e) zu Goethe

ROLLAND, R.: Goethe und Beethoven. Zürich 1928
NOHL, W.: Goethe und Beethoven. Regensburg 1929

f) zu Frauen

NOHL, W.: Beethoven und die Frauen. Stuttgart o. J.
BRAUBACH, M.: Eine Jugendfreundin Beethovens. Babette Koch-Belderbusch und ihr Kreis. Bonn 1948
DELBRÜCK, K.: Die Liebe des jungen Beethoven. Halle 1922
LIPSIUS, M. (LA MARA): Beethovens Unsterbliche Geliebte. Leipzig 1908
THOMAS-SAN-GALLI, W. A.: Beethoven und die Unsterbliche Geliebte. 1910
UNGER, M.: Auf Spuren von Beethovens Unsterblicher Geliebten. 1910
LIPSIUS, M. (LA MARA): Beethoven und die Brunsviks. Leipzig 1920
KAZNELSON, S.: Beethovens ferne und unsterbliche Geliebte. Zürich 1954 (vergl. dazu J. SCHMIDT-GÖRG: 13 unbekannte Briefe, s. o.)

7. Beethovens Familie

AERDE, R. VAN: Les ancêtres flammands de Beethoven. Malines 1927
STERBA, E. und R.: Beethoven and his nephew. A psycho-analytic study of their relationship. New York 1954 – Dt.: München 1964
SCHMIDT-GÖRG, J.: Beethoven. Die Geschichte seiner Familie. München-Duisburg 1964
BACHMANN, L. G.: Beethoven contra Beethoven. Geschichte eines berühmten Rechtsfalles. München 1963
REINITZ, M.: Beethovens Prozesse. Deutsche Rundschau 2, 1915

8. Krankheiten

SCHWEISHEIMER, W.: Beethovens Leiden, ihr Einfluß auf sein Leben und Schaffen. München 1922
BRÜNGER, E.: Betrachtungen über van Beethovens Krankheiten, insbesondere seine Schwerhörigkeit. Köln 1922 [Diss.]
FORSTER, W.: Beethovens Krankheiten und ihre Beurteilung in der Beethoven-Forschung (mit ausführlichem Literatur-Verzeichnis). Wiesbaden 1955 [Diss. Frankfurt a. M. 1951]

NACHTRAG ZUR BIBLIOGRAPHIE

1. Bibliographien

BARTLITZ, EVELINE: Die Beethovensammlung in der Musikabteilung der Deutschen Staatsbibliothek. Verzeichnis. Autographe, Abschriften, Dokumente, Briefe. Berlin 1970

Louis van Beethoven. Bruxelles 1970 (Les bibliographies du Centre National de Bibliographie. 5. 1970)

WILLETTS, PAMELA: Beethoven and England. An account of sources in the British Museum. London 1970

SCHMIDT, HANS: Beethoven-Handschriften des Beethovenhauses in Bonn. In: Beethoven-Jahrbuch 1969/70. Bonn 1971 (Veröffentlichungen des Beethovenhauses in Bonn. Reihe 2. Jahrbuch 7)

MACARDLE, DONALD WALES: Beethoven Abstracts. Detroit 1973

KLEIN, HANS GÜNTER: Ludwig van Beethoven. Autographe und Abschriften. Katalog. Staatsbibliothek Preußischer Kulturbesitz. Berlin 1975 (Katalog der Musikabteilung. Reihe 1. Handschr. 2)

2. Werke

Von der vorher zitierten Werkausgabe hg. vom Bonner Beethoven-Archiv sind folgende Bände erschienen:

Abt. 2, Bd. 2. Ballettmusik. 1970
Abt. 3, Bd. 1. Konzert c-dur für Klavier, Violine und Violoncello mit Begleitung des Orchesters. Op. 56. 1968
Abt. 3, Bd. 4. Werke für Violine und Orchester. 1973
Abt. 4, Bd. 1. Klavierquintett und Klavierstücke. 1964
        3. Klaviertrios. 1965
Abt. 5, Bd. 3. Werke für Violoncello und Klavier. 1971
Abt. 6, Bd. 2. Streichquintette. 1968
        3. Streichquartette. 1. 1962
        4. Streichquartette. 2. 1968
        6. Streichtrios und Streichduo. 1965
Abt. 7, Bd. 1. Werke für Klavier zu vier Händen. 1966
        2. Klaviersonaten. 1. 1971
        5. Variationen für Klavier. 1961
        7. Kadenzen zu Klaviersonaten. 1967

3. Gesamtdarstellungen, Würdigungen

Beethoven und seine Zeit. Hg. von ENZO ORLANDI. Wiesbaden 1968

KARTHAUS, WERNER: Das Ereignis Beethoven. Im Spiegel der Zeiten, Zeugnisse und Erkenntnisse. Berlin 1968

SCHMIDT-GÖRG, JOSEPH, und HANS SCHMIDT: Ludwig van Beethoven. Bonn 1969

Beethoven. Sein Leben und seine Welt in zeitgenössischen Bildern u. Texten. Hg. von HOWARD CHANDLER ROBBINS LONDON. Zürich 1970

Beethoven 70. (Theodor Wiesengrund Adorno u. a.) Frankfurt a. M. 1970 (Aus der Reihe ... F. 6)

Ludwig van Beethoven. 1770/1970. Bonn-Bad Godesberg 1970
MAREK, GEORGE R.: Ludwig van Beethoven. Das Leben eines Genies. München 1970
OBERKOGLER, FRIEDRICH: Ein Weg zu Beethoven. Freiburg i. B. 1970
Beethoven im Gespräch. Hg. von FELIX BRAUN. Wien 1971 (Österreich-Reihe. 377/78)
BESCH, LUTZ: Beethoven: Über die Schwierigkeit im Umgang mit Größe. Zürich 1971
SIEGMUND-SCHULTZE, WALTHER: Beethoven: Eine Monographie. Leipzig 1975
HESS, WILLY: Beethoven. Winterthur 1976
Ludwig van Beethoven: 1770–1827 ... Hg. von HANS GUNTER HOKE. Berlin 1977
DUMONT, CEDRIC: Ludwig van Beethoven: Die Geschichte eines unglücklichen, glücklichen Lebens. Braunschweig 1978

4. Untersuchungen

OSTHOFF, WOLFGANG: Beethovens Klavierkonzert Nr. 3 c-moll op. 37. München 1965 (Meisterwerke der Musik. 2)
SCHILLING-TRYGOPHORUS, OTTO: Gestalt aus dem Leid. Deutung d. symph. Werke Ludwig van Beethovens. Darmstadt 1965
WESTPHAL, KURT: Vom Einfall zur Symphonie. Einblick in Beethovens Schaffensweise. Berlin 1965
GRUNDMANN, HERBERT: Studien zum Klavierspiel Beethovens und seiner Zeitgenossen. Bonn 1966 (Abhandlungen zur Kunst-, Musik- und Literaturwissenschaft. 36)
KERMAN, JOSEPH: The Beethoven Quartets. London 1967
MAGNANI, LUIGI: Beethovens Konversationshefte. München 1967
MISCH, LUDWIG: Neue Beethoven-Studien und andere Themen. Bonn 1967 (Veröffentlichungen des Beethovenhauses in Bonn. N. F. Reihe 4)
UHDE, JÜRGEN: Beethovens Klaviermusik. Bd. 1 f. Stuttgart 1968 f
KREFT, EKKEHARD: Die späten Quartette Beethovens. Substanz und Substanzverarbeitung. Bonn 1969 (Abhandlungen zur Kunst-, Musik- und Literaturwissenschaft. 74)
SCHENKER, HEINRICH: Beethoven. 9. Sinfonie. Eine Darstellung des musikalischen Inhalts ... 2. Aufl. Wien 1969
BADURA-SKODA, PAUL, und JÖRG DEMUS: Die Klaviersonaten von Ludwig van Beethoven. Wiesbaden 1970
Beethoven-Almanach 1970. ISOLDE AHLGRIMM u. a. Wien 1970 (Publikationen der Wiener Musikhochschule. 4)
Beethoven-Studien. Festgabe der Österreichischen Akademie der Wissenschaften ... Wien–Köln–Graz 1970 (Veröffentlichungen der Kommission für Musikforschung. 11)
COOPER, MARTIN: Beethoven. The last decade 1817–1827. With a medical app. London 1970
KLEIN, RUDOLF: Beethoven-Stätten in Österreich. Wien 1970
MIES, PAUL: Krise der Konzertkadenz bei Beethoven. Bonn 1970 (Abhandlungen zur Kunst-, Musik- und Literaturwissenschaft. 101)
PÖTSCHNER, PETER: Schwarzspanierhaus. Beethovens letzte Wohnstätte. Wien 1970 (Wiener Geschichtsbücher. 2)
SMOLLE, KURT: Wohnstätten Ludwig van Beethovens von 1792 bis zu seinem Tod. Bonn–München 1970 (Veröffentlichungen des Beethovenhauses in Bonn. N. F. Reihe 4,5)

Beethoven Symposium. Wien 1970. Bericht. Wien–Köln–Graz 1971 (Österreichische Akademie der Wissenschaften. Phil. Hist. Kl. Sitzungsberichte. 271) (Veröffentlichungen der Kommission für Musikforschung. 12)

Bericht über den Internationalen Beethoven-Kongreß 10.–12. Dez. 1970 in Berlin. Hg. von Heinz Alfred Brockhaus und Konrad Niemann. Berlin 1971

Fischer, Gottfried: Des Bonner Bäckermeisters Gottfried Fischer Aufzeichnungen über Beethovens Jugend. Hg. von Joseph Schmidt-Görg. Bonn 1971 (Schriften zur Beethovenforschung. 6)

Müller, Günther: Zum Wandel des Beethovenbildes und zu dessen Niederschlag in der musikpädagogischen Literatur der DDR. [Diss.] Halle 1971

Schenker, Heinrich: Beethoven. Die letzten Sonaten. Sonate E-Dur. Op. 109. Kritische Einf. u. Erl. Hg. von Oswald Jonas. Neuausg. Wien 1971

Schenker, Heinrich: Beethoven. Die letzten Sonaten. Sonate C-Moll. Op. 111. Neuausg. Wien 1971

Eggebrecht, Hans Heinrich: Zur Geschichte der Beethoven-Rezeption. Beethoven 1970. Mainz–Wiesbaden 1972 (Akademie der Wissenschaften und der Literatur. Abhandlungen der geistes- u. sozialwiss. Kl. 1972. Nr. 3)

Hess, Willy: Beethoven-Studien. Bonn 1972 (Schriften zur Beethovenforschung. 7)

Racek, Jan: Wann und wo entstand Beethovens Brief an die sogenannte «Unsterbliche Geliebte»? Wien 1972

Schenker, Heinrich: Beethoven. Die letzten Sonaten. Sonate A-Dur. Op. 101. Neuausg. Wien 1972

Schenker, Heinrich: Beethoven. Die letzten Sonaten. Sonate As-Dur. Op. 110. Neuausg. Wien 1972

Rüsch, Walter: Gottheit und Natur im Werk Ludwig van Beethovens: Gedanken zur Pastoralsymphonie. Wien 1973

Brosche-Graeser, Gerda: Beethovens unsterbliche Geliebte: Legende, Vermutung, Tatsachen. München 1974

Goldschmidt, Harry: Beethoven-Studien. Bd. 1 f. Leipzig 1974 f

Goldschmidt, Harry: Beethoven: Werkeinf. Leipzig 1975

Kaiser, Joachim: Beethovens 32 Klaviersonaten und ihre Interpreten. Frankfurt a. M. 1975

Kopfermann, Michael: Beiträge zur musikalischen Analyse später Werke Ludwig van Beethovens. [Diss.] Berlin 1975 (Berliner musikwissenschaftliche Arbeiten. 10)

Kropfinger, Klaus: Wagner und Beethoven: Unters. zur Beethoven-Rezeption Richard Wagners. Regensburg 1975

Geiser, Samuel: Beethoven und die Schweiz: zum 150. Todestag Beethovens. Zürich–Stuttgart 1976

Leicher-Olbrich, Anneliese: Untersuchungen zu Originalausgaben Beethovenscher Klavierwerke. Wiesbaden 1976

Goldschmidt, Harry: Um die Unsterbliche Geliebte: eine Bestandsaufnahme. Leipzig 1977

Schmidt, Hans: Beethoven-Haus in Bonn. Neuss 1977

NAMENREGISTER

*Die kursiv gesetzten Zahlen bezeichnen die Abbildungen,
die hochgestellten Ziffern verweisen auf die Fußnoten*

Abaco, Evaristo Felice dall' 10
Abaco, Joseph C. F. dall' 10
Abercromby, Sir Ralph 65
Aischylos 65
Albrechtsberger, Johann Georg 13, 34, 35, 47, 51, 89
Amati, Nicola 55
Ambros, August Wilhelm 65
Amenda, Carl Ferdinand 42, 43, 47
Anschütz, Heinrich 132
Appóny, Graf Anton 46
Arnim, Achim von 92, 98
Arnim, Bettina von 92f, 95, 98f, *93*
Artaria, Domenico 38, 59f, 80, 149, 151

Bach, Carl Philipp Emanuel 18
Bach, Johann Sebastian 9, 18, 21, 35, 54, 133, 155, 158
Bach 134
Balzac, Honoré de 68, 88
Bartók, Béla 158
Bauer, Ludwig 63
Beethoven, Johann van 9
Beethoven, Johann van (Vater) 8, 11, 14, 15f, 21, 22f, 26, 32, 157
Beethoven, Johann van (Sohn) s. u. Nikolaus Johann van Beethoven
Beethoven, Johanna van 77f, 114, 115, 120, 126, 136, 147, 152
Beethoven, Karl van (Vater) s. u. Kaspar Karl van Beethoven
Beethoven, Karl van (Sohn) 77, 114, 115f, 117, 120f, 126, 128, 134f, 141, 142, 145, 147, 149, 151f, 154
Beethoven, Kaspar Karl van 14, 24, 32, 55, 77f, 82, 86, 114, 117, 155
Beethoven, Kornelius van 9
Beethoven, Lodewyk van s. u. Ludwig van Beethoven
Beethoven, Ludwig van 9f, 13f, 31, 141, 157, *9*
Beethoven, Ludwig Maria van 14
Beethoven, Maria Josepha van 10, 15, 26

Beethoven, Maria Magdalena van 8, 14, 15, 17, 23f
Beethoven, Michael van 9
Beethoven, Nikolaus Johann van 14, 24, 32, 104, 128f, 133, 134, 136f, 146, 152
Belderbusch, Freiherr von 13, 14, 15, 21, 26
Bernabei, Ercole 13
Bernadotte, Jean 44, 65
Bernard, Karl 125, 126, 134, 151
Bertolini, Dr. 65, 110, 114
Bertoni, F. G. 46
Bethoven, Jan van 8
Bihler, Anton 93
Birchall, Robert 117, 122
Blöchlinger, Joseph 126, 134
Böhm, Joseph 142, 145
Bouilly, Jean Nicolas 63, 71
Braun, Baron Peter 51, 63, 74
Braun, Baronin 51
Braunhofer, Dr. 145, 148f, 152
Brentano, Bettina s. u. Bettina von Arnim
Brentano, Clemens 94, 98
Brentano, Franz 93, 98, 129, 141
Breuning, Christoph von 25, 44, 26/27
Breuning, Eleonore von 24f, 27, 48, 26/27
Breuning, Gerhard von 151
Breuning, Helene von 22, 24, 26/27
Breuning, Lorenz von 25, 44, 26/27
Breuning, Stephan von 25, 44, 61, 78, 89, 92, 97, 123, 147, 151, 152, 153, 26/27
Bridgetower, G. A. P. 62
Broadwood, Th. 142
Browne, Gräfin von 35, 44
Browne-Camus, Johann Georg Reichsgraf von 35, 55, 68
Brunsvik, Gräfin Charlotte von 101
Brunsvik, Graf Franz von 46, 75, 79, 87, 89, 95, 97, 100, 122, *80*

Brunsvik, Josephine von s. u. Gräfin
    Josephine Deym
Brunsvik, Gräfin Therese von 49, 87,
    97, 99, 100f, *88*
Burney, Charles 146

Caldára, Antonio 13
Campe, Joachim Heinrich 47
Cannabich, Christian 52
Cherubini, Luigi 44, 63, 130, 154, 155
Clemens August von Bayern, Kurfürst
    von Köln 10
Clementi, Muzio 50, 55, 78, 89
Collin, Heinrich Joseph von 87
Conti 51, 59
Cramer, Johann Baptist 44, 50, 55
Cuvilliés, François de 10
Czerny, Carl 65, 118, 120, 126, 140
Czerny, Joseph 118, 120
Czerny, Wenzel 120

Da Ponte, Lorenzo 21, 23
Demachi, Giuseppe 46
Deym, Gräfin Josephine 49, 75, 79,
    100f, *100*
Deym, Graf 101
Diabelli, Anton 113, 118, 124, 153
Dickens, Charles 88
Dietrichstein, Moritz Graf 75
Dragonetti, Domenico 44, 108
Dressler 18
von Drosdick 92
Duhamel, Georges 159
Dussek, Johann Ladislaus 50, 55

Eberl, Anton 50, 55
Eeden, Gilles van den 11, 17
Egmont, Lamoral, Graf von 8
Einstein, Alfred 158
Erdödy, Gräfin Anna Maria 58, 75,
    84f, 88, 89, 114, 116, 122, *85*
Ertmann, Dorothea Cäcilia Gräfin von
    118
Esterházy, Nicolaus, Fürst 29, 35, 74,
    81
Eybler, Joseph 84

Fischer, Gottfried 14, 16, 21

Fischer 73
Fodor, J. 46
Förster, Emanuel Alois 35, 46, 60, 118
Fouqué, Friedrich Baron de la Motte
    116
Franz II., Kaiser 86
Friedrich II., König in Preußen 8, 21
Fries, Moritz Graf von 52, 59
Fürnberg bei Melk, K. J. Edler von 46
Fux, Johann Joseph 13, 32, 69

Gallenberg, Graf Robert 135
Galitzin, Nikolaus, Fürst 124, 142, 147
Galuppi, Baldassare 13
Gaveaux, Pierre 63, 71
Gellert, Christian Fürchtegott 41
Georgiades, Thrasybulos 43
Gleichenstein, Ignaz Freiherr von 46,
    75, 78, 84, 89f, 97, 104, 122, 153
Gluck, Christoph Willibald Ritter von
    23, 155
Goethe, Christiane von 98
Goethe, Johann Wolfgang von 7, 42,
    84, 89, 93, 94, 95, 98f, 111, 130,
    138, 151, 158, *97*
Gossec, François Joseph 36, 46
Greither, Aloys 43
Grétry, André Ernest Modeste 13, 23
Griepenkerl, Robert 35
Grillparzer, Franz 63, 134f, 151, *132*
Grosse, S. D. 46
Guarneri, Andrea 55
Guarneri, Giuseppe 55
Guglielmi, Pietro 13, 23
Guicciardi, Gräfin Giulietta 49, 56, 88,
    104, 135, *135*
Gyrowetz, Adalbert 73

Händel, Georg Friedrich 7, 35, 133,
    155
Hanzmann, Pater 17
Häring, Johann von 111
Härtel, Gottfried Christoph 54, 59f,
    83, 86, 95, 97
Haslinger, Tobias 113, 116, 126, 145,
    152, 153
Hasse, Johann Adolf 10

Hatzfeld, Anna Hortensia Gräfin von 27
Haugwitz, Graf 122
Hauschka 117, 125
Haydn, Joseph 13, 26, 29, 31, 33 f, 36, 38, 42, 43, 46, 47, 52, 54, 60, 67, 82, 89, 95, 126, 134, 138, 145, 155 f, 30
Heimeran 142
Hensler 133
Hiller, Ferdinand von 154
Himmel, Friedrich Heinrich 41
Hoffmann, Ernst Theodor Amadeus 123
Hoffmeister, F. A. 51, 54, 58, 59
Holz, Karl 117, 128, 130, 146, 147, 151, 152, 153, 144
Holzbauer, Ignaz 23
Homer 43, 65
Honrath, Jeannette von 48
Hornemann, Christian 68
Huber, Franz Xaver 61
Hummel, Johann Nepomuk 108, 118, 154
Hüttenbrenner, Anselm 154

Jaspers, Karl 158
Jérôme, König von Westfalen 83
Joseph II., Kaiser 21

Kant, Immanuel 7, 118
Kauer, Ferdinand 36, 39
Keglevics, Gräfin Babette von 41, 50
Keverich, Maria Magdalena s. u. Maria Magdalena van Beethoven
Kinsky, Fürst Ferdinand 35, 46, 82, 84, 94, 97, 107, 122, 96
Klein, Franz 107
Kloeber, August Karl Friedrich von 122
Koch, Babette 25, 48
Koch, Willibald 17
Königsegg, Maximilian Friedrich Graf s. u. Maximilian Friedrich, Kurfürst von Köln
Körner, Theodor 107
Kotzebue, August von 55, 96
Kozeluch, Leopold Anton 46, 95, 147, 157

Kraft, Anton 84
Kreutzer, Konradin 118
Kreutzer, Rodolphe 44, 62
Krumpholz, Wenzel 68
Kuffner, Christoph 151
Kügelgen, Gerhard von 28, 44
Kügelgen, Karl von 25, 28, 44
Kuhlau, Friedrich 92

La Lance, Chevalier 56
Lange, Joseph 107
Lemcke, C. 65
Leopold II., Kaiser 26, 29
Lessing, Gotthold Ephraim 56
Létronne, Louis 122
Levin, Rahel s. u. Rahel Varnhagen von Ense
Libisch 31
Lichnowsky, Fürst Karl 32, 35, 38, 40, 46, 51, 54, 55, 61, 75, 80, 96, 98, 101, 111, 114, 122, 34
Lichnowsky, Fürstin Marie Christine 77
Lichnowsky, Graf Moritz 111, 134, 153
Lichtenberg, Georg Christoph 153
Liechtenstein, Fürst Johann Joseph von 35
Liszt, Franz 120, 135 f, 142, 136
Lobkowitz, Fürst Josef Franz Max 35, 41, 42, 47, 74, 75, 78, 84, 122, 74
Louis Ferdinand, Prinz von Preußen 41, 67
Lucchesi, Andrea 15, 18
Ludwig XVI., König von Frankreich 28

Mähler, Willibrord 68
Malfatti, Anna von 84
Malfatti, Johann von 84, 109, 153
Malfatti, Therese von 84, 91 f, 90
Mälzel, Johann Nepomuk 107 f
Maria Theresia, Kaiserin 21, 35
Marie Antoinette, Königin von Frankreich 28, 34
Marie Louise, Kaiserin der Franzosen 97
Massoneau, L. 46

Matthisson, Friedrich von 44, 50
Maximilian Franz, Kurfürst von Köln 21, 27, 28 f, 34, 35, 40, 51, 65
Maximilian Friedrich von Königsegg, Kurfürst von Köln 13
Mayr, Rupert Ignaz 13
Mayseder, Joseph 108
Méhul, Étienne Nicolas 44, 63
Meyerbeer, Giacomo 63, 108
Michelangelo Buonarroti 68
Milder, Anna 82, 116
Moscheles, Ignaz 108, 110 118, 153
Mozart, Constanze 23, 37, 42
Mozart, Karl 118
Mozart, Leopold 23
Mozart, Wolfgang Amadeus 15, 18, 21, 23, 24, 27, 30, 35, 36, 37, 38, 39, 40, 42, 43, 46, 51, 52, 60, 61, 62, 68, 71, 107, 118, 126, 138, 145, 154, 155 f
Müller, Wenzel 113

Napoleon I., Kaiser der Franzosen 44, 58, 63, 65, 83, 86, 88, 89, 97, 109, 111, 156
Neate, Charles 114, 117, 124, 151
Neefe, Christian Gottlieb 17, 18 f, 21, 19
Nelson, Horatio, Viscount 65
Neumann, Balthasar 10
Nicolai, V. 46
Nietzsche, Friedrich 80, 138, 144
Nottebohm, Gustav 154
Noverre, Jean-Georges 53

Oliva, Franz 87, 89, 95 f, 115, 123, 126, 128
Oppersdorf, Graf 75, 96

Paër, Ferdinando 54, 62, 63, 71
Paisiello, Giovanni 23
Palfy-Erdödy, Graf 35
Pasqualati, Baron 77, 109, 153, 154
Paulus 139
Pawlowna, Großfürstin 53
Pergolesi, Giovanni Battista 13
Peri, Jacopo 155
Pez 13

Pfeffel, G. C. 39
Pfeiffer, Tobias F. 17
Piccini, Niccolò 13
Pixis, F. W. 108
Pleyel, Ignaz 27, 80, 95, 157
Poll, Maria Josepha s. u. Maria Josepha van Beethoven
Pratsch, Iwan 77
Pückler-Muskau, Fürst Hermann von 99
Punto 52, 53, 54

Quantz, Johann Joachim 10

Radoux, Leopold A. 15
Rasumowsky, Graf André C. 46, 75, 77, 79, 78
Recke, Elisabeth Charlotte von der 96, 98
Reicha, Anton 22, 25, 88
Reicha, Joseph 22
Reichardt, Johann Friedrich 82, 88, 145
Reiß, Johanna s. u. Johanna van Beethoven
Rellstab, Ludwig 145
Rembrandt Harmensz van Rijn 68
Richter, I. V. 130
Riehl, Wilhelm Heinrich 46
Ries, Ferdinand 23, 38, 44, 49, 55, 58, 60, 117, 122, 129, 133, 140, 55
Ries, Franz 11, 22, 27, 32
Righini, Vincenzo 25, 27
Rio, Giannatasio del 115
Rochlitz, Johann Friedrich 125, 128, 130, 133
Röckel, J. A. 84
Rode, Pierre 104 f
Romberg, Andreas 22, 27, 44, 108
Romberg, Bernhard 22, 44
Rosetti, Franz Anton 13, 50
Rossini, Gioacchino 129, 133, 155
Rousseau, Jean-Jacques 42
Rovantini 15
Rubens, Peter Paul 10
Rudolf, Erzherzog von Österreich 65 f, 84, 87, 94, 107, 111, 117, 118, 122, 126, 129, 130, 65

Ruggeri, Vincenzo 55
Russell, Sir 130

Sacchini, Antonio Maria Gasparo 23
Salieri, Antonio 23, 32, 35, 37, 57, 62, 84, 108, 154
Salomon, Johann Peter 11
Savigny, Friedrich Karl von 93, 98
Scheidler, Dorette 104
Schenk, Johann 33, 35, 62, 73, 118
Schering, Arnold 43, 65, 80, 92, 120, 145
Schikaneder, Emanuel 62 f
Schiller, Friedrich 43, 134, 138, 139
Schimon, Ferdinand 125
Schindler, Anton 43, 65, 75, 111, 125, 126 f, 133, 134, 136, 145, 146, 151, 152, 127
Schlesinger, Adolf Martin 146 f
Schlösser, Louis 132, 142
Schmidt, Dr. 84
Schmidt-Görg, J. 100
Schmittbauer, Joseph Alois 15
Schönborn, Graf 35
Schott, Bernhard 142, 154
Schröder-Devrient, Wilhelmine 133
Schubert, Franz 36, 43, 132, 133, 144, 148, 153, 154, 155 f
Schulz, E. 142
Schumann, Robert 120
Schuppanzigh, Ignaz 32, 46, 47, 62, 84, 110, 142, 146, 149, 151, 47
Schuppanzigh 32
Schwarzenberg, Joseph Johann Fürst von 74
Sebald, Amalie 96, 98, 99, 104
Seikilos 157
Seyfried, Ignaz von 68
Shakespeare, William 43, 68, 88
Simrock, Nicolas 22, 40, 86, 129, 141, 128
Sinzig 13
Smart, Sir George 111, 112, 117, 146 f, 153
Smetana, Karl von 133
Smets, Jan s. u. Jan van Bethoven
Sonnleithner, Joseph von 63, 71 f, 73
Spohr, Ludwig 104, 108, 130

Sporschil, J. 142
Stackelberg, Minona von 103 f
Stackelberg, Baron 101
Stadler, Abbé 126, 140
Stainhauser, G. 68
Stamitz, Johann 10
Staudenheim, Dr. 152
Steibelt, Daniel 50, 52
Steiner, Sigmund Anton 113, 115, 116, 126, 141
Sterkel, Johann Franz Xaver 17, 21, 27, 36
Stich, Wenzel s. u. Punto
Stieler, Joseph Karl 125
Strauss, Richard 122
Streicher, Johann Andreas 23, 140, 141
Streicher, Nanette 23, 114, 116, 124, 153
Stumpff, S. A. 142, 153
Stutterheim, Baron von 152
Süßmayr, Franz Xaver 62, 71
Swieten, Gottfried Baron van 35, 41, 51

Tacitus, Cornelius 8
Tartini, Giuseppe 11
Telemann, Georg Philipp 10
Teyber, Anton 134
Thomson, George 78, 95
Thun, Gräfin 35
Tiedge, Christoph August 73, 96, 98, 101
Timmermans, Felix 9
Touchemoulin, J. 11, 13
Traversa, Gioacchino 46
Treitschke, Georg Friedrich 73, 109, 111
Trémont, Baron de 88
Triebensee 31
Tucher, Freiherr G. von 138

Umlauf, Ignaz 133

Varnhagen von Ense, Karl August 96, 97, 98
Varnhagen von Ense, Rahel 96, 101, 118

Verdi, Giuseppe 7
Viganò, Salvatore 53
Vogler, Georg Joseph 55, 63
Voltaire 134

Wagenseil, Georg Christoph 46
Wagner, Richard 120, 139
Waldmüller, Ferdinand 122
Waldstein, Graf Ferdinand 25, 27, 30f, 35, 122f, 157, *29*
Wanhal, Johann Baptist 17, 157
Wawruch, Andreas Ignaz 150, 152, 154
Weber, Carl Maria von 63, 95, 111, 137, 142
Wegeler, Franz Gerhard 22, 24, 27, 40, 44, 48, 49, 52, 58, 89, 90, 92, 153, 154, *153*
Weigl, Joseph 55, 62
Weiß, Pater 126, 133

Westerholt, Baronesse Maria Anna Wilhelmine von 27, 28, 48, *28*
Wieland, Christoph Martin 94
Willmann-Galvani, Magdalene 48f, 54
Witt, Friedrich 50
Wohnhaas, T. 89[1]
Wolff-Metternich, Felise Gräfin 27
Wölffl, Joseph 44, 50, 68
Wolfmayer, Johann 147, 151, 152, 153, 154
Wranitzky, Paul 51, 56, 62

Zambona 21
Zelter, Karl Friedrich 41, 98, 125, 130, 145
Zitterbarth 63
Zmeskall von Domanovics, Nikolaus 40, 46, 82, 84, 89f, 94, 97, 111, 122, 124, 140

QUELLENNACHWEIS DER ABBILDUNGEN

Beethovenhaus, Bonn: Umschlag-Vorderseite, 6, 11, 19, 20, 31, 55, 66, 77, 83, 85, 88, 121, 127, 128, 135, 148/149, 150, 156 / Archiv für Kunst und Geschichte, Berlin: 9, 14 / Stadtarchiv, Bonn: 12, 16, 17, 24/25, 153 / Historisches Museum der Stadt Wien: 22, 30, 69, 80, 110, 119, 132, 144, 147, Umschlag-Rückseite / Frau von Nell, Trier: 26/27 / Freiherr v. Beverförde-Warries, Schloß Lohburg: 28 / Bildarchiv der Österreichischen Nationalbibliothek, Wien: 29, 34, 47, 58/59, 62, 64, 65, 74, 78, 79, 105, 106, 108/109, 112, 113, 137, 143 / Graf von Schönborn: 32/33, 48/49, 61, 98, 140/141 / Dr. Zobeley, Heidelberg: 57, 72 / Bibliothèque du Conservatoire, Paris: 70/71 / Privatbesitz, Wien: 73 / Slg. Freiherr von Gleichenstein, Lahr: 81 / Slg. Baron von Gleichenstein: 90 / Nationale Forschungs- und Gedenkstätten der klassischen deutschen Literatur in Weimar: 93 / Nationalbibliothek, Wien: 96 / Historia-Photo, Bad Sachsa: 97 / Slg. Dr. H. C. Bodmer, Zürich (mit Genehmigung des Beethovenhauses, Bonn): 100, 139 / Stiftg. Preuß. Kulturbesitz, Tübinger Depot: 102, 103, 131 / Breitkopf & Härtel-Archiv, Wiesbaden: 123 / Slg. R. Bory: 136 / Städtische Sammlungen, Überlingen: 157

rowohlts monographien

in Selbstzeugnissen und Bilddokumenten Herausgegeben von Kurt und Beate Kusenberg

Betrifft: Musik

Johann Sebastian Bach
von Luc-André Marcel (83)
Belá Bartók
von Everett Helm (107)
Ludwig van Beethoven
von Fritz Zobeley (103)
Alban Berg
von Volker Scherliess (225)
Hector Berlioz
von Wolfgang Dömling (254)
Johannes Brahms
von Hans A. Neunzig (197)
Anton Bruckner
von Karl Grebe (190)
Frédéric Chopin
von Camille Bourniquel (25)
Antonin Dvořák
von Kurt Honolka (220)
Georg Friedrich Händel
von Richard Friedenthal (36)
Joseph Haydn
von Pierre Barbaud (49)
Franz Liszt
von Everett Helm (185)
Albert Lortzing
von Hans Christoph Worbs [281]
Gustav Mahler
von Wolfgang Schreiber (181)
Felix Mendelssohn Bartholdy
von Hans Christoph Worbs (215)
Giacomo Meyerbeer
von Heinz Becker [288]
Wolfgang Amadé Mozart
von Aloys Greither (77)
Modest Mussorgsky
von Hans Christoph Worbs (247)
Jacques Offenbach
von P. Walter Jacob (155)
Max Reger
von Helmut Wirth (206)
Arnold Schönberg
von Eberhard Freitag (202)
Franz Schubert
von Marcel Schneider (19)
Robert Schumann
von André Boucourechliev (6)
Bedrich Smetana
von Kurt Honolka (265)
Richard Strauss
von Walter Deppisch (146)
Georg Philipp Telemann
von Karl Grebe (170)
Peter Tschaikowsky
von Everett Helm (243)
Giuseppe Verdi
von Hans Kühner (64)
Richard Wagner
von Hans Mayer (29)
Carl Maria von Weber
von Michael Leinert (268)
Anton Webern
von Hanspeter Krellmann (229)

rowohlts monographien

in Selbstzeugnissen und Bilddokumenten Herausgegeben von Kurt und Beate Kusenberg

Betrifft: Literatur

Achim von Arnim
Helene M. Kastinger Riley [277]

Honoré de Balzac
Gaëtan Picon [30]

Charles Baudelaire
Pascal Pia [7]

Simone de Beauvoir
Christiane Zehl Romero [260]

Samuel Beckett
Klaus Birkenhauer [176]

Gottfried Benn
Walter Lennig [71]

Wolfgang Borchert
Peter Rühmkorf [58]

Bertolt Brecht
Marianne Kesting [37]

Georg Büchner
Ernst Johann [18]

Wilhelm Busch
Joseph Kraus [163]

Albert Camus
Morvan Lebesque [50]

Matthias Claudius
Peter Berglar [192]

Dante Alighieri
Kurt Leonhard [167]

Charles Dickens
Johann Norbert Schmidt [262]

Alfred Döblin
Klaus Schröter [266]

F. M. Dostojevskij
Janko Lavrin [88]

Annette von Droste-Hülshoff
Peter Berglar [130]

Joseph von Eichendorff
Paul Stöcklein [84]

Hans Fallada
Jürgen Manthey [78]

Gustave Flaubert
Jean de la Varende [20]

Theodor Fontane
Helmuth Nürnberger [145]

Stefan George
Franz Schonauer [44]

André Gide
Claude Martin [89]

rowohlts monographien

in Selbstzeugnissen und Bilddokumenten Herausgegeben von Kurt und Beate Kusenberg

Betrifft: Literatur

Johann Wolfgang von Goethe
Peter Boerner [100]

Brüder Grimm
Hermann Gerstner [201]

H. J. Ch. von Grimmelshausen
Curt Hohoff [267]

Knut Hamsun
Martin Beheim-Schwarzbach [3]

Gerhart Hauptmann
Kurt Lothar Tank [27]

Friedrich Hebbel
Hayo Matthiesen [160]

Johann Peter Hebel
Uli Däster [195]

Heinrich Heine
Ludwig Marcuse [41]

Ernest Hemingway
Georges-Albert Astre [73]

Hermann Hesse
Bernhard Zeller [85]

Friedrich Hölderlin
Ulrich Häussermann [53]

E. T. A. Hoffmann
Gabrielle Wittkop-Menardeau [113]

Hugo von Hofmannsthal
Werner Volke [127]

Homer
Herbert Bannert [272]

Ödön von Horváth
Dieter Hildebrandt [231]

Eugène Ionesco
François Bondy [223]

James Joyce
Jean Paris [40]

Erich Kästner
Luiselotte Enderle [120]

Franz Kafka
Klaus Wagenbach [91]

Gottfried Keller
Bernd Breitenbruch [136]

Heinrich von Kleist
Curt Hohoff [1]

Karl Kraus
Paul Schick [111]

Else Lasker-Schüler
Erika Klüsener [283]

rowohlts monographien

in Selbstzeugnissen und Bilddokumenten Herausgegeben von Kurt und Beate Kusenberg

Betrifft: Literatur

Jakob Michael Reinhold Lenz
Curt Hohoff [259]

Gotthold Ephraim Lessing
Wolfgang Drews [75]

Georg Christoph Lichtenberg
Wolfgang Promies [90]

Jack London
Thomas Ayck [244]

Wladimir Majakowski
Hugo Huppert [102]

Heinrich Mann
Klaus Schröter [125]

Thomas Mann
Klaus Schröter [93]

Mark Twain
Thomas Ayck [211]

Conrad F. Meyer
David A. Jackson [238]

Henry Miller
Walter Schmiele [61]

Eduard Mörike
Hans Egon Holthusen [175]

Molière
Friedrich Hartau [245]

Christian Morgenstern
Martin Beheim-Schwarzbach [97]

Robert Musil
Wilfried Berghahn [81]

Johann Nestroy
Otto Basil [132]

Novalis
Gerhard Schulz [154]

Edgar Allan Poe
Walter Lennig [32]

Marcel Proust
Claude Mauriac [15]

Alexander S. Puschkin
Gudrun Ziegler [279]

Wilhelm Raabe
Hans Oppermann [165]

Fritz Reuter
Michael Töteberg [271]

Rainer Maria Rilke
H. E. Holthusen [22]

Joachim Ringelnatz
Herbert Günther [96]

rowohlts mono- graphien

in Selbstzeugnissen
und Bilddokumenten
Herausgegeben
von Kurt und Beate
Kusenberg

Betrifft: Literatur

Ernst Rowohlt
Paul Mayer [139]
Marquis de Sade
Walter Lennig [108]
Antoine de Saint-Exupéry
Luc Estang [6]
Jean-Paul Sartre
Walter Biemel [87]
Friedrich Schiller
Friedrich Burschell [14]
Friedrich Schlegel
E. Behler [123]
Arthur Schnitzler
Hartmut Scheible [235]
William Shakespeare
Jean Pâris [2]
George Bernard Shaw
Hermann Stresau [59]
Alexander Solschenizyn
Reinhold Neumann-Hoditz [210]
Carl Sternheim
Manfred Linke [278]
Adalbert Stifter
Urban Roedl [86]
Theodor Storm
Hartmut Vinçon [186]
Jonathan Swift
Justus Franz Wittkop [242]
Dylan Thomas
Bill Read [143]
Lev Tolstoj
Janko Lavrin [57]
Georg Trakl
Otto Basil [106]
Kurt Tucholsky
Klaus-Peter Schulz [31]
Walther von der Vogelweide
Hans-Uwe Rump [209]
Frank Wedekind
Günter Seehaus [213]
Oscar Wilde
Peter Funke [148]
Émile Zola
Marc Bernard [24]
Carl Zuckmayer
Thomas Ayck [256]